Spécialité

Physique Chimie

Première

Nouveaux programmes

compétences attendues

Spécialité

Physique Chimie

Première

Nouveaux programmes

Marianne Olivi
Enseignante de Physique-chimie
au lycée Louis Pasteur à Avignon

ellipses

DANS LA COLLECTION
compétences attendues

ISBN 9782340-032019

32, rue Bargue 75740 Paris cedex 15

www.editions-ellipses.fr

Avant-propos

Cet ouvrage, comme tous ceux de la collection Compétences attendues, s'adresse aux élèves qui souhaitent travailler en autonomie.

Il est découpé en chapitres qui suivent le programme de Physique-Chimie de Première. Chaque chapitre est structuré en trois grandes parties :

- le cours développé, précis avec des encadrés qui soulignent le vocabulaire à connaître par cœur et les concepts logique à maîtriser
- les exercices classés par compétences attendues du programme avec devant chaque énoncé la démarche scientifique exigée
- les corrigés détaillés de tous les exercices avec les remarques et conseils précieux, tirés de l'expérience de l'auteur, professeur de lycée.

Au début du livre une introduction présente les grandes compétences de la démarche scientifique (S'approprier, Analyser, Raisonner, Réaliser, Valider). Un index permettra aux lecteurs de travailler différemment en choisissant la compétence liée à la démarche scientifique qu'il veut maîtriser.

Cet ouvrage a été conçu dans l'esprit des nouveaux programmes avec la volonté de répondre aux grands enjeux de notre époque imposés par les nouvelles technologies.

Nous espérons qu'il vous donnera entière satisfaction.

Sommaire

Introduction

La démarche scientifique

La science est un mode de pensée qui s'attache à comprendre et décrire la réalité du monde à l'aide de lois toujours plus universelles et efficientes, par allers et retours inductifs et déductifs entre modélisation théorique et vérification expérimentale. Contrairement à la pensée dogmatique, la science n'est pas faite de vérités révélées intangibles, mais de questionnements, de recherches et de réponses qui évoluent et s'enrichissent avec le temps.

En Physique-Chimie, adopter une démarche scientifique consiste à mener une réflexion permettant l'aboutissement de la résolution d'un problème posé en s'aidant de solides méthodes ainsi que la rigueur. Il est important de ne pas réduire cette science à l'apprentissage (certes indispensable) de procédures mécaniques et purement techniques.

Cet ouvrage se propose de respecter cet équilibre, de manière très ciblée à partir des bulletins officiels des programmes de Physique-Chimie, qui mentionnent précisément ce dont les élèves doivent se rendre capables en classe de Première avec la Spécialité Physique-Chimie.

1 Les compétences de la classe de Première générale spécialité Physique Chimie

A S'approprier

Connaître son cours ne suffit pas pour réussir en classe de première avec la spécialité physique chimie. Il faut être capable d'utiliser les bonnes connaissances en s'appropriant la question posée et d'associer différentes expressions à la résolution de l'exercice.

Conseils du professeur

Il faut parfaitement maîtriser les formules de la classe de seconde et il est fortement conseillé de faire des fiches bilan à la fin de chaque chapitre afin de résumer les nouvelles expressions et notions à maîtriser.

B Analyser

Lors de la lecture des questions de l'exercice, il faut être capable de relire le sujet afin de rechercher les données utiles permettant la résolution de l'exercice.

Suivant ce qui est demandé dans l'exercice, il faut être capable de comprendre quel domaine est concerné. Me demande-t-on un calcul numérique ? Un calcul algébrique ? Une figure ? Une courbe ? En général, c'est précisé mais il faut être capable en Première de combiner ces différents registres. Les professeurs aiment beaucoup faire construire des figures, des courbes, des diagrammes... à leurs élèves. Un nouveau type d'exercice fait son apparition dans les sujets de BAC : l'étude de documents. Cet exercice est difficile car beaucoup d'informations ne sont pas utiles pour répondre à la problématique. Il va falloir être capable d'exploiter certaines données plutôt que d'autres.

Conseils du professeur

Au Bac, beaucoup de points sont accordés à la qualité de la représentation graphique. Une courbe tracée avec soin peut rapporter parfois jusqu'à deux points (sur 20). Ce n'est pas quelque chose de difficile, il suffit juste d'être soigneux et d'avoir un matériel de géométrie complet (équerre, règle, crayon bois, gomme). Une lecture graphique est ensuite demandée, il faut donc être précis.

C Raisonner

Raisonner revient à lier de manière logique des propositions. Chaque étape d'un raisonnement devra être validée par une démonstration, c'est-à-dire une preuve (on met alors en perspective les résultats partiels, le cheminement de pensée en quelque sorte).

Conseils du professeur

Il faut s'entraîner un maximum afin d'être capable de mener à bien ce genre d'exercice. Les automatismes en fonction des données de l'exercice sont indispensables. Il faut donc les acquérir en multipliant les exercices à la maison. La résolution de problème est prépondérante dans les sujets de BAC.

D Réaliser

L'aspect rédactionnel en sciences est fondamental : très rigoureux, il doit suivre des règles logiques qui s'enchaînent jusqu'à aboutir à une conclusion infaillible. Chaque étape doit être d'une transparence totale, sans aucune ambiguïté. Précisons qu'au Bac, il est souvent mentionné que toute étape de recherche, fructueuse ou pas sera valorisée. Les réponses doivent être démontrées de manières rigoureuses. Il faut toujours écrire l'expression puis le calcul numérique et enfin le résultat avec son unité. Aucun calcul ne peut être donné sans expression littérale. Cette compétence s'applique donc à l'ensemble des exercices de cet ouvrage.

Conseils du professeur

Essayez toujours de vous souvenir de votre cours (et de l'enchaînement des différents paragraphes). Un exercice est souvent posé pour illustrer une notion fraîchement vue en classe. Il vous faut faire un effort de contextualisation puis de mémoire :

« pourquoi me pose t-on cette question ? » est la remarque que vous devez vous faire au moment où vous prenez connaissance de l'exercice. A quel chapitre, cet exercice se rapporte t-il ?

E Valider

Dans cette compétence, vous devez faire preuve d'esprit critique sur les valeurs obtenues. Etre capable de déterminer un pourcentage d'erreur et d'estimes les sources d'erreurs possibles afin d'interpréter un résultat.

2 Récapitulatif des exercices illustrant les compétences

Compétences	Exercices concernés
1. S'approprier	**Chap. 1 :** 1.1, 1.2, 1.3, 1.4, 1.5, 1.6, 1.7, 1.8, 1.9, 1.10. **Chap. 2 :** 2.1, 2.2, 2.3, 2.4, 2.5, 2.6, 2.7, 2.8, 2.9, 2.10, 2.11, 2.12, 2.13, 2.14, 2.15, 2.16. **Chap. 3 :** 3.1, 3.2, 3.3. **Chap. 4 :** 4.1, 4.2, 4.3, 4.4, 4.5, 4.6, 4.7, 4.9, 4.10. **Chap. 5 :** 5.1, 5.2, 5.3, 5.4, 5.5, 5.6, 5.7. **Chap. 6 :** 6.1, 6.2, 6.3, 6.4, 6.5, 6.6. **Chap. 7 :** 7.1, 7.2, 7.3, 7.4. **Chap. 8 :** 8.1, 8.2, 8.3, 8.4, 8.5, 8.6. **Chap. 9 :** 9.1, 9.2, 9.3, 9.4, 9.5, 9.6, 9.7, 9.8, 9.9. **Chap. 10 :** 10.1, 10.2, 10.3, 10.4, 10.5. **Chap. 11 :** 11.1, 11.2, 11.3, 11.4, 11.5, 11.6, 11.7, 11.8, 11.9. **Chap. 12 :** 12.1, 12.2, 12.3, 12.4, 12.5, 12.6, 12.7, 12.8, 12.9, 12.10, 12.11, 12.12, 12.13, 12.14. **Chap. 13 :** 13.1, 13.2, 13.3, 13.4. **Chap. 14 :** 14.1, 14.2, 14.3, 14.4, 14.5, 14.6, 14.7, 14.8, 14.9, 14.10, 14.11, 14.12. **Chap. 15 :** 15.1, 15.2, 15.3, 15.4, 15.5, 15.6, 15.7, 15.8, 15.9, 15.10.

2. Analyser	**Chap. 1 :** 1.1, 1.2, 1.3, 1.4, 1.5, 1.6, 1.7, 1.8, 1.9, 1.10. **Chap. 2 :** 2.1, 2.2, 2.3, 2.4, 2.5, 2.6, 2.7, 2.8, 2.9, 2.10, 2.11, 2.12, 2.13, 2.14, 2.15, 2.16. **Chap. 3 :** 3.1, 3.2, 3.3. **Chap. 4 :** 4.1, 4.2, 4.3, 4.4, 4.5, 4.6, 4.7, 4.9, 4.10. **Chap. 5 :** 5.1, 5.2, 5.3, 5.4, 5.5, 5.6, 5.7. **Chap. 6 :** 6.1, 6.2, 6.3, 6.4, 6.5, 6.6. **Chap. 7 :** 7.2, 7.3, 7.4. **Chap. 8 :** 8.1, 8.2, 8.3, 8.4, 8.5, 8.6. **Chap. 9 :** 9.1, 9.2, 9.3, 9.4, 9.5, 9.6, 9.7, 9.8, 9.9. **Chap. 10 :** 10.1, 10.2, 10.3, 10.4, 10.5. **Chap. 11 :** 11.1, 11.2, 11.3, 11.4, 11.5, 11.7, 11.8, 11.9. **Chap. 12 :** 12.1, 12.2, 12.3, 12.4, 12.5, 12.6, 12.7, 12.8, 12.9, 12.10, 12.11, 12.12, 12.13, 12.14. **Chap. 13 :** 13.1, 13.2, 13.3, 13.4. **Chap. 14 :** 14.1, 14.2, 14.3, 14.4, 14.5, 14.6, 14.7, 14.8, 14.9, 14.10, 14.11, 14.12. **Chap. 15 :** 15.1, 15.2, 15.3, 15.4, 15.5, 15.6, 15.7, 15.8, 15.9, 15.10.
3. Raisonner	**Chap. 1 :** 1.5, 1.6, 1.7, 1.8, 1.9, 1.10. **Chap. 2 :** 2.1, 2.2, 2.3, 2.4, 2.5, 2.6, 2.7, 2.8, 2.9, 2.10, 2.11, 2.12, 2.13, 2.14, 2.15, 2.16. **Chap. 3 :** 3.1, 3.2, 3.3. **Chap. 4 :** 4.2, 4.3, 4.4, 4.5, 4.6, 4.7, 4.9, 4.10. **Chap. 6 :** 6.1, 6.2, 6.3, 6.4, 6.5, 6.6. **Chap. 7 :** 7.2, 7.3, 7.4. **Chap. 8 :** 8.1, 8.2, 8.3, 8.4, 8.5, 8.6. **Chap. 9 :** 9.1, 9.2, 9.3, 9.4, 9.5, 9.6, 9.7, 9.8, 9.9. **Chap. 10 :** 10.1, 10.2, 10.3, 10.4, 10.5. **Chap. 11 :** 11.5, 11.7, 11.8, 11.9. **Chap. 12 :** 12.1, 12.2, 12.3, 12.4, 12.5, 12.6, 12.7, 12.8, 12.9, 12.10, 12.11, 12.12, 12.13, 12.14. **Chap. 13 :** 13.1, 13.2, 13.3, 13.4. **Chap. 14 :** 14.1, 14.2, 14.3, 14.4, 14.5, 14.6, 14.7, 14.8, 14.9, 14.10, 14.11, 14.12. **Chap. 15 :** 15.2, 15.3, 15.4, 15.5, 15.6, 15.7, 15.8, 15.9, 15.10.

4. Réaliser	**Chap. 1 :** 1.1, 1.2, 1.3, 1.4, 1.5, 1.6, 1.7, 1.8, 1.9, 1.10. **Chap. 2 :** 2.7, 2.8, 2.9, 2.10, 2.11, 2.12, 2.13, 2.14, 2.15, 2.16. **Chap. 3 :** 3.1, 3.2, 3.3. **Chap. 4 :** 4.2, 4.3, 4.4, 4.5, 4.6, 4.7, 4.9, 4.10. **Chap. 5 :** 5.1, 5.2, 5.3, 5.4, 5.5, 5.6, 5.7. **Chap. 6 :** 6.1, 6.2, 6.3, 6.4, 6.5, 6.6. **Chap. 7 :** 7.2, 7.3, 7.4. **Chap. 8 :** 8.1, 8.2, 8.3, 8.4, 8.5, 8.6. **Chap. 9 :** 9.1, 9.2, 9.3, 9.4, 9.5, 9.6, 9.7, 9.8, 9.9. **Chap. 10 :** 10.1, 10.2, 10.3, 10.4, 10.5. **Chap. 11 :** 11.1, 11.2, 11.3, 11.4, 11.5, 11.7, 11.8, 11.9. **Chap. 12 :** 12.1, 12.2, 12.3, 12.4, 12.5, 12.6, 12.7, 12.8, 12.9, 12.10, 12.11, 12.12, 12.13, 12.14. **Chap. 13 :** 13.1, 13.2, 13.3, 13.4. **Chap. 14 :** 14.1, 14.2, 14.3, 14.4, 14.5, 14.6. **Chap. 15 :** 15.3, 15.4, 15.5, 15.6, 15.7, 15.8, 15.9, 15.10.
5. Valider	**Chap. 1 :** 1.8, 1.9, 10. **Chap. 2 :** 2.15 **Chap. 3 :** 3.1, 3.2, 3.3. **Chap. 6 :** 6.3. **Chap. 13 :** 13.2.

Chapitre 1

Détermination de la composition du système initial à l'aide de grandeurs physiques

Cours

1 Système initial

A Constante d'Avogadro, masse et masse molaire

- La quantité de matière, appelée nombre de mole, notée n, représente le nombre d'entité élémentaire contenu dans un échantillon. Dans une mole, il y a $6{,}02.10^{23}$ entités. Ce nombre est appelé nombre d'Avogadro, noté N_A.
  $N_A = 6{,}02.10^{23}\ mol^{-1}$.

  D'où l'expression suivante :

  $$\boxed{N = n.N_A}$$

  – Où N représente le nombre d'entité élémentaire sans unité
  – n le nombre de mole en mol

  Et l'expression suivante :

  $$\boxed{n = \frac{m}{M}}$$

  – Où n représente le nombre de mole en mol
  – M la masse molaire en $g.mol^{-1}$
  – m la masse en g

- La masse molaire, notée M, représente la masse d'une mole de l'entité. Elle s'exprime en $g.mol^{-1}$. On trouve la masse molaire atomique dans la classification périodique et on détermine par un calcul la masse molaire moléculaire.

Exemple

$M(H_2O) = 2 \times M(H) + M(O) = 2 \times 1{,}0 + 16{,}0 = 18\ g.mol^{-1}$

Cela signifie qu'une mole d'eau a une masse de 18 g.

B Volume molaire d'un gaz

Avogadro et Ampère ont établit que la nature d'un gaz n'a pas d'influence sur le volume qu'il occupe, de ce fait, tous les gaz ont le même volume occupé pour une mole, appelé volume molaire, noté V_m. Ce volume molaire dépend des conditions de température et de pression. A 20 °C et P = 1 atm, $V_m = 24\ L.mol^{-1}$.

On peut donc calculer le volume occupé par un gaz à l'aide de la relation suivante :

$$\boxed{v = n \times V_m}$$

C Concentration molaire et massique

- La concentration molaire, notée C ou [X] représente la quantité de matière d'espèce chimique par litre de solution. Elle s'exprime en $mol.L^{-1}$.

$$c = \frac{n}{V}$$

  – Où n représente le nombre de mole en mol
  – V le volume de la solution en L

- La concentration massique, notée C_m ou t, représente la masse d'espèce chimique par litre de solution. Elle s'exprime en $g.L^{-1}$.

$$t = \frac{m}{V}$$

  – Où m représente la masse en g
  – V le volume de la solution en L

- La masse volumique, notée ρ, représente la masse d'espèce chimique pure par litre de solution. Elle s'exprime $kg.L^{-1}$ ou $g.mL^{-1}$.

$$\rho = \frac{m}{V}$$

  – Où m représente la masse de l'espèce chimique pure en g
  – V le volume de la solution d'espèce chimique en L

- La densité, notée d, sans unité, permet de positionner deux liquides non miscibles.

$$d = \frac{\rho}{\rho_{eau}}$$

  – Où ρ représente la masse volumique en $kg.L^{-1}$
  – ρ_{eau} la masse volumique de l'eau en $kg.L^{-1}$
  – A noter que $\rho_{eau} = 1{,}0\ kg.L^{-1} = 1000\ g.L^{-1} = 1{,}0\ g.mL^{-1}$

Pour ne pas faire d'erreurs

Ne pas confondre la masse volumique et la concentration massique.
Dans le calcul de la densité, les deux masses volumiques doivent être dans la même unité.

2 Dosage de solutions colorées par étalonnage

Le but d'un dosage de solution colorée est de déterminer la concentration molaire d'une solution colorée en mesurant son absorbance.

A L'absorbance

Dans cette partie, nous allons mesurer l'absorbance de solutions colorée. Une solution est colorée si elle laisse passer certaines radiations et que par conséquence elle en absorbe certaines.

L'**absorbance**, notée **A**, est une grandeur positive, sans unité, **proportionnelle à la quantité de lumière absorbée** à une longueur d'onde λ donnée et mesurée à l'aide d'un spectrophotomètre.

B Choix de la longueur d'onde d'étude

À l'aide d'un graphique de l'intensité lumineuse ou de l'absorbance en fonction de la longueur d'onde, on détermine la longueur d'onde qui sera notée λ_{max} correspondant au maximum d'absorption.

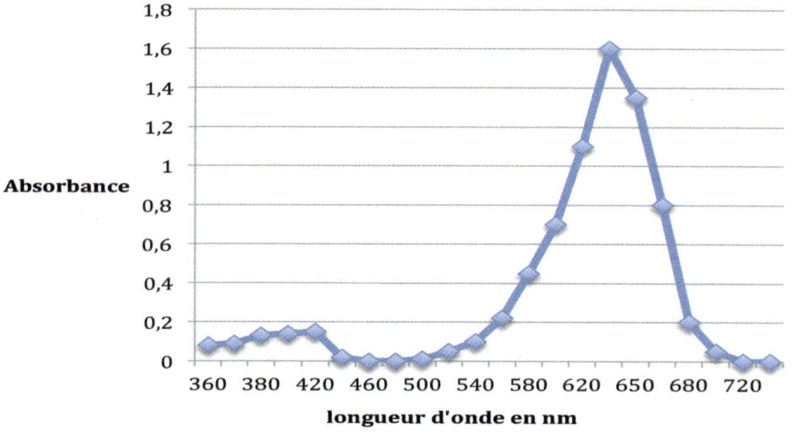

Par exemple, la courbe correspondant à un maximum d'absorption du colorant bleu patenté correspond à $\lambda_{max} = 640$ nm.

C Courbe d'étalonnage

À partir d'une solution mère, on prépare par dilution, une série de solutions filles afin d'obtenir une gamme d'étalonnage de concentration connue.

À l'aide d'un spectrophotomètre (voir photo ci-dessous), on mesure l'absorbance de l'ensemble des solutions filles. Avant d'utiliser le spectrophotomètre, il faut réaliser les opérations suivantes :

- Régler la longueur d'onde λ_{max} préalablement déterminée à l'aide du graphique fourni.
- Effectuer le blanc : introduire de l'eau distillée qui est le solvant dans une cuve et faire le zéro sur le spectrophotomètre.

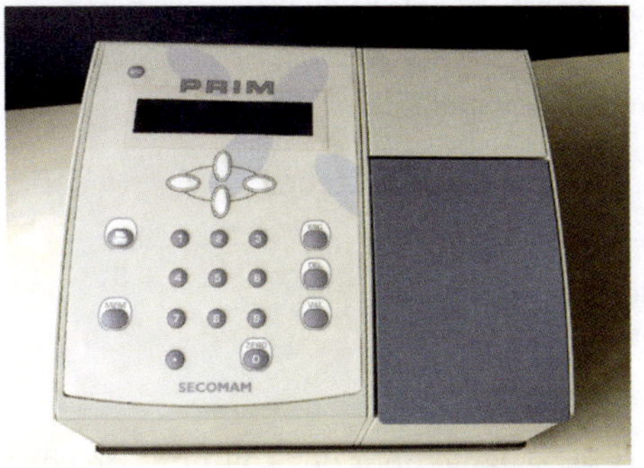

Ensuite on trace la courbe d'étalonnage qui correspond à la courbe représentant l'absorbance A en fonction de la concentration molaire.

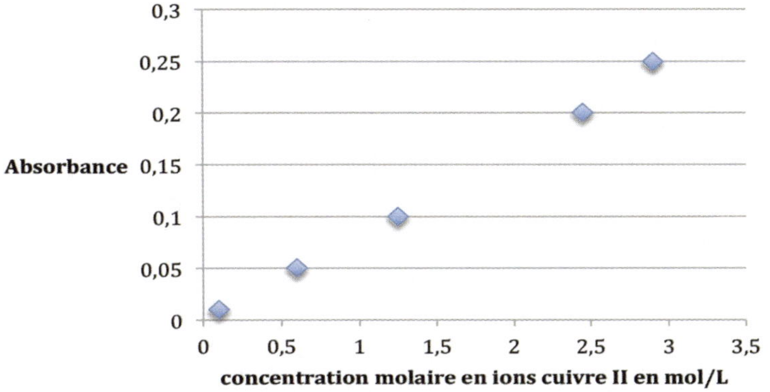

La courbe est une droite passant par l'origine, donc on peut dire que l'absorbance A est proportionnelle à la concentration molaire C.

Enfin, on mesure l'absorbance de la solution dont on cherche la concentration molaire. Puis on reporte sur la courbe d'étalonnage cette valeur de A afin de déterminer la valeur de la concentration molaire.

3 Loi de Beer-Lambert

Dans le paragraphe précédent, nous avons déterminé que l'absorbance est proportionnelle à la concentration molaire.

D'après la **loi de Beer-Lambert**, on a :

$$\boxed{A = \varepsilon \times l \times C}$$

- A est l'absorbance sans unité ;
- ε est le coefficient d'absorption molaire ou d'extinction molaire en $L.mol^{-1}.cm^{-1}$;
- l est la largeur de la solution traversée en cm ;
- C la concentration molaire en $mol.L^{-1}$.

Le coefficient ε dépend de plusieurs facteurs :

- la nature de l'espèce chimique ;
- la longueur d'onde λ ;
- le solvant ;
- la température.

La loi de Beer-Lambert est valable pour des solutions de concentration assez faible ($< 10^{-2}$ $mol.L^{-1}$).

Exercices

Données Pour l'ensemble des exercices :

On utilisera la classification périodique pour les masses molaires atomiques.

- $V_m = 24,0$ L.mol^{-1}
- $N_A = 6,02.10^{23}$ mol^{-1}

Compétences attendues

- Déterminer la masse molaire d'une espèce à partir des masses molaires atomiques des éléments qui la composent.

Exercice 1.1

S'approprier, analyser, réaliser

Calculer les masses molaires des composés suivants :

1. C_2H_6O
2. $CuSO_4$
3. $Ca_3(PO_4)_2$
4. $Fe_3(PO_4)_2,5H_2O$

Compétences attendues

- Déterminer la quantité de matière contenue dans un échantillon de corps pur à partir de sa masse et du tableau périodique.

Exercice 1.2

S'approprier, analyser, réaliser

1. Calculer les quantités de matières contenues dans :
   a. 5,00 mg de fer
   b. 15,0 kg d'éthanol C_2H_6O
2. Un atome de manganèse a une masse de $9,12 \times 10^{-23}$ g.
   a. Calculer le nombre d'atomes de manganèse dans un échantillon de masse $m = 3,12$ g.
   b. En déduire la quantité de matière correspondante.

Compétences attendues

- Utiliser le volume molaire d'un gaz pour déterminer une quantité de matière.

Exercice 1.3

S'approprier, analyser, réaliser

1. Calculer le volume occupé par 12,4 mol d'éthane gazeux de formule C_2H_6.
2. Calculer la masse correspondante.
3. Calculer les quantités de matières contenues dans les volumes gazeux suivants :
   a. 20,0 mL de sulfure d'hydrogène (H_2S)
   b. 5,00 m3 de dioxygène (O_2)

Compétences attendues

- Déterminer la quantité de matière de chaque espèce dans un mélange (liquide ou solide) à partir de sa composition.

Exercice 1.4

S'approprier, analyser, réaliser

On mélange un volume $V_1 = 70$ mL d'une solution aqueuse d'hydroxyde (HO^-) de sodium (Na^+), de concentration $c_1 = 1{,}00.10^{-3}$ mol.L^{-1}, avec un volume $V_2 = 170$ mL d'une solution aqueuse S_2 de chlorure (Cl^-) de sodium de concentration $c_2 = 1{,}3.10^{-3}$ mol.L^{-1}. Il n'y a aucune réaction chimique et on obtient une solution S.

- Calculer les quantités de matière de chaque ion dans la solution S, puis leurs concentrations.

Compétences attendues

- Déterminer la quantité de matière d'un soluté à partir de sa concentration en masse ou en quantité de matière et du volume de solution.

Exercice 1.5

S'approprier, analyser, réaliser, raisonner

La vitamine C, ou acide ascorbique $C_6H_8O_6$, est souvent prescrite en cas de grippe ou en période de convalescence. Elle peut se présenter en sachet contenant entre autre, une masse $m_1 = 1{,}76$ g de vitamine C et une masse $m_2 = 5{,}40$ g de saccharose de formule $C_6H_{22}O_{11}$.

a. Déterminer la quantité de vitamine C et la quantité de saccharose contenues dans un sachet.

b. On dissout le contenu d'un sachet dans un verre d'eau. Sachant que le volume de la solution obtenue est 125 mL, déterminer les concentrations molaires et massiques de ces solutés dans la solution.

1. Calculer les concentrations molaires des solutions suivantes:

a. On dissout 0,50 mol d'aspirine dans 2,0 L d'eau.

b. On dissout 20 g de diiode (I_2) dans 150 mL d'eau.

c. On dissout 20 mL de dioxyde de carbone dans 3,0 L d'eau.

Compétences attendues

- Expliquer ou prévoir la couleur d'une espèce en solution à partir de son spectre UV-visible. Déterminer la concentration d'un soluté à partir de données expérimentales relatives à l'absorbance de solutions de concentrations connues.

Exercice 1.6

S'approprier, analyser, réaliser, raisonner

D'après BAC S, Nouvelle Calédonie, 2005

Le Lugol est un antiseptique couramment utilisé. Les indications portées sur le flacon de solution commerciale contenant cet antiseptique sont données dans le tableau ci-dessous.

Lugol (solution S_0)
Composition : iodine solution (eau iodée)

On se propose dans cet exercice de tracer une courbe d'étalonnage à l'aide d'un spectrophotomètre afin d'utiliser cet appareil pour déterminer le titre de la solution S_0 de Lugol.

1. Courbe d'étalonnage du spectrophotomètre.

On dispose de six solutions aqueuses de diiode de concentrations molaires apportées différentes. La mesure de l'absorbance A de chaque solution a été réalisée avec un spectrophotomètre UV–visible réglé à la longueur d'onde $\lambda = 500$ nm. Le spectrophotomètre utilisé admet une gamme de mesures pour l'absorbance de $A_0 = 0$ à $A_{max} = 2{,}00$. Parmi les espèces chimiques présentes, le diiode est la seule espèce qui absorbe à 500 nm. Les résultats obtenus permettent de tracer la courbe d'étalonnage ci-dessous.

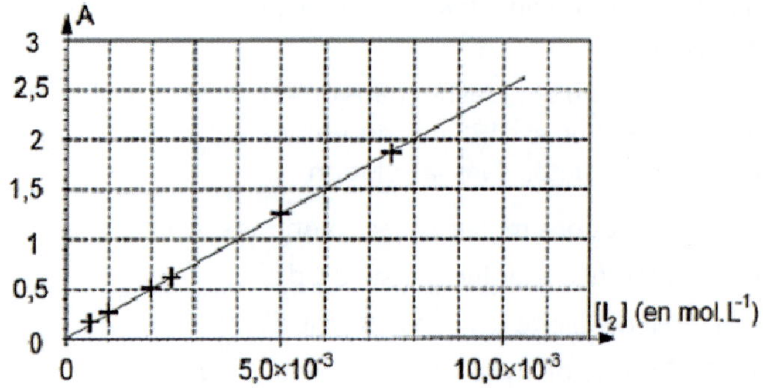

a. Justifier, à partir de la courbe d'étalonnage, que les grandeurs portées sur le graphe sont liées par une relation de la forme $A = k[I_2]$.

b. On note $[I_2]_{max}$ la concentration molaire apportée en diiode au-delà de laquelle l'absorbance d'une solution de diiode n'est pas mesurable par le spectrophotomètre utilisé ici. Déterminer graphiquement la valeur de $[I_2]_{max}$.

2. Titre du Lugol.

Pour déterminer le titre en diiode du Lugol, il est ici nécessaire de diminuer au dixième la concentration de la solution commerciale S_0. La solution obtenue est notée S_0'.

a. Sans modifier les réglages du spectrophotomètre, on mesure l'absorbance de la solution S_0' : $A(S_0') = 1,00$.

b. Déterminer graphiquement sur la figure la concentration molaire apportée en diiode de la solution S_0'.

c. En déduire la concentration molaire apportée c_L en diiode du Lugol (solution commerciale S_0).

d. Pourquoi a-t-il été nécessaire de diluer le Lugol (solution commerciale S_0) ?

Exercice 1.7

S'approprier, analyser, réaliser, raisonner

D'après BAC S, Amérique du sud, 2010

Dosage des ions nickel II par spectrophotométrie

On dispose d'une solution de chlorure nickel (II) de concentration inconnue C. On veut déterminer la concentration en nickel dans cette solution, pour cela la spectrophotométrie d'absorption moléculaire va être utilisée en se plaçant à la longueur d'onde $\lambda = 411$ nm. Une série de cinq fioles jaugées de concentration différente C_{Ni} en chlorure nickel (II) sont analysées et leurs absorbances A sont mesurées. Les résultats sont rassemblés le tableau ci-dessous :

Concentration (en mol.L^{-1})	0	$3{,}0 \times 10^{-2}$	$6{,}0 \times 10^{-2}$	$9{,}0 \times 10^{-2}$	$1{,}2 \times 10^{-1}$	$1{,}5 \times 10^{-1}$
Absorbance (A)	0	0,15	0,30	0,45	0,60	0,75

1. Tracer la courbe représentant l'absorbance A en fonction de la concentration.
2. À l'aide de la forme du graphique, déterminer la relation entre A et C_{Ni}.
3. L'absorbance de la solution inconnue est de 0,50. Calculer la concentration de la solution inconnue C en ions nickel (II).
4. Vérifier graphiquement la valeur de la concentration C. Justifier votre réponse à l'aide du graphique.

Exercice 1.8

S'approprier, analyser, réaliser, raisonner, valider

D'après BAC S, Nouvelle Calédonie, 2009

Dosage de l'élément cuivre dans une pièce de monnaie

L'acide nitrique ($H_3O^+ + NO_3^-$) est un oxydant puissant capable d'oxyder des métaux tels que le cuivre Cu. Sous une hotte, dans un bécher, on place l'échantillon et on ajoute de l'acide nitrique concentré en excès. On observe au cours de cette transformation totale l'apparition d'une teinte bleue foncée dans la solution révélant la présence d'ion cuivre (II) Cu^{2+} et un dégagement gazeux qui devient roux au contact de l'air.

1. Dosage spectrophotométrique des ions cuivre (II) présents dans la solution S

   Une fois le dégagement gazeux achevé, on verse le contenu du bécher dans une fiole jaugée de 1,0 L et on complète jusqu'au trait de jauge avec de l'eau distillée en homogénéisant le mélange afin de réaliser la solution S.

   a. Afin de réaliser une échelle de teintes, on prépare un volume $V_0 = 100$ mL d'une solution mère S_0 de sulfate de cuivre de concentration molaire $C_0 = 1{,}0.10^{-1}$ mol.L^{-1}.

   Calculer la masse de sulfate de cuivre pentahydraté à peser pour préparer cette solution par dissolution.

   La solution S_0 permet de préparer une échelle de teintes constituée des cinq solutions de volume $V = 25{,}0$ mL chacune.

b. On souhaite mesurer l'absorbance A de ces cinq solutions. Déterminer la longueur d'onde λ que l'on doit régler sur le spectrophotomètre. Justifier votre réponse en utilisant la courbe ci-dessous représentant l'absorbance d'une solution de sulfate de cuivre en fonction de la longueur d'onde.

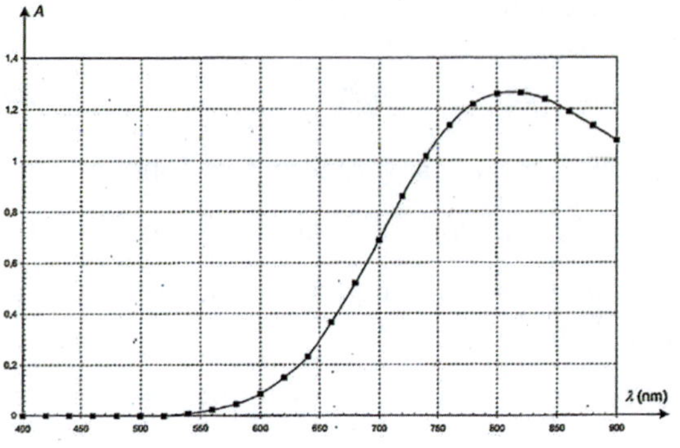

On obtient les valeurs ci-dessous :

Solution	S_0	S_1	S_2	S_3	S_4
Concentration c ($mol.L^{-1}$)	$1{,}0 \times 10^{-1}$	$8{,}0 \times 10^{-2}$	$6{,}0 \times 10^{-2}$	$4{,}0 \times 10^{-2}$	$2{,}0 \times 10^{-2}$
A	1,26	1,02	0,76	0,52	0,24

c. L'absorbance d'un échantillon de la solution S, mesurée dans les mêmes conditions que précédemment à la longueur d'onde λ = 810 nm, vaut As = 0,70. Le graphe donnant l'évolution de l'absorbance A en fonction de la concentration c en soluté apporté des différentes solutions « fille » est représentée sur la figure ci-dessous :

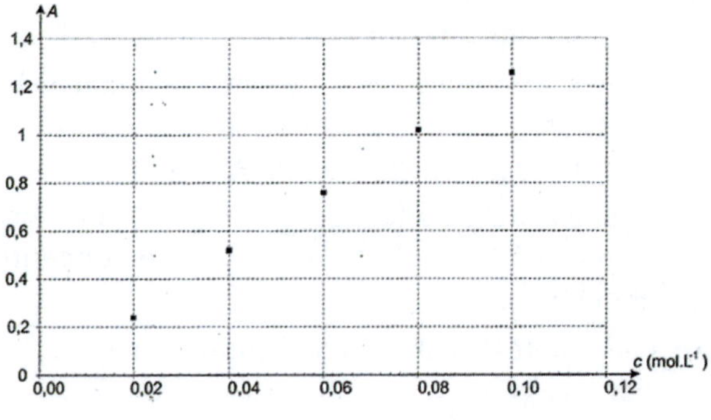

En déduire la concentration molaire volumique Cs de la solution S, en justifiant graphiquement.

2. Pourcentage massique de cuivre dans la pièce.

Toutes les pièces d'euros contiennent du cuivre métallique dans des proportions particulières. Ainsi, les pièces de 10, 20 et 50 centimes sont formées d'un alliage appelé « or nordique » dont la composition massique est la suivante : 89 % de cuivre, 5 % d'aluminium, 5 % de zinc, 1 % d'étain.

a. En utilisant le résultat de la question 1.3, calculer la valeur de la masse m(Cu) de cuivre contenue dans l'échantillon étudié précédemment.

b. Sachant que la masse de l'échantillon est m = 4,1 g, en déduire le pourcentage massique du cuivre dans l'échantillon.

Comparer ce résultat à la valeur fournie dans l'énoncé en calculant l'écart relatif.

Données

- Sulfate de cuivre pentahydraté : $CuSO_4,5H_2O$
- $M(CuSO_4,5H_2O) = 249{,}6\ g.mol^{-1}$
- $M(Cu) = 63{,}5\ g.mol^{-1}$

Exercice 1.9

S'approprier, analyser, réaliser, raisonner, valider

Le collyre est une solution pharmaceutique qui permet de traiter les infections des yeux ou des paupières.

Le collyre étudié contient du bleu de méthylène ($M = 320\ g.mol^{-1}$), et l'étiquette du flacon indique « 20 mg de bleu de méthylène pour 100 mL de collyre ». Le spectre d'absorption du bleu de méthylène a l'allure suivante :

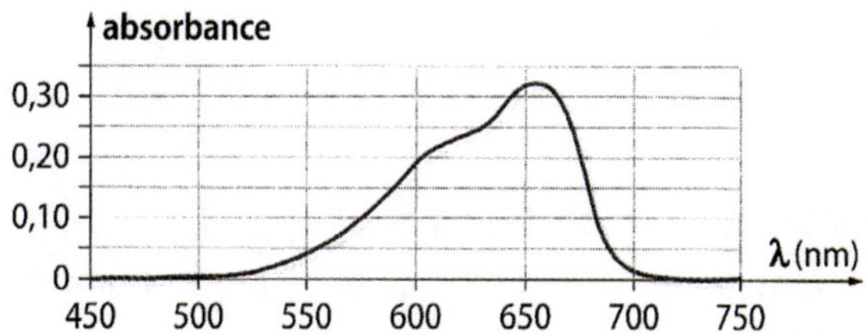

1. À quelle longueur d'onde faut-il se placer pour réaliser les mesures avec précision ? Justifier à l'aide de la courbe ci-dessus.

2. À partir d'une solution de bleu de méthylène de concentration $C_0 = 1{,}0.10^{-4}\ mol.L^{-1}$, on prépare une échelle de teintes constituée de 6 solutions de volume 50 mL dont les concentrations molaires et les mesures d'absorbance sont données dans le tableau suivant :

Exercices

Solution	S_1	S_2	S_3	S_4	S_5	S_6
V_0 (mL)	0,78	1,57	3,13	4,69	6,25	7,8
V_f (mL)	50	50	50	50	50	50
Concentration molaire (µmol.L^{-1})	1,56	3,13	6,25	9,38	12,5	15,6
Absorbance	0,053	0,128	0,243	0,374	0,488	0,659

a. Donner le nom de l'appareil permettant de mesurer l'absorbance d'une solution.

b. Tracer le graphe représentant l'absorbance en fonction de la concentration molaire.

c. Enoncer la loi de Beer-Lambert. Est-elle vérifiée ? Justifier correctement votre réponse.

L'absorbance du collyre dilué 100 fois vaut 0,314.

3. Méthode 1. Méthode graphique.

a. En utilisant le graphique déterminer directement la concentration molaire du bleu de méthylène dans la solution de collyre diluée ?

b. En déduire la concentration molaire du bleu de méthylène dans le collyre commercial.

c. Calculer la concentration massique en bleu de méthylène dans le collyre commercial.

d. Déterminer la concentration massique théorique en bleu de méthylène dans le collyre commercial.

e. Comparer cette valeur à votre valeur expérimentale en calculant le pourcentage d'erreur.

4. Méthode 2. Méthode en utilisant la loi de Beer Lambert.

a. Déterminer graphiquement le coefficient de proportionnalité.

b. En déduire la concentration molaire du bleu de méthylène dans le collyre commerciale.

c. La largeur de la cuve étant de 0,50 cm, en déduire la valeur du coefficient d'extinction molaire.

Exercice 1.10

S'approprier, analyser, réaliser, raisonner, valider

D'après Bac S, Pondichéry, La rifamycine, 2018

La rifamycine est une molécule isolée dans les années 1950 et principalement utilisée pour traiter la tuberculose.

C'est aussi un antibiotique permettant d'agir localement sur certaines infections de l'œil dues à des bactéries : conjonctivites, kératites (inflammation de la cornée d'origine bactérienne) et ulcères de la cornée.

L'étude de cet exercice portera sur un collyre vendu en pharmacie, « rifamycine Chibret®. »

D'après le laboratoire, la mention 1 000 000 UI % portée sur l'emballage signifie un million d'unités de rifamycine pour 100 mL de collyre et 1 UI de rifamycine correspond à une masse de 0,001127 mg de rifamycine.

La notice précise : « La durée de conservation après ouverture est de 15 jours. À conserver à une température ne dépassant pas 25 °C et à l'abri de la lumière. »

Données

- Masse molaire de la rifamycine : 720,8 $g.mol^{-1}$
- Cercle chromatique

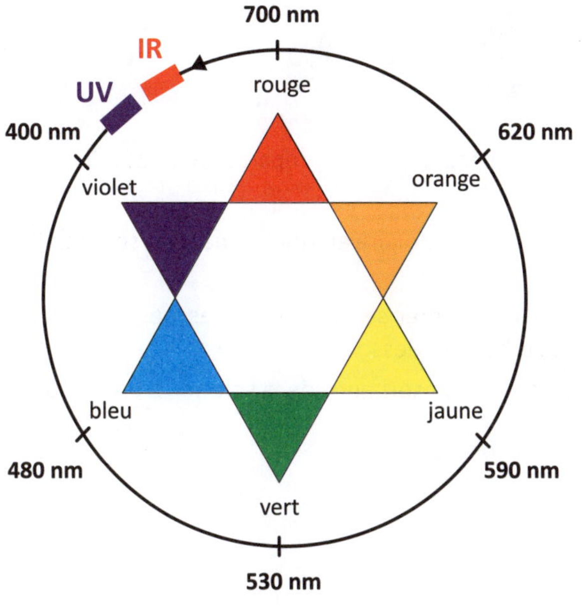

– Spectre d'absorption d'une solution aqueuse de rifamycine :

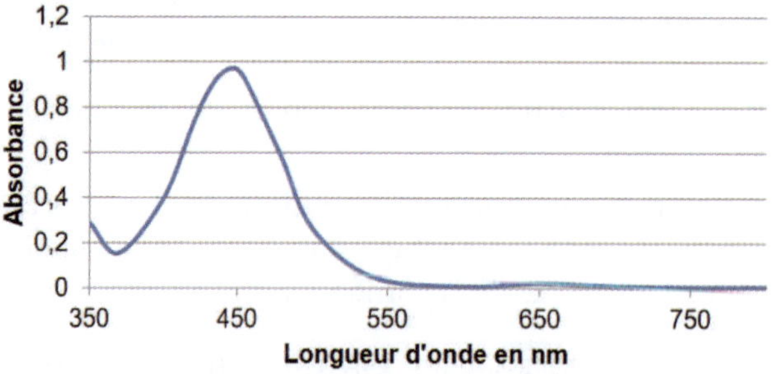

On se propose de vérifier l'indication du laboratoire concernant la quantité de rifamycine dans le collyre cité précédemment.

On dilue 500 fois le collyre. La solution aqueuse obtenue à l'issue de cette dilution est appelée solution S.

1. Justifier la couleur jaune-orangé de la solution de rifamycine.

   On réalise à partir d'une solution mère de rifamycine S_1 une échelle de teintes constituée de 5 solutions diluées S_2, S_3, S_4, S_5 et S_6 versées dans des cuves identiques.

Solution S_i	S_1	S_2	S_3	S_4	S_5	S_6	S
Concentration C (μmol.L^{-1})	320	160	80	40	16	8	
Cuves							

2. Quelle verrerie est nécessaire à la préparation de 100,0 mL de la solution S_3 à partir de la solution S_1 ?

3. Estimer la concentration molaire en rifamycine de la solution S en justifiant votre réponse.

   Cette méthode étant peu précise, on effectue des mesures spectrophotométriques reportées sur le graphe ci-dessous.

   On mesure également l'absorbance de la solution S : A = 0,350.

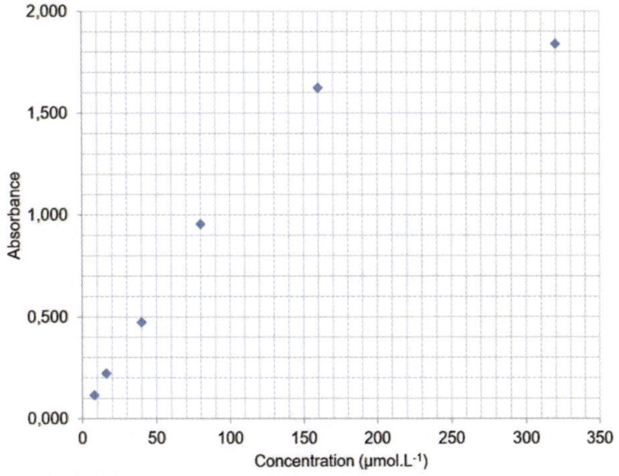

Évolution de l'absorbance d'une solution de rifamycine en fonction de la concentration

4. Les résultats des mesures d'absorbance effectuées sur les solutions Si peuvent-ils être modélisés par la loi de Beer-Lambert ? Justifier.

5. Déterminer la concentration molaire de la solution S de la rifamycine dans ce collyre pharmaceutique.

6. La valeur trouvée expérimentalement est-elle en accord, à 10 % près, avec l'indication du laboratoire ?

Des études expérimentales ont permis de tracer le graphe ci-après.

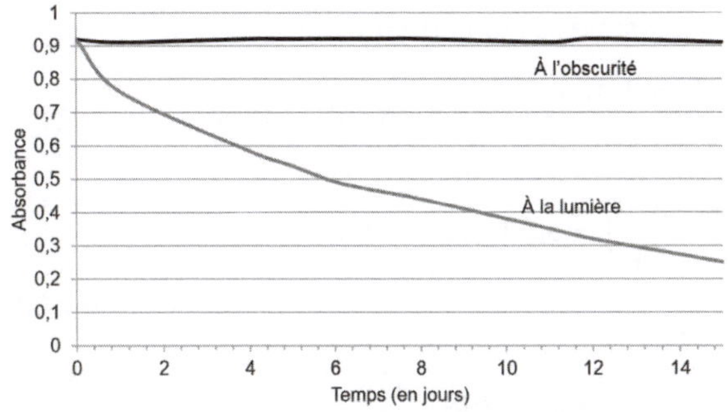

Évolution de l'absorbance d'une solution diluée de rifamycine à l'obscurité et à la lumière

7. Quelle indication de la notice est illustrée par ce document ? Justifier.

Corrigé des exercices

Exercice 1.1

1. $M(C_2H_6O) = 2 \times M(C) + 6 \times M(H) + M(O) = 2 \times 12 + 6 \times 1{,}0 + 16 = 46$ g.mol^{-1}.
2. $M(CuSO_4) = M(Cu) + M(S) + 4 \times M(O) = 63{,}5 + 32{,}1 + 4 \times 16 = 159{,}6$ g.mol^{-1}.
3. $M(Ca_3(PO_4)_2) = 3 \times M(Ca) + 2 \times M(P) + 8 \times M(O) = 3 \times 40{,}1 + 2 \times 31 + 8 \times 16$ $= 310{,}3$ g.mol^{-1}.
4. $M(Fe_3(PO_4)_2{,}5H_2O) = 3 \times M(Fe) + 2 \times M(P) + 8 \times M(O) + 10 \times M(H) + 5 \times M(O)$ $= 3 \times 55{,}8 + 2 \times 31 + 8 \times 16 + 10 \times 1{,}0 + 5 \times 16 = 447{,}4$ g.mol^{-1}.

Exercice 1.2

1. a. $n = \frac{m}{M} = \frac{5{,}00 \times 10^{-3}}{55{,}8} = 8{,}96 \times 10^{-5}$ mol.

   b. $M(C_2H_6O) = 2 \times 12 + 6 \times 1{,}0 + 16 = 46{,}0$ g.mol^{-1}.

   Soit $n = \frac{m}{M} = \frac{15{,}0 \times 10^{3}}{46{,}0} = 3{,}26 \times 10^{3}$ mol.

2. a. $N = \frac{3{,}12}{9{,}12 \times 10^{-23}} = 3{,}42 \times 10^{22}$ atomes.

   b. 2 méthodes possibles pour cette question :

   Soit : $n = \frac{N}{N_A} = \frac{3{,}42 \times 10^{22}}{6{,}02 \times 10^{23}} = 5{,}68 \times 10^{-2}$ mol.

   Ou : $n = \frac{m}{M} = \frac{3{,}12}{55{,}0} = 5{,}68 \times 10^{-2}$ mol.

Exercice 1.3

1. $V = n \times V_m = 12{,}4 \times 24{,}0 = 298$ L.
2. $m = n \times M = 12{,}4 \times 30{,}0 = 372$ g car $M(C_2H_6) = 2 \times 12 + 6 \times 1{,}0 = 30{,}0$ g.mol^{-1}.
3. a. $n = \frac{V}{Vm} = \frac{20{,}0 \times 10^{-3}}{24{,}0} = 8{,}33 \times 10^{-4}$ mol.

b. $n = \frac{V}{Vm} = \frac{5{,}00 \times 10^3}{24{,}0} = 208$ mol.

Exercice 1.4

L'ion hydroxyde HO^- est apportée uniquement par la solution 1, soit :

$n(HO^-) = C_1 \times V_1 = 1{,}00 \times 10^{-3} \times 70 \times 10^{-3} = 7{,}0 \times 10^{-5}$ mol.

L'ion chlorure Cl^- est apportée uniquement par la solution 2, soit :

$n(Cl^-) = C_2 \times V_2 = 1{,}3 \times 10^{-3} \times 170 \times 10^{-3} = 2{,}21 \times 10^{-4}$ mol.

Or l'ion sodium Na^+ est apportée par les deux solutions, soit :

$n(Na^+) = C_1 \times V_1 + C_2 \times V_2 = 1{,}00 \times 10^{-3} \times 70 \times 10^{-3} + 1{,}3 \times 10^{-3} \times 170 \times 10^{-3}$
$= 2{,}91 \times 10^{-4}$ mol.

D'ou les concentrations molaires suivantes :

$$[HO^-] = \frac{n(HO^-)}{V_1 + V_2} = \frac{7{,}0 \times 10^{-5}}{240 \times 10^{-3}} = 2{,}9 \times 10^{-4} \text{ mol.L}^{-1}.$$

$$[Na^+] = \frac{n(Na^+)}{V_1 + V_2} = \frac{2{,}91 \times 10^{-4}}{240 \times 10^{-3}} = 1{,}2 \times 10^{-3} \text{ mol.L}^{-1}.$$

$$[Cl^-] = \frac{n(Cl^-)}{V_1 + V_2} = \frac{2{,}21 \times 10^{-4}}{240 \times 10^{-3}} = 9{,}2 \times 10^{-4} \text{ mol.L}^{-1}.$$

Exercice 1.5

1. *a.* $n_{\text{vitamine C}} = \frac{m_1}{M} = \frac{1{,}76}{176} = 1{,}00 \times 10^{-2}$ mol.

Avec $M(C_6H_8O_6) = 6 \times 12 + 8 \times 1{,}0 + 6 \times 16 = 176$ g.mol^{-1}.

Et $M(C_6H_{22}O_{11}) = 6 \times 12 + 22 \times 1{,}0 + 11 \times 16 = 270$ g.mol^{-1}.

$n_{\text{saccharose}} = \frac{m_2}{M} = \frac{5{,}40}{270} = 2{,}00 \times 10^{-2}$ mol.

b. $C_{\text{vitamine C}} = \frac{n}{V} = \frac{1{,}00 \times 10^{-2}}{0{,}125} = 8{,}00 \times 10^{-2}$ mol.L^{-1}.

$C_{\text{saccharose}} = \frac{n}{V} = \frac{2{,}00 \times 10^{-2}}{0{,}125} = 1{,}6 \times 10^{-1}$ mol.L^{-1}.

$t_{\text{vitamine C}} = \frac{m_1}{V} = \frac{1{,}76}{0{,}125} = 14{,}1$ g.L^{-1}.

$t_{\text{saccharose}} = \frac{m_2}{V} = \frac{5{,}40}{0{,}125} = 43{,}2$ g.L^{-1}.

2. *a.* $C=\frac{n}{V}=\frac{0{,}50}{2{,}0}=0{,}25\ \text{mol.L}^{-1}$.

b. $C=\frac{n}{V}$ or $n=\frac{m}{M}=\frac{20}{126{,}9\times 2}=7{,}88\times 10^{-2}$ mol

Soit $C=\frac{7{,}88\times 10^{-2}}{0{,}150}=5{,}25\times 10^{-1}\ \text{mol.L}^{-1}$.

c. $n=\frac{V}{Vm}=\frac{0{,}020}{24{,}0}=8{,}33\times 10^{-4}$ mol donc

$C=\frac{n}{V}=\frac{8{,}33\times 10^{-4}}{3{,}0}=2{,}8\times 10^{-4}\ \text{mol.L}^{-1}$.

Exercice 1.6

1. *a.* La courbe d'étalonnage représentant A en fonction de $[I_2]$ est une droite passant par l'origine. On peut donc dire que A est proportionnelle à $[I_2]$ et on peut écrire l'équation $A = k[I_2]$ avec k le coefficient de proportionnalité correspondant au coefficient directeur de la droite.

b. D'après la courbe, en effectuant une lecture graphique, l'abscisse du point d'ordonnée $A_{max} = 2{,}00$ est $[I_2]_{max} = 8{,}0.10^{-3}$ mol.L^{-1}.

2. *a.* D'après la courbe, en effectuant une lecture graphique, l'abscisse du point d'ordonnée $A(S_0') = 1{,}00$ est $[I_2](S_0') = 4{,}0.10^{-3}$ mol.L^{-1}.

a. $c_L = 10 \times c(S_0')$ car la concentration de la solution a été diminuée au dixième donc $c_L = 10 \times 4{,}0.10^{-3} = 4{,}0.10^{-2}$ mol.L^{-1}.

b. Si on n'avait pas diminué la concentration de la solution commerciale, $c_L > [I_2]_{max}$ donc on ne pourrait pas mesurer l'absorbance de cette solution.

Rappel

La loi de Beer-Lambert est vérifiée pour des solutions dont la concentration est faible d'où la nécessité de diluer les solutions commerciales.

Exercice 1.7

1. Courbe

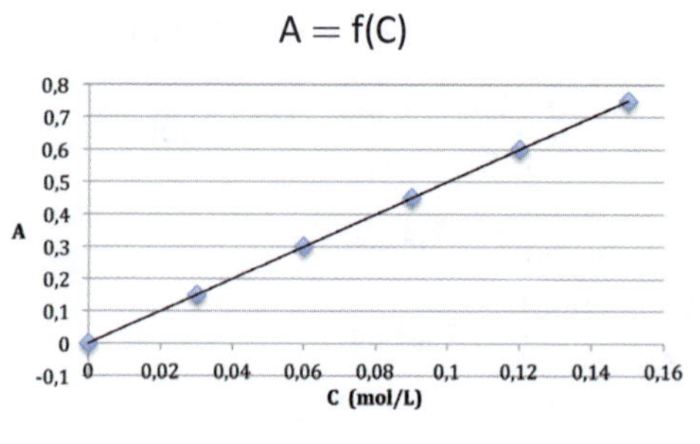

2. La courbe représentant A en fonction de C est une droite passant par l'origine. On peut donc écrire $A = k \times C_{Ni}$ avec k le coefficient directeur de la droite. Soit 2 points A(0 ; 0) et B(0,12 ; 0,6) d'où $k = \frac{yB - yA}{xB - xA}$ soit $K = \frac{(0,6-0)}{(0,12-0))} = 5,0\ L.mol^{-1}$.
Pour conclure $A = 5,0 \times C_{Ni}$.

3. D'après la relation précédente $C = \frac{A}{5} = \frac{0,50}{5} = 0,10\ mol.L^{-1}$.

4. L'abscisse du point d'ordonnée 0,50 correspond à $c = 0,10\ mol.L^{-1}$.

Exercice 1.8

1. a. $m = n \times M$ or $n = C_0 \times V_0$
donc $m = C_0 \times V_0 \times M = 1,0.10^{-1} \times 0,100 \times 249,6 = 2,5$ g.
b. Il faut se placer au maximum d'absorption, d'après la courbe, on obtient $\lambda = 810$ nm.
c. D'après la courbe, l'abscisse du point d'ordonnée As = 0,70 vaut :
$Cs = 5,4.10^{-2}\ mol.L^{-1}$.

2. a. $m(Cu) = n \times M(Cu) = Cs \times V_{fiole} \times M(Cu) = 5,4.10^{-2} \times 1,0 \times 63,5 = 3,4$ g.
b. Le pourcentage massique du cuivre dans la pièce se détermine à l'aide de la relation suivante : $P(Cu) = \frac{m(Cu)}{m(pièce)} \times 100 = \frac{3,4}{4,1} \times 100 = 82,9$ %.
D'où écart relatif $= \frac{|valeur(théorique) - valeur(exp)|}{valeur(théorique)} \times 100 = \frac{(89-82,9)}{89 \times 100} = 6,9$ %.

Exercice 1.9

1. Il faut se placer au maximum d'absorption soit d'après la courbe $\lambda = 655$ nm.

2. a. Un spectrophotomètre.
b. Courbe

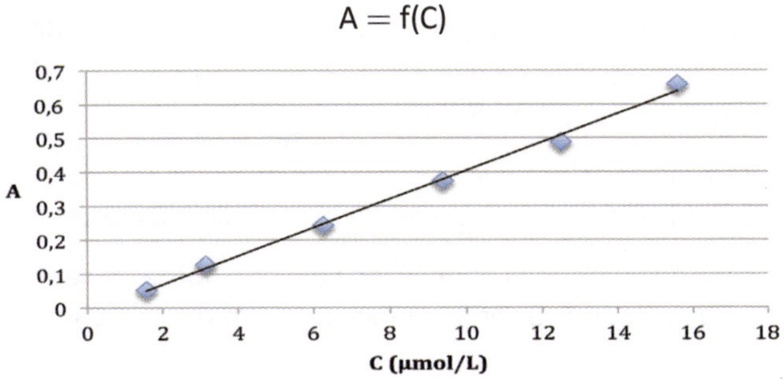

c. La loi de Beer-Lambert est : $A = \varepsilon \times l \times C$.

Or la courbe représentant A en fonction de C est une droite passant par l'origine donc on peut dire que A est proportionnelle à C donc $A = k \times C$ avec $k = \varepsilon \times l$. La loi de Beer-Lambert est donc vérifiée.

3. Méthode 1

a. Graphiquement on a $C_{diluée} = 7{,}5\ \mu mol.L^{-1}$.

b. $C_{commercial} = C_{diluée} \times 100 = 7{,}5.10^{-6} \times 100 = 7{,}5.10^{-4}\ mol.L^{-1}$.

c. $C_{m(exp)} = C \times M = 7{,}5.10^{-4} \times 320 = 0{,}24\ g.L^{-1}$.

d. $Cm = \frac{m}{V} = 20.10^{-3}/0{,}100 = 0{,}20\ g.L^{-1}$.

e. $\text{Pourcentage d'erreur} = \frac{|\text{valeur(théorique)} - \text{valeur(exp)}|}{\text{valeur(théorique)}} \times 100.$

Pourcentage d'erreur $= 0{,}04 \times 100/0{,}20 = 20\ \%$.

4. Méthode 2

a. $k = \frac{yB - yA}{xB - xA}$ soit 2 points A (0 ; 0) et B ($14{,}5.10^{-6}$; 0,6) donc

$k = (0{,}6 - 0)/(14{,}5.10^{-6} - 0) = 4{,}14.10^{4}\ L.mol^{-1}$.

b. $A = k \times C$ soit $C_{diluée} = A/k = 0{,}314/4{,}14.10^{4} = 7{,}58.10^{-6}\ mol.L^{-1}$.

Soit $C_{commercial} = 7{,}58.10^{-6} \times 100 = 7{,}58.10^{-4}\ mol.L^{-1}$.

c. On a $k = \varepsilon \times l$ donc $\varepsilon = \frac{k}{l} = \frac{4{,}14.10^{4}}{0{,}50} = 8{,}28.10^{4}\ L.mol^{-1}.cm^{-1}$.

Exercice 1.10

1. D'après le spectre d'absorption, on sait que la longueur d'onde correspondant au maximum d'absorbance correspond à une longueur d'onde de 450 nm. D'après le cercle chromatique, à cette longueur d'onde, la solution absorbe fortement dans le bleu-violet. La couleur de la solution est donc le complémentaire soit le jaune-orangé.

2. Au cours d'une dilution, la quantité de matière ne change pas, donc on a :

$n_1 = n_3$ soit $C_1 \times V_1 = C_3 \times V_3$ d'où $V_1 = \frac{C_3 \times V_3}{C_1} = \frac{80 \times 100{,}0}{320} = 25\ mL$.

Il est donc nécessaire de prélever les 25,0 mL de la solution S_1 avec une pipette jaugée de 25,0 mL et de les introduire dans une fiole jaugée de 100,0 mL.

3. D'après l'échelle de teintes de l'énoncé, on constate que la couleur de la solution S se situe entre la couleur de S_4 et S_5. Donc on peut dire que $16 < Cs < 40\ \mu mol.L^{-1}$.

4. Pour des concentrations inférieures à 80 µmol.L^{-1}, la courbe $A = f(C)$ est une droite passant par l'origine donc A est proportionnelle à C et la loi de Beer Lambert est vérifiée. Mais pour les autres valeurs, la loi n'est plus valable car il n'y a pas de droite donc pas de proportionnalité entre A et C.

5. D'après la courbe, on peut lire que pour $A_S = 0{,}350$, on obtient $C_S = 30$ µmol.L^{-1}.

6. D'après l'énoncé on a :

$m_{théo} = 1\,000\,000 \times 0{,}001127 = 1{,}127 \times 10^3$ mg $= 1{,}127$ g dans $V = 100$ mL.

Soit $C_{théo} = \dfrac{n}{V} = \dfrac{m}{M \times V} = \dfrac{1{,}127}{720{,}8 \times 0{,}100} = 1{,}56 \times 10^{-2}$ mol.L^{-1}.

Or la solution S a été diluée 500 fois donc :

$C_{exp} = 500 \times 30 \times 10^{-6} = 1{,}5 \times 10^{-2}$ mol.L^{-1}.

Donc on a un écart relatif $= \dfrac{|C_{théo} - C_{exp}|}{C_{théo}} \times 100 = \dfrac{|1{,}56 - 1{,}5|}{1{,}56} \times 100 = 4{,}1$ %.

La valeur étant inférieur à 10 % , notre valeur expérimentale est en accord.

7. Le document montre qu'à la lumière, la valeur de l'absorbance diminue au cours du temps. Donc la concentration en rifamycine va diminuer. Ce document est en accord car il y a l'indication « a conserver à l'abri de la lumière » dans l'énoncé.

Chapitre 2

Suivi, modélisation de l'évolution d'un système chimique et détermination d'une quantité de matière grâce à une transformation chimique

Cours

1 Transformation modélisée par une réaction d'oxydo-réduction

A Oxydant, réducteur, couple oxydant/réducteur

- Un **oxydant** est une espèce chimique capable de capter un ou plusieurs électrons.
- Un **réducteur** est une espèce chimique capable de céder un ou plusieurs électrons.

Ces espèces chimiques sont classées par couple. L'oxydant à gauche, le réducteur à droite : oxydant/réducteur. On parle de couple rédox. Pour chacun de ces couples, on peut écrire une ½ équation électronique :

oxydant/réducteur $\quad$ oxydant $+$ n e^- $=$ réducteur

Exemples

Cu^{2+}/Cu $\quad$ $Cu^{2+} + 2\,e^- = Cu$

Al^{3+}/Al $\quad$ $Al^{3+} + 3\,e^- = Al$

I_2/I^- $\quad$ $I_2 + 2\,e^- = 2\,I^-$

Quand on écrit une ½ équation électronique, il faut prendre soin de l'équilibrer afin de respecter la conservation de l'élément chimique et la conservation de la charge électrique. On peut être amené dans certains cas à ajouter H_2O et H^+ en milieu acide.

B Réaction d'oxydo-réduction

L'oxydant d'un couple peut réagir avec le réducteur d'un autre couple. On parle ainsi d'une réaction d'oxydoréduction. Les électrons n'interviennent pas dans le bilan de la réaction.

▶ **Méthode**

Comment écrire l'équation d'une réaction d'oxydoréduction ?

Soit les ions cuivre Cu^{2+} qui réagissent avec le métal argent Ag. Écrire l'équation bilan de cette réaction d'oxydoréduction sachant que les couples mis en jeu sont : Cu^{2+}/Cu et Ag^+/Ag.

➟ Écrire et équilibrer les ½ équations électroniques des 2 couples mis en jeu.

Cu^{2+}/Cu $\quad$ $Cu^{2+} + 2\,e^- = Cu$

Ag^+/Ag $\quad$ $Ag^+ + 1e^- = Ag$

- Réécrire les ½ équations électroniques en mettant à gauche l'espèce chimique qui réagit.

Cu^{2+}/Cu $\quad Cu^{2+} + 2\,e^- = Cu$

Ag^+/Ag $\quad Ag = Ag^+ + 1e^-$

Les réactifs sont Cu^{2+} et Ag d'après l'énoncé donc ils se trouvent à gauche dans la ½ équation.

- Regarder le nombre d'électrons dans chaque ½ équation. Il faut le même nombre d'électrons dans chacune des deux. De ce fait, multiplier l'ensemble de l'équation afin d'ajuster le nombre d'électrons.

Dans la ½ équation du cuivre, il y a 2 électrons alors que dans celle de l'argent il n'y en a qu'un. Le nombre commun d'électrons est donc 2. Il faut multiplier toute la ½ équation de l'argent par 2. Soit les ½ équations suivantes :

Cu^{2+}/Cu $\quad Cu^{2+} + 2\,e^- = Cu$

Ag^+/Ag $\quad \mathbf{2}Ag = \mathbf{2}Ag^+ + \mathbf{2}e^-$

- Ajouter les deux parties de gauche et les deux parties de droite ensemble sans les électrons en mettant une flèche entre les deux.

Cu^{2+}/Cu $\quad Cu^{2+} + 2\,e^- = Cu$

Ag^+/Ag $\quad \mathbf{2}Ag = \mathbf{2}Ag^+ + \mathbf{2}e^-$

$$Cu^{2+}_{(aq)} + 2\,Ag_{(s)} \rightarrow Cu_{(s)} + 2\,Ag^+_{(aq)}$$

Au cours de cette réaction, il se produit un transfert d'électrons. Ag cède les électrons et Cu^{2+} les capte.

Pour ne pas faire d'erreurs

Prendre soin d'équilibrer correctement les ½ équations électroniques et d'ajuster le nombre d'électrons dans chacune des ½ équations.

Point vocabulaire

- $Cu^{2+} + 2\,e^- = Cu$

  Cu^{2+} est un oxydant. On dit que l'oxydant est réduit. Cette ½ équation se nomme une réduction.

- $\mathbf{2}Ag = \mathbf{2}Ag^+ + \mathbf{2}e^-$

  Ag est un réducteur. On dit que le réducteur est oxydé. Cette ½ équation se nomme une oxydation.

2 Évolution des quantités de matière lors d'une transformation

A Suivi de l'évolution d'une transformation

Rappel : notion de réactif limitant

Soit l'expérience suivante : on verse un bécher contenant $V_1 = 10$ mL de solution de diiode I_2 jaune de concentration molaire $C_1 = 1{,}0.10^{-2}$ mol.L^{-1} dans un bécher contenant $V_2 = 40$ mL de solution de thiosulfate de sodium $Na_2S_2O_3$ incolore de concentration molaire $C_2 = 1{,}0.10^{-2}$ mol.L^{-1}. Les ions sodium sont spectateurs lors de cette transformation chimique.

Après mélange, on observe la disparition de la coloration jaune de la solution de diiode. Écrivons la réaction chimique modélisant la transformation chimique :

$$I_{2(aq)} + 2\ S_2O_3^{2-}{}_{(aq)} \rightarrow\ 2\ I^-{}_{(aq)} + S_4O_6^{2-}{}_{(aq)}$$

Une réaction chimique s'arrête lorsque l'un des deux réactifs disparaît totalement. On dit que ce réactif limite la réaction et on parle donc de réactif limitant.

Le réactif limitant est donc le réactif introduit en défaut. Il disparaît totalement au cours de la transformation chimique.

Dans la réaction ci-dessus, la coloration jaune du diiode ayant totalement disparue, on peut dire que I_2 est le réactif limitant.

A noter qu'un seul des deux réactifs peut être limitant ou dans certains cas les deux réactifs peuvent être limitants.

Conseils

Dans l'écriture de l'équation chimique de la réaction chimique, il faut respecter 2 lois de conservation : conservation de l'élément chimique et conservation de la charge électrique. Dans cette optique, on place devant la formule des espèces chimiques des nombres entiers appelés nombres stœchiométriques.

On place l'état physique en indice des espèces chimiques.

Stoechiométrie

Une réaction chimique se produit dans des conditions **stœchiométriques** lorsque les quantités des réactifs sont dans les **proportions identiques à celle de l'équation chimique**. Ces proportions sont des proportions en quantité de matière. Dans ce cas, les deux réactifs seront limitants.

Dans l'équation de la réaction précédente, les proportions stœchiométriques sont 1 mol de I_2 pour 2 mol de $S_2O_3^{2-}$. Autrement dit, il faut introduire 2 fois plus de thiosulfate de sodium que de diiode.

Déterminons les quantités de matière des réactifs introduits dans l'expérience afin d'analyser les conditions :

- $n(I_2) = C_1 \times V_1 = 1{,}0.10^{-2} \times 0{,}010 = 1{,}0.10^{-4}\text{mol} = 0{,}10$ mmol.
- $n(S_2O_3^{2-}) = C_2 \times V_2 = 1{,}0.10^{-2} \times 0{,}040 = 4{,}0.10^{-4}\text{mol} = 0{,}40$ mmol.

On constate que le nombre de mol de $S_2O_3^{2-}$ n'est pas le double de celui de I_2, de ce fait, l'expérience n'a pas été réalisée dans les conditions stœchiométriques.

Un mélange est stœchiométrique si dans l'état final, la quantité de matière des deux réactifs est nulle.

Notion d'avancement

Afin de suivre l'évolution d'une transformation chimique au cours du temps, on fait appel à une grandeur qui se nomme l'avancement.

L'**avancement**, noté **x**, exprimé en **mol**, permet de déterminer les quantités de matière des espèces chimiques au cours de la transformation chimique.

On va donc construire un tableau d'avancement montrant l'évolution au cours du temps de la transformation. On va donc étudier l'avancement qui est nulle dans l'état initiale car la réaction n'a pas encore débutée, puis cette valeur de l'avancement va augmenter pour atteindre dans l'état final une valeur maximale notée x_{max} que l'on va chercher à déterminer. Dans le cas ou x_{max} est atteint, on parle de réaction totale.

État du système	Avancement	$I_{2(aq)}$ + **2** $S_2O_3^{2-}{}_{(aq)}$ →		$2\,I^-{}_{(aq)}$ +	$S_4O_6^{2-}{}_{(aq)}$
État initial	0	$1{,}0.10^{-4}$	$4{,}0.10^{-4}$	0	0
État en cours	x	$1{,}0.10^{-4} - x$	$4{,}0.10^{-4} - \mathbf{2}x$	**2** x	x
État final	x_{max}	$1{,}0.10^{-4} - x_{max}$	$4{,}0.10^{-4} - \mathbf{2}x_{max}$	**2** x_{max}	x_{max}

La quantité de matière des réactifs diminue au cours du temps proportionnellement au nombre stoechiométrique de l'espèce chimique d'où le signe négatif devant l'avant l'avancement.

La quantité de matière des produits augmente au cours du temps proportionnellement au nombre stoechiométrique de l'espèce chimique d'où la valeur positive devant l'avancement.

A présent, il faut déterminer le réactif limitant ainsi que l'avancement x_{max} dans l'état final. De ce fait, nous allons faire des hypothèses :

- Si I_2 est le réactif limitant, alors :

  $n(I_2,f) = 0$ soit $1{,}0.10^{-4} - x_{max} = 0$ donc $x_{max} = 1{,}0.10^{-4}$ mol

- Si $S_2O_3^{2-}$ est le réactif limitant alors :
  $n(S_2O_3^{2-},f) = 0$ soit $4,0.10^{-4} - 2x_{max} = 0$ donc $2x_{max} = 4,0.10^{-4}$ mol
  $x_{max}=2,0.10^{-4}$ mol

L'avancement est une grandeur nulle qui augmente au cours du temps, de ce fait, on peut dire qu'elle va atteindre la valeur de $x_{max} = 1,0.10^{-4}$ mol en premier car : $x_{max} = 1,0.10^{-4}$ mol < $x_{max} = 2,0.10^{-4}$ mol.
De ce fait quand cette valeur de $x_{max} = 1,0.10^{-4}$ mol est atteinte, l'espèce chimique I_2 a disparu et la réaction s'arrête. On peut donc conclure que I_2 est le réactif limitant et que $x_{max} = 1,0.10^{-4}$ mol.

La valeur de x_{max} correspond toujours à la valeur de x_{max} la plus faible des deux hypothèses et le réactif limitant, celui qui a permis d'obtenir la valeur de x_{max} la plus faible.

Pour terminer, il est nécessaire de faire un bilan de matière à l'état final :
$n(I_2,f) = 0$ car c'est le réactif limitant
$n(S_2O_3^{2-},f) = 4,0.10^{-4} - 2\ x_{max} = 4,0.10^{-4} - 2 \times 1,0.10^{-4} = 2,0.10^{-4}$ mol
$n(I^-,f) = 2\ x_{max} = 2\times1,0.10^{-4} = 2,0.10^{-4}$ mol
$n(S_4O_6^{2-},f) = x_{max} = 1,0.10^{-4}$ mol

Conseils

Effectuer avec rigueur l'écriture de l'équation bilan afin de ne pas faire d'erreurs dans les coefficients stœchiométriques ainsi que le calcul des quantités de matières des deux réactifs dans l'état initial.

Dans le bilan des quantités de matières, toutes les valeurs doivent être positives. Si ce n'est pas le cas, l'erreur se situe dans le choix du réactif limitant et la valeur de x_{max} dans le cas où l'équation est correctement équilibrée et les quantités de matières initiales corrects.

Bilan – Méthode de résolution

On mélange $V_1 = 10,0$ mL d'une solution de $CuSO_4$ dont la concentration en ions Cu^{2+} est de 0,50 mol.L^{-1} et $V_2 = 15,0$ mL d'une solution de NaOH dont la concentration molaire en ions HO^- est de 0,50 mol.L^{-1}. La réaction a lieu entre les ions Cu^{2+} et les ions HO^-, les ions Na^+ et SO_4^{2-} sont spectateurs. Il se forme un précipité de formule $Cu(OH)_2$.

1. Écriture de l'équation de la réaction chimique.
   $Cu^{2+}_{(aq)} + 2\ HO^-_{(aq)} \rightarrow Cu(OH)_{2(s)}$

2. Calculer les quantités de matière en ions Cu^{2+} et ions HO^- dans l'état initial.

$$n(Cu^{2+}) = C \times V_1 = 0,50 \times 0,010 = 5,0.10^{-3} mol$$

$$n(HO^-) = C \times V_2 = 0,50 \times 0,015 = 7,5.10^{-3} mol$$

3. Dresser un tableau d'avancement.

État du système	Avancement	$Cu^{2+}_{(aq)} + 2\ HO^-_{(aq)} \rightarrow Cu(OH)_{2(s)}$		
État initial	0	$5,0.10^{-3}$	$7,5.10^{-3}$	0
État en cours	x	$5,0.10^{-3} - x$	$7,5.10^{-3} - \mathbf{2}x$	x
État final	x_{max}	$5,0.10^{-3} - x_{max}$	$7,5.10^{-3} - \mathbf{2}x_{max}$	x_{max}

4. Rechercher le réactif limitant ainsi que l'avancement maximum de la réaction.

- Si Cu^{2+} est le réactif limitant, alors :
  $n(Cu^{2+},f) = 0$ soit $5,0.10^{-3} - x_{max} = 0$ donc $x_{max} = 5,0.10^{-3}$ mol
- Si HO^- est le réactif limitant alors :
  $n(HO^-,f) = 0$ soit $7,5.10^{-3} - 2x_{max} = 0$ donc $2x_{max} = 7,5.10^{-3}$ mol
  $x_{max} = 3,75.10^{-3}$ mol

On peut donc conclure que $x_{max} = 3,75.10^{-3}$ mol et que HO^- est le réactif limitant.

5. Déterminer la composition du système dans l'état final.

$n(HO^-, f) = 0$ car c'est le limitant

$$n(Cu^{2+}, f) = 5,0.10^{-3} - x_{max} = 5,0.10^{-3} - 3,75.10^{-3} = 1,25.10^{-3} mol$$

$$n(Cu(OH)_2, f) = x_{max} = 3,75.10^{-3} mol$$

B Transformation totale ou non totale

Dans une **réaction totale**, les réactifs continuent de réagir tant que l'un des réactifs, le limitant, n'a pas été totalement consommé. A la fin de la réaction, on dit que l'avancement atteint est l'avancement maximal noté $\mathbf{x_{max}}$.

Lorsque la réaction est totale, l'équation bilan de la réaction chimique s'écrit à l'aide d'une **simple flèche**.

Cependant, toutes les réactions chimiques ne sont pas des réactions totales.

En effet, l'avancement final de la réaction peut ne pas atteindre l'avancement maximal. Autrement dit, la réaction ne va pas jusqu'à la consommation totale du réactif limitant.

Il y a une coexistence entre les réactifs et les produits. On dit que l'on a atteint un **état d'équilibre** du système chimique. L'avancement atteint appelé avancement final est noté $\mathbf{x_f}$ avec ($x_f < x_{max}$). On détermine la valeur de x_f à l'aide de la description de l'état final. On dit que la réaction est non totale, elle est limitée et l'équation bilan de la réaction chimique s'écrit à l'aide d'une double flèche.

3 Qu'est-ce qu'un titrage

Titrer ou doser une solution, c'est déterminer avec précision la concentration molaire d'une espèce chimique présente en solution.

Il existe deux méthodes distinctes :

- les méthodes non destructives : étalonnage vu en classe de seconde ;
- les méthodes destructives : mettent en jeux une réaction chimique avec l'espèce à titrer.

Un titrage réalisé au moyen d'une réaction chimique entre le réactif titré de concentration inconnue et le réactif titrant de concentration connue est dit direct. La réaction de dosage doit être :

- rapide ;
- totale : le réactif limitant est totalement consommé ;
- unique : s'il existe d'autres espèces en solution, elle ne doivent pas réagir au cours du titrage.

La solution titrante est introduite progressivement dans l'erlenmeyer, par ajouts réguliers de petits volumes. La solution à titrer est introduite dans l'erlenmeyer à l'aide d'une pipette jaugée. Le mélange est agité au cours du titrage.

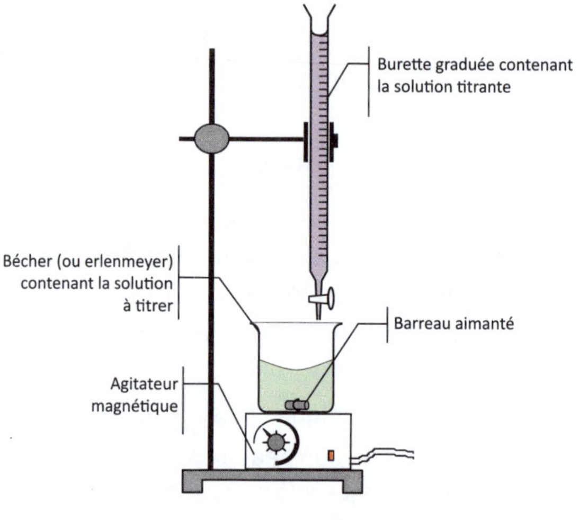

4 L'équivalence

À l'équivalence, les réactifs ont été introduits dans les proportions stœchiométriques et il y a changement de réactif limitant.

On observe le changement de couleur de la solution dans l'erlenmeyer qui indique l'équivalence. L'équivalence est repérée à la goutte près de solution titrante versée.

5 Déterminer la concentration de la solution titrée

On utilise le tableau d'avancement descriptif de la réaction chimique ayant lieu lors du titrage afin de trouver la relation existante entre les quantités de matière du réactif titré et celle du réactif titrant. On déduira alors la concentration recherchée.

Soit une solution de diiode I_2 titrée par une solution de thiosulfate de sodium $Na_2S_2O_3$.

Soit le tableau d'avancement que l'on peut établir à l'équivalence :

État du système		$I_{2(aq)} + \mathbf{2}\ S_2O_3^{2-}{}_{(aq)} \rightarrow 2\ I^-{}_{(aq)} + S_4O_6^{2-}{}_{(aq)}$			
État initial	0	n_1	n_2	0	0
État en cours	x	$n_1 - x$	$n_2 - \mathbf{2}x$	2 x	x
À l'équivalence	x_{eq}	$n_1 - x_{eq}$	$n_2 - \mathbf{2}x_{eq}$	2 x_{eq}	x_{eq}

À l'équivalence, les réactifs ont été introduits dans les proportions stoechiométriques soit :

- $n(I_2, eq) = 0$ soit $n_1 - x_{eq} = 0$ d'où $x_{eq} = n_1$
- $n\left(S_2O_3^{2-}, eq\right) = 0$ soit $n_2 - 2x_{eq} = 0$ d'où $x_{eq} = \dfrac{n_2}{2}$

  On a donc la relation à l'équivalence : $n_1 = \dfrac{n_2}{2}$

Exercices

Compétences attendues

- Établir une équation de la réaction entre un oxydant et un réducteur, les couples oxydant-réducteur étant donnés.

Exercice 2.1

S'approprier, analyser, raisonner

1. Donner la définition d'un couple oxydant/réducteur.
2. Parmi les espèces chimiques suivantes, identifier les couples oxydant/réducteur.
I^- ; Ag ; Fe^{2+} ; Cu ; H_2O ; Cu^{2+} ; Ag^+ ; I_2 ; Cl^- ; Cl_2 ; Fe ; Fe^{3+}

Exercice 2.2

S'approprier, analyser, raisonner

1. Écrire les demi-équations des couples redox ci-dessous en milieu acide :
   a. H^+/H_2
   b. Al^{3+}/Al
   c. MnO_4^-/Mn^{2+}
   d. O_2/H_2O
   e. $HClO/Cl^-$
2. Écrire l'équation de la réaction entre :
   a. L'ion permanganate MnO_4^- et l'aluminium.
   b. L'ion aluminium III et les ions chlorure Cl^-.
   c. Le dihydrogène et le dioxygène.
   d. L'ion aluminium III et l'eau.

Compétences attendues

- À partir de données expérimentales, identifier le transfert d'électrons entre deux réactifs et le modéliser par des demi-équations électroniques et par une réaction d'oxydo-réduction.

Exercice 2.3

Réaction argent-magnésium S'approprier, analyser, raisonner

On introduit une lame d'argent et une lame de magnésium dans un bécher contenant une solution de chlorure d'argent et une solution de chlorure de magnésium. Il se produit une transformation chimique au cours de laquelle il se forme un dépôt d'argent et la lame de magnésium est rongée.

Les couples mis en jeu lors de cette réaction chimiques sont : Mg^{2+}/Mg et Ag^{+}/Ag,

1. Déterminer les réactifs à l'aide des données expérimentales.
2. Écrire les ½ équations électroniques se produisant au cours de la transformation chimique.
3. En déduire l'équation bilan de la réaction chimique.

Exercice 2.4

Réaction cadmium-aluminium S'approprier, analyser, raisonner

On introduit de la poudre d'aluminium ainsi qu'une tournure de cadmium dans une solution de chlorure d'aluminium et une solution de chlorure de cadmium. On observe une disparition complète de la poudre d'aluminium au cours de la transformation chimique. Les couples mis en jeu lors de cette réaction sont : Cd^{2+}/Cd et Al^{3+}/Al.

1. Déterminer les réactifs à l'aide des données expérimentales.
2. Écrire les ½ équations électroniques se produisant au cours de la transformation chimique.
3. En déduire l'équation bilan de la réaction chimique.

Exercices

Exercice 2.5

Réaction cobalt-fer S'approprier, analyser, raisonner

On introduit un morceau de fer et une tige de cobalt dans une solution de sulfate de fer et une solution de chlorure de cobalt. Après la transformation chimique, on introduit une solution de soude entraînant un précipité vert caractéristiques des ions fer (II). Les couples mis en jeu lors de cette réaction sont : Co^{2+}/Co et Fe^{2+}/Fe.

1. Déterminer les réactifs à l'aide des données expérimentales.
2. Écrire les ½ équations électroniques se produisant au cours de la transformation chimique.
3. En déduire l'équation bilan de la réaction chimique.

Exercice 2.6

S'approprier, analyser, raisonner

1. Définir un oxydant et un réducteur.
2. Écrire la ½ équation électronique des couples suivants :
   a. H_2O_2/H_2O
   b. IO_3^-/I_2
   c. $Cr_2O_7^{2-}/Cr^{3+}$
3. On introduit une lame de cuivre dans une solution d'ions NO_3^- en milieu acide. La solution prend une coloration bleue.

   Sachant que les couples rédox sont $NO_3^-/NO(g)$ et Cu^{2+}/Cu, écrire les ½ équations puis l'équation bilan de la réaction qui se produit.
4. On donne l'équation suivante :

   $$S_2O_8^{2-}\,(aq) + Hg_2^{2+}\,(aq) \rightarrow 2\,SO_4^{2-}\,(aq) + 2\,Hg^{2+}\,(aq)$$

   a. Identifier les deux couples rédox mis en jeu dans cette réaction d'oxydoréduction.
   b. Écrire les ½ équations correspondant à ces coulpes.
   c. Déterminer quels sont, respectivement l'oxydant et le réducteur dans la transformation étudiée.

Compétences attendues

- Décrire qualitativement l'évolution des quantités de matière des espèces chimiques lors d'une transformation. Établir le tableau d'avancement d'une transformation chimique à partir de l'équation bilan et des quantités de matières initiales des espèces chimiques. Déterminer la composition du système dans l'état final en fonction de sa composition initiale pour une transformation considérée comme totale.

Exercice 2.7

S'approprier, analyser, raisonner, réaliser

D'après BAC S, Polynésie, 2003

On se propose d'étudier la transformation lente de décomposition de l'eau oxygénée par les ions iodure en présence d'acide sulfurique.

L'équation de la réaction qui modélise la transformation s'écrit :

$$H_2O_{2\,(aq)} + 2\ I^-_{(aq)} + 2\ H_3O^+_{(aq)} \rightarrow I_{2\,(aq)} + 4\ H_2O_{(l)}$$

Dans cette transformation, la seule espèce chimique colorée est le diiode (jaune).

À la date $t = 0$ s, on mélange 20,0 mL d'une solution d'iodure de potassium de concentration 0,10 mol.L^{-1} acidifiée avec de l'acide sulfurique en excès, 8,0 mL d'eau et 2,0 mL d'eau oxygénée à 0,10 mol.L^{-1}.

1. Le mélange initial est-il stœchiométrique ?
2. En déduire la couleur de la solution à la fin de la transformation.

Exercice 2.8

S'approprier, analyser, raisonner, réaliser

Dans un tube à essais, on verse 5,0 mL de solution de nitrate d'argent ($Ag^+ + NO_3^-$) de concentration molaire en ions argent $C = 0{,}20$ mol.L^{-1}. On immerge partiellement un fil de cuivre. La masse de la partie immergée est égale à $m = 0{,}52$ g. Les ions nitrate sont spectateurs. Le fil de cuivre se recouvre progressivement d'un dépôt gris d'argent métallique, appelé arbre de Diane, et la solution bleuit grâce à la formation d'ions cuivre Cu^{2+}.

1. Écrire l'équation bilan de la réaction et l'équilibrer.
2. Déterminer la quantité de matière des réactifs introduits.
3. Dresser le tableau d'avancement.
4. Déterminer l'avancement maximal ainsi que le réactif limitant.
5. Déterminer la quantité de matière des espèces chimiques à l'état final.

6. Déterminer la masse d'argent déposé sur la partie de fil immergée en fin de réaction.

7. Déterminer le volume minimal de solution de nitrate d'argent à introduire afin de former 1,0 kg d'argent.

Données

- $M_{Ag} = 107{,}9\ g.mol^{-1}$
- $M_{Cu} = 63{,}5\ g.mol^{-1}$

Exercice 2.9

S'approprier, analyser, raisonner, réaliser

Les saphirs sont des pierres précieuses constituées de cristaux d'oxyde d'aluminium. Des impuretés, à l'état de traces, leur donnent leur couleur (titane et fer pour le bleu, vanadium pour le violet, chrome pour le rose, fer pour le jaune et le vert). L'oxyde d'aluminium, Al_2O_3(s), peut être obtenu en faisant réagir à chaud du métal aluminium, Al(s), avec du dioxygène O_2(g). On introduit 25,6 g d'aluminium avec 1,3 mol de dioxygène.

1. Écrire l'équation bilan de la réaction et l'équilibrer.
2. Déterminer la quantité de matière des réactifs introduits.
3. Dresser le tableau d'avancement.
4. Déterminer l'avancement maximal ainsi que le réactif limitant.
5. Déterminer la quantité de matière des espèces chimiques à l'état final.
6. Déterminer la masse d'oxyde d'aluminium obtenue en fin de réaction.
7. Déterminer la masse minimale d'aluminium à introduire afin de faire complètement réagir 12 mol de dioxygène ?

Données

- $M_{Al} = 27{,}0\ g.mol^{-1}$
- $M_{O} = 16{,}0\ g.mol^{-1}$

Exercice 2.10

S'approprier, analyser, raisonner, réaliser

On introduit une masse $m_1 = 0{,}41$ g de poudre de fer dans un volume $V_2 = 50{,}0$ mL de solution de bromure d'argent $\left(Br^- + Ag^+\right)$ de concentration $C_2 = 0{,}20\ mol.L^{-1}$. La réaction entre la poudre de fer et les ions argents conduit à la formation d'ions fer II Fe^{2+} (aq) et un dépôt d'argent. Les ions bromures ne participent pas à la réaction.

1. Écrire l'équation bilan de la réaction et l'équilibrer.

2. Calculer les quantités de matière initiales de fer et des ions argent.
3. Établir le tableau d'avancement de la réaction.
4. Déterminer la valeur de l'avancement maximal et identifier le réactif limitant.
5. Calculer les quantités de matière à l'état final.
6. Calculer la concentration molaire des en ions fer II à la fin de la réaction.
7. Résoudre un problème : on souhaite former 2,5 mg d'argent à l'aide de cette réaction chimique.
    a. Déterminer la masse minimale de limaille de fer à introduire.
    b. Déterminer le volume de solution de bromure d'argent minimal à introduire.

Données

- $M_{Fe} = 55{,}8\ g.mol^{-1}$
- $M_{Ag} = 107{,}9\ g.mol^{-1}$

Compétences attendues

- Déterminer l'avancement final d'une réaction à partir de la description de l'état final et comparer à l'avancement maximal.

Exercice 2.11

S'approprier, analyser, raisonner, réaliser

On introduit 20 mL d'une solution de chlorure de chrome ($CrCl_3$) de concentration molaire $C = 1{,}5.10^{-1} mol.L^{-1}$ avec 2,3 g de zinc. La réaction entre le zinc et les ions chrome Cr^{3+} forme des ions zinc (II), Zn^{2+} et un dépôt de chrome. Les ions chlorures sont spectateurs au cours de cette réaction. On récupère le dépôt de chrome formé et on en détermine la masse, on obtient une masse de 15 mg.

1. Écrire l'équation bilan de la réaction et l'équilibrer.
2. Calculer les quantités de matière initiales des réactifs.
3. Établir le tableau d'avancement de la réaction.
4. Déterminer la valeur de l'avancement maximal et identifier le réactif limitant si la réaction est totale.
5. Déterminer l'avancement final de la réaction.
6. Conclure.

Données

- $M_{Zn} = 65{,}4\ g.mol^{-1}$
- $M_{Cr} = 52{,}0\ g.mol^{-1}$

Exercices

Exercice 2.12

S'approprier, analyser, raisonner, réaliser

On plonge une tige de 15 g de plomb dans une bouteille contenant un volume de 50 mL de dichlore Cl_2. La réaction entre le dichlore et le plomb forme des ions plomb Pb^{2+} et des ions chlorures Cl^-. La détermination de la concentration molaire en plomb à la fin de la réaction donne $[Pb^{2+}] = 8,5.10^{-3} mol.L^{-1}$.

1. Écrire l'équation bilan de la réaction et l'équilibrer.
2. Calculer les quantités de matière initiales des réactifs.
3. Établir le tableau d'avancement de la réaction.
4. Déterminer la valeur de l'avancement maximal et identifier le réactif limitant si la réaction est totale.
5. Déterminer l'avancement final de la réaction.
6. Conclure.

Données

- $M_{Pb} = 207,2$ g.mol^{-1}
- $V_m = 24,0$ L.mol^{-1}

Exercice 2.13

S'approprier, analyser, raisonner, réaliser

On introduit dans un erlenmeyer un volume 100 mL d'une solution d'acide éthanoïque CH_3CO_2H de concentration molaire $1,0.10^{-1}$ mol.L^{-1} et un volume V = 40,0 mL d'une solution aqueuse d'ammoniac NH_3 de concentration $5,0.10^{-1}$ mol.L^{-1}. La transformation chimique entre l'acide éthanoïque et l'ammoniac conduit à la formation d'ions éthanoate CH_3COO^- et d'ions ammonium NH_4^+. A la fin de l'expérience, on détermine dans l'erlenmeyer $[CH_3COO^-] = 7,14.10^{-2} mol.L^{-1}$.

1. Écrire l'équation bilan de la réaction et l'équilibrer.
2. Calculer les quantités de matière initiales des réactifs.
3. Établir le tableau d'avancement de la réaction.
4. Déterminer la valeur de l'avancement maximal et identifier le réactif limitant si la réaction est totale.
5. Déterminer l'avancement final de la réaction.
6. Conclure.

Compétences attendues

- Relier qualitativement l'évolution des quantités de matière de réactifs et de produits à l'état final à la quantité de solution titrante ajoutée. Relier l'équivalence au changement de réactif limitant et à l'introduction des réactifs en proportions stoechiométriques. Établir la relation entre les quantités de matière de réactifs introduites pour atteindre l'équivalence. Expliquer ou prévoir le changement de couleur observé à l'équivalence d'un titrage mettant en jeu une espèce colorée.

Exercice 2.14

S'approprier, analyser, raisonner, réaliser

Déterminer la teneur en fer d'un produit reverdissant

Un produit reverdissant pour jardin permet de redonner une belle couleur aux pelouses de nos jardins. Dans ce produit, l'élément fer est présent sous forme d'ions fer (II) Fe^{2+}.

Le but de l'exercice est de déterminer le pourcentage en masse de fer dans le produit étudié. Pour titrer ce produit, on suit le protocole suivant :

On dissout une masse $m = 50{,}0$ g de ce produit en poudre dans un volume $V_0 = 200{,}0$ mL d'eau distillée. On obtient la solution S_0.

On dose par titrage, en milieu acide, $V = 20{,}0$ mL de solution S_0 par une solution de permanganate de potassium de concentration molaire $C' = 2{,}5 \times 10^{-1}$ mol.L^{-1}. L'équivalence est obtenue quand on a ajouté $V_E' = 18{,}5$ mL de la solution de permanganate de potassium.

1. Définir l'équivalence. Comment repère-t-on l'équivalence ? Soyez précis.
2. Écrire l'équation bilan de la réaction de titrage.
3. Construire, à l'équivalence, le tableau d'avancement.
4. En déduire une relation entre la quantité de matière d'ions fer (II) et la quantité de matière de permanganate à l'équivalence.
5. Calculer la quantité de matière d'ion fer (II) dans l'échantillon titré, puis dans la solution S_0.
6. Calculer la masse de fer présente dans la solution S_0.
7. En déduire le pourcentage massique en fer du produit.

Exercices

Données

- couples oxydant/réducteur
- MnO_4^-/Mn^{2+}
- Fe^{3+}/Fe^{2+}
- $M(Fe) = 55{,}8\ g.mol^{-1}$

Exercice 2.15

S'approprier, analyser, raisonner, réaliser, valider

La Bétadine

La Bétadine est un antiseptique dermatologique iodé. L'espèce chimique active de la Bétadine est le diiode I_2. Cette espèce oxydante élimine les micro-organismes ou inactive les virus. Le but de l'exercice est de déterminer la concentration molaire de diiode dans cet antiseptique.

L'étiquette de la bouteille de Bétadine précise : « Solution pour application locale. Diiode : 10 g pour 100 mL. »

On titre le diiode présent dans un prélèvement de 10 mL de la solution de Bétadine diluée 10 fois. La solution titrante est une solution de thiosulfate de sodium ($Na_2S_2O_3$) de concentration molaire $C' = 1{,}00 \times 10^{-1}\ mol.L^{-1}$. Le volume de thiosulfate versé à l'équivalence est de 8,1 mL.

1. Préciser où se trouve le réactif titrant et le réactif titré dans le montage.
2. Écrire l'équation bilan de la réaction de titrage.
3. Dresser, à l'équivalence, le tableau d'avancement.
4. Établir la relation entre la quantité de matière de diiode et la quantité de matière de thiosulfate à l'équivalence.
5. En déduire la concentration du diiode dans la Bétadine.
6. Calculer la concentration du diiode théorique dans la Bétadine.
   Conseil : lire l'étiquette.
7. Calculer l'écart relatif, exprimé en % , entre la valeur déterminée et la valeur théorique du fabricant.

Données

- couples oxydant/réducteur
- I_2/I^-
- $S_4O_6^{2-}/S_2O_3^{2-}$
- $M(I) = 126{,}9\ g.mol^{-1}$

Exercice 2.16

S'approprier, analyser, raisonner, réaliser L'eau oxygénée

On souhaite déterminer la concentration molaire en peroxyde d'hydrogène d'une bouteille commerciale.

L'eau oxygénée ou peroxyde d'hydrogène a pour formule brute H_2O_2. Elle appartient au couple O_2/H_2O_2. C'est une espèce chimique utilisée comme antiseptique.

On prépare une solution S en introduisant 10,0 mL d'eau oxygénée commerciale dans une fiole jaugée de 100 mL, et on complète jusqu'au trait de jauge avec de l'eau distillée.

On dose par titrage, en milieu acide, un volume $V = 20$ mL de solution S par une solution de permanganate de potassium de concentration 0,012 mol.L^{-1}. À l'équivalence, le volume de solution ajouté est $V_E' = 13{,}2$ mL.

1. Donner les qualificatifs d'une réaction de dosage.
2. Écrire l'équation bilan de la réaction de dosage.
3. Dresser, à l'équivalence, le tableau d'avancement.
4. Donner la relation entre n et n' à l'équivalence.
5. Calculer la quantité de matière de H_2O_2 présent dans l'échantillon titré puis dans la solution S.
6. En déduire la concentration molaire en H_2O_2 de la bouteille commerciale.

   Sur l'étiquette de la bouteille, on peut lire : « eau oxygénée à .... volumes stabilisée »

   Il manque une partie de l'information. Par définition, une eau oxygénée est à « 1 volume » si 1 L de solution d'eau oxygénée libère 1 L de dioxygène mesuré dans les conditions normales de T° et de pression d'après la réaction :

   $2\ H_2O_{2(aq)} \rightarrow O_{2(g)} + 2\ H_2O_{(l)}$

   On rappelle que $V_m = 22{,}4$ L.mol^{-1}
7. Compléter l'étiquette.

Conseil

Calculer le nombre de mole de H_2O_2 présent dans 1 L, puis le nombre de mole de O_2, le volume de O_2 et enfin trouver le chiffre manquant sur l'étiquette.

Exercices

Corrigé des exercices

Exercice 2.1

1. Un oxydant est une espèce chimique capable de capter un ou plusieurs électrons. Un réducteur est une espèce chimique capable de céder un ou plusieurs électrons. On classe ces espèces chimiques en couple oxydant/réducteur. Dans le couple, l'oxydant est toujours à gauche et le réducteur à droite.
2. I_2/I^- ; Ag^+/Ag ; Fe^{2+}/Fe ; Fe^{3+}/Fe ; Fe^{3+}/Fe^{2+} ; Cu^{2+}/Cu ; Cl_2/Cl^-.

Exercice 2.2

1. Écrire les demi-équations des couples redox ci-dessous :
   - a. H^+/H_2 — $2\,H^+ + 2\,e^- = H_2$
   - b. Al^{3+}/Al — $Al^{3+} + 3\,e^- = Al$
   - c. MnO_4^-/Mn^{2+} — $8\,H^+ + MnO_4^- + 5\,e^- = Mn^{2+} + 4\,H_2O$
   - d. O_2/H_2O — $4\,H^+ + O_2 + 4\,e^- = 2\,H_2O$
   - e. $HClO/Cl^-$ — $H^+ + HClO + 2\,e^- = Cl^- + H_2O$
2. Équations
   - a. L'ion permanganate MnO_4^- et l'aluminium.

     $$8\,H^+ + MnO_4^- + 5\,e^- = Mn^{2+} + 4\,H_2O \quad)\times 3$$
     $$Al = Al^{3+} + 3\,e^- \quad)\times 5$$

     Soit $24\,H^+_{(aq)} + 3\,MnO^-_{4\,(aq)} + 5\,Al_{(s)} \rightarrow 3\,Mn^{2+}_{(aq)} + 12\,H_2O_{(l)} + 5\,Al^{3+}_{(aq)}$.
   - b. L'ion aluminium III et les ions chlorure Cl^-.

     $$Al^{3+} + 3\,e^- = Al \quad)\times 2$$
     $$2\,Cl^- = Cl_2 + 2\,e^- \quad)\times 3$$

     Soit $2\,Al^{3+}_{(aq)} + 6\,Cl^-_{(aq)} \rightarrow 2\,Al_{(s)} + 3\,Cl_{2\,(g)}$
   - c. Le dihydrogène et le dioxygène.

     $$4\,H^+ + O_2 + 4\,e^- = 2\,H_2O$$
     $$H_2 = 2\,H^+ + 2\,e^- \quad)\times 2$$

     Soit $4\,H^+ + O_2 + 2\,H_2 \rightarrow 2\,H_2O + 4\,H^+$ d'où $O_{2\,(g)} + 2\,H_{2(g)} \rightarrow 2\,H_2O_{(l)}$

d. L'ion aluminium III et l'eau.

$Al^{3+} + 3\,e^- = Al \qquad)\times 4$

$2\,H_2O = 4\,H^+ + O_2 + 4\,e^- \qquad)\times 3$

Soit $4\,Al^{3+}_{(aq)} + 6\,H_2O_{(l)} \rightarrow 4\,Al_{(s)} + 12\,H^+_{(aq)} + 3\,O_{2\,(g)}$

Exercice 2.3

1. Sachant qu'il se forme un dépôt d'argent, Ag est donc un produit et Ag^+ le réactif. Et la lame de magnésium est rongée donc Mg est un réactif.
2. On a donc pour le couple de l'argent : $Ag^+ + e^- = Ag$
3. Pour le couple du magnésium : $Mg = Mg^{2+} + 2\,e^-$
4. D'où l'équation-bilan : $2\,Ag^+$ (aq) + Mg (s) → Mg^{2+} (aq) + 2 Ag (s)
   La ½ équation de l'argent est multipliée par 2 afin d'équilibrer les électrons.

Exercice 2.4

1. On observe la disparition de la poudre d'aluminium donc Al est un réactif. Al est un oxydant, il peut donc réagir uniquement avec un réducteur soit Cd^{2+}.
2. On a pour le couple du cadmium : $Cd^{2+} + 2\,e^- = Cd$
3. Pour le couple de l'aluminium : $Al = Al^{3+} + 3\,e^-$
4. D'où l'équation-bilan : $3\,Cd^{2+}$ (aq) + 2 Al (s) → $2\,Al^{3+}$ (aq) + 3 Cd (s)
   La ½ équation du cadmium est multipliée par 3 et celle de l'aluminium par 2 afin d'équilibrer les électrons.

Exercice 2.5

1. D'après le précipité vert formé, il s'est formé au cours de la réaction des ions Fe^{2+}. Donc Fe est le réactif. Fe est un réducteur, il peut donc réagir uniquement avec un oxydant donc Co^{2+}.
2. On a pour le couple du cobalt : $Co^{2+} + 2\,e^- = Co$
   Pour le couple du fer : $Fe = Fe^{2+} + 2\,e^-$
3. D'où l'équation-bilan : Co^{2+} (aq) + Fe (s) → Fe^{2+} (aq) + Co (s)

Exercice 2.6

1. Oxydant : espèce chimique capable de capter un ou plusieurs électrons.
   Réducteur : espèce chimique capable de céder un ou plusieurs électrons.
   H_2O_2 / H_2O : $2\ H^+ + H_2O_2 + 2\ e^- = 2\ H_2O$
2. IO_3^- / I_2 : $12\ H^+ + 2\ IO_3^- + 10\ e^- = I_2 + 6\ H_2O$
   $Cr_2O_7^{2-} / Cr^{3+}$: $14\ H^+ + Cr_2O_7^{2-} + 6\ e^- = 2\ Cr^{3+} + 7\ H_2O$
3. NO_3^- / NO $\quad 4\ H^+ + NO_3^- + 3\ e^- = NO + 2\ H_2O\ ) \times 2$
   Cu^{2+} / Cu $\quad Cu = Cu^{2+} + 2\ e^-) \times 3$

   $$2\ NO_3^-{}_{(aq)} + 3\ Cu_{(s)} + 8\ H^+{}_{(aq)} = 2\ NO_{(g)} + 4\ H_2O_{(l)} + 3\ Cu^{2+}{}_{(aq)}$$
4. a. Hg^{2+}/Hg_2^{2+} et $S_2O_8^{2-}/SO_4^{2-}$
   b. $S_2O_8^{2-} + 2\ e^- = 2\ SO_4^{2-}$
   $Hg_2^{2+} = Hg^{2+} + 2\ e^-$
   c. oxydant : $S_2O_8^{2-}$ et réducteur : Hg_2^{2+}

Exercice 2.7

1. Déterminons la quantité de matière de chaque réactif introduit.
   Soit $n(I^-) = C \times V = 0{,}10 \times 0{,}020 = 2{,}0.10^{-3}$ mol
   et $n(H_2O_2) = C \times V = 0{,}10 \times 0{,}002 = 2{,}0.10^{-4}$ mol
   Or d'après l'équation bilan, les proportions stoechiométriques sont $n(H_2O_2) = n(I^-)/2$.
   Or les valeurs que nous avons ne correspondent pas à cette proportion donc le mélange initial n'est pas stoechiométrique car on a $n(H_2O_2) = n(I^-)/10$.
2. A la fin de la transformation, il y a présence de diiode I_2, seule espèce colorée donc la solution sera jaune.

Exercice 2.8

1. $Cu_{(s)} + 2\,Ag^+{}_{(aq)} \rightarrow 2\ Ag_{(s)} + Cu^{2+}{}_{(aq)}$

Remarque

NO_3^- n'est pas présent dans l'équation-bilan car il s'agit d'un ion spectateur.

2. $n(Cu) = \dfrac{m}{M} = \dfrac{0{,}52}{63{,}5} = 8{,}2.10^{-3}\text{mol} = 8{,}2\ \text{mmol.}$
   $n(Ag^+) = C \times V = 0{,}20 \times 0{,}005 = 1{,}0.10^{-3}\text{mol} = 1{,}0\ \text{mmol.}$

3.

État du système	Avancement	$Cu_{(s)} + \mathbf{2}\,Ag^+_{(aq)} \rightarrow 2\,Ag_{(s)} + Cu^{2+}_{(aq)}$			
État initial	0	$8{,}2.10^{-3}$	$1{,}0.10^{-3}$	0	0
État en cours	x	$8{,}2.10^{-3} - x$	$1{,}0.10^{-3} - \mathbf{2}x$	2 x	x
État final	x_{max}	$8{,}2.10^{-3} - x_{max}$	$1{,}0.10^{-3} - \mathbf{2}x_{max}$	2 x_{max}	x_{max}

4.

- Si Cu est le réactif limitant, alors :
  $n(Cu,f) = 0$ soit $8{,}2.10^{-3} - x_{max} = 0$ donc $x_{max} = 8{,}2.10^{-3}$ mol
- Si Ag^+ est le réactif limitant alors :
  $n(Ag^+,f) = 0$ soit $1{,}0.10^{-3} - 2x_{max} = 0$
  donc $2x_{max} = 1{,}0.10^{-3}$ mol $x_{max} = 5{,}0.10^{-4}$ mol
  Donc Ag^+ est le réactif limitant et x_{max}=$5{,}0.10^{-4}$ mol.

5. Bilan à l'état final :
$n(Ag^+,f) = 0$ car c'est le réactif limitant
$n(Cu,f) = 8{,}2.10^{-3} - x_{max} = 8{,}2.10^{-3} - 5{,}0.10^{-4} = 7{,}7.10^{-3}$ mol
$n(Ag,f) = 2\,x_{max} = 2.5{,}0.10^{-4} = 1{,}0.10^{-3}$ mol
$n(Cu^{2+},f) = x_{max} = 5{,}0.10^{-4}$ mol

6. On sait qu'il s'est déposé $1{,}0.10^{-3}$ mol d'argent donc on peut déterminer la masse :
$m = n \times M = 1{,}0.10^{-3} \times 107{,}9 = 0{,}108\ g = 0{,}11\ g$.

7. Afin de résoudre ce type de question, il faut raisonner en plusieurs étapes :

- On souhaite m(Ag) = 1,0 kg = 1 000 g ; donc on peut déterminer la quantité de matière d'argent correspondant : $n = \frac{m}{M} = \frac{1\,000}{107{,}9} = 9{,}27$ mol.
- On peut ensuite en déduire la valeur de l'avancement maximal. D'après le tableau d'avancement, on sait que $n(Ag,f) = 2.x_{max}$ soit $2.x_{max} = 9{,}27$ mol.
  D'où : $x_{max} = \frac{9{,}27}{2} = 4{,}64$ mol.
- Puis, on fait le lien avec le réactif : on parle de volume minimal de nitrate d'argent donc on peut en conclure que les ions argent seront limitants, donc : $n(Ag^+) - 2.x_{max} = 0$ soit $n(Ag^+) = 2.x_{max} = 9{,}27$ mol.

- On peut donc calculer le volume de Ag^+ à introduire :

$$C=\frac{n}{V} \text{ d'où } V=\frac{n}{C}=\frac{9,27}{0,20}=46,4 \text{ L.}$$

Exercice 2.9

1. $4\ Al_{(s)} + 3O_{2(g)} \rightarrow 2\ Al_2O_{3(s)}$

2. $n(Al)=\frac{m}{M}=\frac{25,6}{27,0}=0,95$ mol.
   $n(O_2) = 1,3$ mol.

3.

État du système	Avancement	$4\ Al_{(s)} + 3O_{2(g)} \rightarrow 2\ Al_2O_{3(s)}$		
État initial	0	0,95	1,3	0
État en cours	x	0,95 – **4** x	1,3 – **3** x	**2** x
État final	x_{max}	0,95 – **4** x_{max}	1,3 – **3** x_{max}	**2** x_{max}

4.
- Si Al est le réactif limitant, alors :
  $n(Al,f) = 0$ soit $0,95 - 4\ x_{max} = 0$ donc $x_{max} = 0,95/4 = 0,24$ mol
- Si O_2 est le réactif limitant alors :
  $n(O_2,f) = 0$ soit $1,3 - 3\ x_{max} = 0$ donc $x_{max} = 1,3/3$ mol $x_{max} = 0,43$ mol
  Donc Al est le réactif limitant et $x_{max} = 0,24$ mol.

5. Bilan à l'état final :
   $n(Al,f) = 0$ car c'est le réactif limitant
   $n(O_2,f) = 1,3 - 3\ x_{max} = 1,3 - 3.0,24 = 0,58$ mol
   $n(Al_2O_3,f) = 2\ x_{max} = 2.0,24 = 0,48$ mol

6. On sait qu'il s'est déposé 0,48 mol d'oxyde d'aluminium donc $m = n.M$
   or $M(Al_2O_3)=2.M(Al)+3.M(O)=2.27,0+3.16,0=102$ g.mol^{-1}.
   Donc $m=0,48\times 102=48,96$ g.

7. Afin de résoudre ce type de question, il faut raisonner en plusieurs étapes :

- On souhaite faire complètement réagir 12 mol de O_2 donc O_2 est le réactif limitant soit $n(O_2)-3.x_{max}=0$ soit $x_{max}=\frac{n(O_2)}{3}=\frac{12}{3}=4,0$ mol.
- Puis, on parle de masse minimale d'aluminium donc on peut en conclure que Al sera également un limitant, donc : $n(Al) - 4.x_{max} = 0$ soit $n(Al) = 4.x_{max} = 4 \times 4 = 16$ mol.
- D'où $m = n \times M = 16 \times 27,0 = 432$ g.

Exercice 2.10

1. $Fe_{(s)} + 2\,Ag^+_{(aq)} \rightarrow 2\,Ag_{(s)} + Fe^{2+}_{(aq)}$

2. $n(Fe)=\frac{m}{M}=\frac{0,41}{55,9}=7,35.10^{-3}\text{mol}=7,35\text{ mmol}$

   $n(Ag^+)=C\times V=0,20\times 0,050=1,0.10^{-2}\text{mol}=10\text{ mmol}.$

3.

État du système	Avancement	$Fe_{(s)} + 2\,Ag^+_{(aq)} \rightarrow 2\,Ag_{(s)} + Fe^{2+}_{(aq)}$			
État initial	0	$7,35.10^{-3}$	$1,0.10^{-2}$	0	0
État en cours	x	$7,35.10^{-3} - x$	$1,0.10^{-2} - \mathbf{2}x$	2 x	x
État final	x_{max}	$7,35.10^{-3} - x_{max}$	$1,0.10^{-2} - \mathbf{2}x_{max}$	$2\,x_{max}$	x_{max}

4.

- Si Fe est le réactif limitant, alors :
  $n(Fe,f) = 0$ soit $7,35.10^{-3} - x_{max} = 0$ donc $x_{max} = 7,35.10^{-3}$ mol
- Si Ag^+ est le réactif limitant alors :
  $n(Ag^+,f) = 0$ soit $1,0.10^{-2} - 2x_{max} = 0$ donc $2x_{max} = 1,0.10^{-2}$ mol
  $x_{max} = 5,0.10^{-3}$ mol
  Donc Ag^+ est le réactif limitant et $x_{max} = 5,0.10^{-3}$ mol.

5. Bilan à l'état final :
   $n(Ag^+,f) = 0$ car c'est le réactif limitant
   $n(Fe,f) = 7,35.10^{-3} - x_{max} = 7,35.10^{-3} - 5,0.10^{-3} = 2,35.10^{-3}$ mol
   $n(Ag,f) = 2\,x_{max} = 2\times 5,0.10^{-3} = 1,0.10^{-2}$ mol
   $n(Fe^{2+},f) = x_{max} = 5,0.10^{-3}$ mol

6. En fin de réaction on a $n\left(Fe^{2+},f\right)=5,0.10^{-3}mol$

donc $C=\frac{n}{V}=\frac{5,0.10^{-3}}{0,050}$ soit $C = 0,10\ mol.L^{-1}$.

7. Afin de résoudre ce type de question, il faut raisonner en plusieurs étapes :

- On souhaite m(Ag) = 2,5 mg ; donc on peut déterminer la quantité de matière d'argent correspondant : $n=\frac{m}{M}=\frac{2,5.10^{-3}}{107,9}=2,33.10^{-5}mol.$
- On peut ensuite en déduire la valeur de l'avancement maximal. D'après le tableau d'avancement, on sait que $n(Ag,f) = 2.x_{max}$ soit $2.x_{max} = 2,33.10^{-5}$ mol

D'où : $x_{max}=\frac{2,33.10^{-5}}{2}=1,17.10^{-5}mol.$

a. Puis, on fait le lien avec le réactif : on parle de masse minimale de fer donc on peut en conclure que le fer sera limitant, donc :

$n(Fe) - x_{max} = 0$ soit $n(Fe) = x_{max} = 1,17.10^{-5}$ mol.

D'où $m = n \times M = 1,17.10^{-5} \times 55,8 = 6,53.10^{-4}$ g.

b. On peut également en conclure que le bromure d'argent sera limitant, donc $n(Ag^{+}) - 2.x_{max} = 0$ soit $n(Ag^{+}) = 2.x_{max} = 2,33.10^{-5}$ mol et de ce fait :

$V=\frac{n}{C}=\frac{2,33.10^{-5}}{0,20}=1,17.10^{-4}L.$

Exercice 2.11

1. $3\ Zn_{(s)} + 2\ Cr^{3+}{}_{(aq)} \rightarrow 2\ Cr_{(s)} + 3\ Zn^{2+}{}_{(aq)}$

2. $n\left(Zn\right)=\frac{m}{M}=\frac{2,3}{65,4}=3,5.10^{-2}mol$

$n\left(Cr^{3+}\right)=C\times V=1,5.10^{-1}\times 20.10^{-3}=3,0.10^{-3}mol.$

3.

État du système	Avancement	$3\ Zn_{(s)} + 2\ Cr^{3+}{}_{(aq)} \rightarrow 2\ Cr_{(s)} + 3\ Zn^{2+}{}_{(aq)}$			
État initial	0	$3,5.10^{-2}$	$3,0.10^{-3}$	0	0
État en cours	x	$3,5.10^{-2} - 3\ x$	$3,0.10^{-3} - 2\ x$	2 x	3 x
État final	x_{max}	$3,5.10^{-2} - 3\ x_{max}$	$3,0.10^{-3} - 2\ x_{max}$	$2\ x_{max}$	$3\ x_{max}$

4.

- Si Zn est le réactif limitant, alors :
  $n(Zn,f) = 0$ soit $3{,}5.10^{-2} - 3x_{max} = 0$ donc $3x_{max} = 3{,}5.10^{-2}$ mol
  $x_{max} = 1{,}2.10^{-2}$ mol
- Si Cr^{3+} est le réactif limitant alors :
  $n(Cr^{3+},f) = 0$ soit $3{,}0.10^{-3} - 2x_{max} = 0$ donc $2x_{max} = 3{,}0.10^{-3}$ mol
  $x_{max} = 1{,}5.10^{-3}$ mol
  Donc Cr^{3+} est le réactif limitant et $x_{max} = 1{,}5.10^{-3}$ mol.

5. Il se forme 15 mg de chrome soit $n(Cr,f) = \frac{m}{M} = \frac{0{,}015}{52{,}0} = 2{,}9.10^{-4}$ mol.
   or $n(Cr,f) = 2.x_f$ soit $2.x_f = 2{,}9.10^{-4}$ mol soit $x_f = 1{,}5.10^{-4}$ mol.

6. On a $x_f < x_{max}$ donc la réaction n'est pas totale.
   La réaction a atteint un état d'équilibre.
   On doit écrire : $3\ Zn_{(s)} + 2\ Cr^{3+}{}_{(aq)} \Leftrightarrow 2\ Cr_{(s)} + 3\ Zn^{2+}{}_{(aq)}$

Exercice 2.12

1. $Pb_{(s)} + Cl_{2(g)} \rightarrow 2\ Cl^{-}{}_{(aq)} + Pb^{2+}{}_{(aq)}$

2. $n(Pb) = \frac{m}{M} = \frac{15}{207{,}2} = 7{,}2.10^{-2}$ mol.
   $n(Cl_2) = \frac{V}{V_m} = \frac{0{,}050}{24{,}0} = 2{,}1.10^{-3}$ mol.

3.

État du système	Avancement	$Pb_{(s)} + Cl_{2(g)} \rightarrow 2\ Cl^{-}{}_{(aq)} + Pb^{2+}{}_{(aq)}$			
État initial	0	$7{,}2.10^{-2}$	$2{,}1.10^{-3}$	0	0
État en cours	x	$7{,}2.10^{-2} - x$	$2{,}1.10^{-3} - x$	2 x	x
État final	x_{max}	$7{,}2.10^{-2} - x_{max}$	$2{,}1.10^{-3} - x_{max}$	$2\ x_{max}$	x_{max}

4.

- Si Pb est le réactif limitant, alors :
  $n(Pb,f) = 0$ soit $7{,}5.10^{-2} - x_{max} = 0$ donc $x_{max} = 7{,}5.10^{-2}$ mol
- Si Cl_2 est le réactif limitant alors :

Corrigés

$n(Cl_2,f) = 0$ soit $2{,}1.10^{-3} - x_{max} = 0$ donc $x_{max} = 2{,}1.10^{-3}$ mol
Donc Cl_2 est le réactif limitant et $x_{max} = 2{,}1.10^{-3}$ mol.

5. Or on sait que $[Pb^{2+}] = 8{,}5.10^{-3}$ mol.L^{-1}

donc $n(Pb^{2+},f) = C \times V = 8{,}5.10^{-3}.0{,}050 = 4{,}3.10^{-4}$ mol.

Et $n(Pb^{2+},f) = x_f$ donc $x_f = 4{,}3.10^{-4}$ mol.

6. On a $x_f < x_{max}$ donc la réaction n'est pas totale. La réaction a atteint un état d'équilibre. On doit écrire :

$Pb_{(s)} + Cl_{2(g)} \Leftrightarrow 2\,Cl^-_{(aq)} + Pb^{2+}_{(aq)}$

Exercice 2.13

1. $CH_3CO_2H_{(aq)} + NH_{3(aq)} \rightarrow CH_3COO^-_{(aq)} + NH_4^+{}_{(aq)}$
2. $n(CH_3CO_2H) = C \times V = 1{,}0.10^{-1} \times 0{,}100 = 1{,}0.10^{-2}$ mol
$n(NH_3) = C \times V = 5{,}0.10^{-1} \times 40{,}0.10^{-3} = 2{,}0.10^{-2}$ mol.

3.

État du système	Avancement	$CH_3CO_2H_{(aq)}$ +	$NH_{3(aq)} \rightarrow$	$CH_3COO^-_{(aq)}$ +	$NH_4^+{}_{(aq)}$
État initial	0	$1{,}0.10^{-2}$	$2{,}0.10^{-2}$	0	0
État en cours	x	$1{,}0.10^{-2} - x$	$2{,}0.10^{-2} - x$	x	x
État final	x_{max}	$1{,}0.10^{-2} - x_{max}$	$2{,}0.10^{-2} - x_{max}$	x_{max}	x_{max}

4.

- Si CH_3CO_2H est le réactif limitant, alors :
$n(CH_3CO_2H,f) = 0$ soit $1{,}0.10^{-2} - x_{max} = 0$ donc $x_{max} = 1{,}0.10^{-2}$ mol
- Si NH_3 est le réactif limitant alors :
$n(NH_3,f) = 0$ soit $2{,}0.10^{-2} - x_{max} = 0$ donc $x_{max} = 2{,}0.10^{-2}$ mol
Donc CH_3CO_2H est le réactif limitant et $x_{max} = 1{,}0.10^{-2}$ mol.

5. On a $[CH_3COO^-] = 7{,}14.10^{-2}$ mol.L^{-1} soit

$n(CH_3COO^-,f) = C \times V = 7{,}14.10^{-2} \times 0{,}140$

donc $n(CH_3COO^-,f) = 1{,}0.10^{-2}$ mol..

6. On a $x_f = x_{max}$ donc la réaction est totale.

Exercice 2.14

1. À l'équivalence, les réactifs ont été introduits dans les proportions stoechiométriques. Il y a changement de réactif limitant. À l'équivalence, il y a un changement de couleur de incolore à rose.

2. Écrivons les demi-équations électroniques :

MnO_4^- / Mn^{2+} $\quad 8\,H^+_{(aq)} + MnO_4^-{}_{(aq)} + 5\,e^- = Mn^{2+}_{(aq)} + 4\,H_2O_{(l)}$

Fe^{3+} / Fe^{2+} $\quad Fe^{2+}_{(aq)} = Fe^{3+}_{(aq)} + e^- \quad) \times 5$

Soit $MnO^-_{4\,(aq)} + 5\,Fe^{2+}_{(aq)} + 8\,H^+_{(aq)} \rightarrow 5\,Fe^{3+}_{(aq)} + Mn^{2+}_{(aq)} + 4\,H_2O_{(l)}$

3. Tableau d'avancement

État du système		$MnO^-_{4\,(aq)}$ +	$5\,Fe^{2+}_{(aq)}$ +	$8\,H^+_{(aq)}$ →	$5\,Fe^{3+}_{(aq)}$ +	$Mn^{2+}_{(aq)}$ +	$4\,H_2O_{(l)}$
État initial	0	n'	n	En excés	0	0	En excés
État en cours	x	n'– x	n– **5**x	En excés	**5** x	x	En excés
Équivalence	x_{eq}	$n' - x_{eq}$	$n - \mathbf{5}x_{eq}$	En excés	$\mathbf{5}x_{eq}$	x_{eq}	En excés

4. À l'équivalence, les réactifs ont été introduits dans les proportions stoechiométriques soit :

$n\left(MnO_4^-, eq\right) = 0$ soit $n' - x_{eq} = 0$ d'où $x_{eq} = n'$

$n\left(Fe^{2+}, eq\right) = 0$ soit $n - 5x_{eq} = 0$ d'où $x_{eq} = \dfrac{n}{5}$

On a donc la relation à l'équivalence : $n' = \dfrac{n}{5}$

5. Dans l'échantillon dosé (20 mL), on a : $n = 5 \times n' = 5 \times C' \times V_E'$.

Soit $n = 5 \times 2{,}5 \times 10^{-1} \times 18{,}5 \times 10^{-3} = 2{,}3 \times 10^{-2}$ mol.

Dans S_0 (200 mL), il y a $n = 10 \times 2{,}3 \times 10^{-2} = 2{,}3 \times 10^{-1}$ mol.

6. $M = n \times M = 2{,}3 \times 10^{-1} \times 55{,}8 = 12{,}8$ g.

$$\%\text{ massique en fer} = \frac{m_{Fer}}{m_{produit}} \times 100 = \frac{12{,}8}{50{,}0} \times 100 = 25{,}6\ \%.$$

Corrigés

Exercice 2.15

1. Le réactif titrant $Na_2S_2O_3$ se trouve dans la burette graduée. Et I_2 le réactif titré se trouve dans l'erlenmeyer.

2. Écrivons les demi-équations électroniques :

I_2 / I^- $\quad I_{2(aq)} + 2\,e^- = 2\,I^-_{(aq)}$

$S_4O_6^{2-} / S_2O_3^{2-}$ $\quad 2\,S_2O_3^{2-}{}_{(aq)} = S_4O_6^{2-}{}_{(aq)} + 2e^-$

Soit $I_{2(aq)} + 2\,S_2O_3^{2-}{}_{(aq)} \rightarrow 2\,I^-_{(aq)} + S_4O_6^{2-}{}_{(aq)}$

3. Tableau d'avancement

État du système		$I_{2(aq)} + 2\,S_2O_3^{2-}{}_{(aq)} \rightarrow 2\,I^-_{(aq)} + S_4O_6^{2-}{}_{(aq)}$			
État initial	0	n	n'	0	0
État en cours	x	n – x	n' – 2x	2 x	x
Équivalence	x_{eq}	$n - x_{eq}$	$n' - 2x_{eq}$	$2\,x_{eq}$	x_{eq}

4. À l'équivalence, les réactifs ont été introduits dans les proportions stoechiométriques soit :

$n(I_2, eq) = 0$ soit $n - x_{eq} = 0$ d'où $x_{eq} = n$

$n\left(S_2O_3^{2-}, eq\right) = 0$ soit $n - 2x_{eq} = 0$ d'où $x_{eq} = \dfrac{n'}{2}$

On a donc la relation à l'équivalence : $n = \dfrac{n'}{2}$

5. On a $n = \dfrac{n'}{2}$ donc $C \times V = \dfrac{C' \times V'_E}{2}$ et on peut en déduire l'expression de c :

$C = \dfrac{C' \times V'_E}{2 \times V} = \dfrac{1{,}00.10^{-1} \times 8{,}1.10^{-3}}{2 \times 10.10^{-3}} = 4{,}0 \times 10^{-2}\,mol.L^{-1}$.

Donc dans la bétadine on a $[I_2] = 10 \times C$ car la bétadine a été diluée 10 fois.

Soit $[I_2] = 4{,}0 \times 10^{-1}\,mol.L^{-1}$.

6. $[I_2]_{théo} = \dfrac{n}{V} = \dfrac{m}{M \times V}$ or $M(I_2) = 2 \times M(I) = 2 \times 126{,}9 = 253{,}8\ g.mol^{-1}$.

D'où $[I_2]_{théo} = \dfrac{10}{253{,}8 \times 0{,}100} = 0{,}39\ mol.L^{-1}$.

$\text{Ecart relatif} = \dfrac{|valeur_{exp} - valeur_{théo}|}{valeur_{théo}} \times 100 = \dfrac{|0{,}40 - 0{,}39|}{0{,}39} \times 100 = 2{,}6\ \%$.

Exercice 2.16

1. Rapide, totale et unique.
2. Écrivons les demi-équations électroniques :

MnO_4^- / Mn^{2+} $8\ H^+_{(aq)} + MnO_4^-{}_{(aq)} + 5\ e^- = Mn^{2+}{}_{(aq)} + 4\ H_2O_{(l)}$ $) \times 2$

O_2 / H_2O_2 $H_2O_{2(aq)} = O_{2(g)} + 2e^- + 2\ H^+_{(aq)}$ $) \times 5$

Soit $2\ MnO_{4\,(aq)}^- + 5\ H_2O_{2(aq)} + 16\ H^+_{(aq)} \rightarrow 5\ O_{2(g)} + 2\ Mn^{2+}{}_{(aq)} + 10\ H^+_{(aq)} + 8\ H_2O_{(l)}$

On peut simplifier par 10 H^+ de chaque côté et on obtient :

$2\ MnO_{4\,(aq)}^- + 5\ H_2O_{2(aq)} + 6\ H^+_{(aq)} \rightarrow 5\ O_{2(g)} + 2\ Mn^{2+}{}_{(aq)} + 8\ H_2O_{(l)}$

3. Tableau d'avancement

État du système		$2\ MnO_{4\,(aq)}^-$ +	$5\ H_2O_{2(aq)}$ +	$6\ H^+_{(aq)} \rightarrow$	$5\ O_{2(g)}$ +	$2\ Mn^{2+}{}_{(aq)}$ +	$8\ H_2O_{(l)}$
État initial	0	n'	n	En excés	0	0	En excés
État en cours	x	n'– 2x	n – 5x	En excés	5 x	2x	En excés
Équivalence	x_{eq}	n'– 2x_{eq}	n – 5x_{eq}	En excés	5 x_{eq}	2x_{eq}	En excés

4. À l'équivalence, les réactifs ont été introduits dans les proportions stoechiométriques soit :

$n(MnO_4^-, eq) = 0$ soit $n' - 2x_{eq} = 0$ d'où $x_{eq} = \frac{n'}{2}$

$n(H_2O_2, eq) = 0$ soit $n - 5x_{eq} = 0$ d'où $x_{eq} = \frac{n}{5}$

On a donc la relation à l'équivalence : $\frac{n'}{2} = \frac{n}{5}$

5. Dans l'échantillon dosé (20mL), on a $\frac{n'}{2} = \frac{n}{5}$ donc : $n = \frac{5 \times n'}{2} = \frac{5 \times C' \times V_E'}{2}$

D'où : $n = \frac{5 \times 0{,}012 \times 13{,}2 \times 10^{-3}}{2} = 3{,}9 \times 10^{-4}$ mol.

Dans la solution S (100 mL) on a donc $3{,}9 \times 10^{-4} \times 5 = 1{,}9 \times 10^{-3}$ mol.

6. $C = \frac{n}{V} = \frac{1{,}9 \times 10^{-3}}{0{,}100} = 1{,}9 \times 10^{-2}$ mol.L^{-1}.

Soit dans la bouteille $[H_2O_2] = 10 \times C = 10 \times 1{,}9 \times 10^{-2} = 1{,}9 \times 10^{-1}$ mol.L^{-1}, car la solution commerciale a été initialement diluée 10 fois.

7. D'après la concentration molaire, on a $n = 1{,}9 \times 10^{-1}$mol dans 1L.

Corrigés

Or $n(O_2) = \frac{n(H_2O_2)}{2}$ d'après l'équation bilan.

Donc $n(O_2) = \frac{1{,}9 \times 10^{-1}}{2} = 9{,}5 \times 10^{-2}$ mol.

Et $V(O_2) = n(O_2) \times V_m = 9{,}5 \times 10^{-2} \times 22{,}4 = 2{,}1$ L.

Soit « eau oxygénée à 2,1 volumes stabilisée ».

Chapitre 3

De la structure à la polarité d'une entité

Cours

1 Schéma de Lewis d'une molécule, d'un ion mono ou polyatomique

A Structure de Lewis

La structure de Lewis d'un atome est une représentation symbolique des électrons de valence de cet atome dans son état fondamental. Dans cette représentation, il faut répartir les électrons sur 4 emplacements comportant chacun au maximum deux électrons en occupant le maximum d'emplacement (sauf pour l'hydrogène et l'hélium).

Autour du symbole de l'élément, on schématise les électrons de valence « célibataires » par des points et les électrons de valence « appariés » par des tirets formant ainsi un doublet non liant.

Lorsqu'une case est vide, on la représente par un rectangle et on parle de **lacune électronique**.

Cette représentation correspond à l'état fondamental de l'atome seul. Ce n'est pas toujours l'état de l'atome au sein d'une molécule.

B Notion de liaison covalente : doublet liant

La liaison covalente simple résulte de la mise en commun de 2 électrons de valence entre 2 atomes. Elle correspond à la formation d'un doublet d'électrons appelé doublet liant.

Le schéma représentant l'ensemble des doublets liants et non liants ainsi que les éventuelles lacunes électroniques au sein d'une molécule s'appelle schéma de Lewis de cette molécule.

Exemples

H_2O, N_2, CO_2 et O_2^-

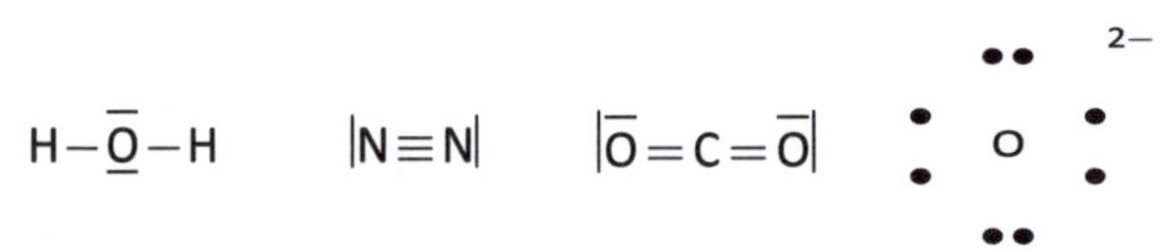

C Règle de l'octet

Lors de la formation d'une molécule ou d'un ion, les atomes tendent à acquérir la configuration électronique du gaz rare le plus proche :

- soit par perte ou par gain d'électron(s),
- soit en partageant une ou plusieurs paires d'électrons. Les gaz rares comportant 8 électrons de valence (respectivement 2 pour l'hélium), un atome cherche à s'entourer d'un octet d'électrons (respectivement d'un duet) soit 4 doublets (respectivement 1) liants ou non liants.

2 Géométries des entités

Une molécule va adopter une structure dans l'espace correspondant à la répulsion électrostatique des doublets d'électrons constituant celle-ci. Les doublets d'électrons se répartissent de manière à être le plus éloignés les uns des autres.

Il est donc possible de prévoir la géométrie d'une molécule en fonction du nombre de doublets liants et non liants portés par l'atome.

molécule	nature des doublets de l'atome central	modèle spatial	géométrie
méthane CH_4	4 liaisons simples		tétraédrique
ammoniac NH_3	3 liaisons simples et 1 doublet non liant		pyramidale
eau H_2O	2 liaisons simples et 2 doublets non liants		plane et coudée
méthanal CH_2O	1 double liaison et 2 liaisons simples		plane et triangulaire

molécule	nature des doublets de l'atome central	modèle spatial	géométrie
dioxyde de carbone CO_2	2 liaisons doubles		linéaire

3 Électronégativité

A Electronégativité d'un atome

L'électronégativité d'un atome est une grandeur traduisant l'aptitude d'un atome A à attirer vers lui le doublet d'électrons qui l'associe à l'atome B dans une liaison covalente. L'électronégativité d'un atome dépend de sa place dans la classification périodique. Elle augmente de gauche à droite et de bas en haut au sein de la classification.

B Liaison covalente polarisée

Lorsque le doublet d'électrons d'une liaison covalente est attiré par l'un des deux atomes liés, on dit que cet atome est plus électronégatif que l'autre. La liaison est alors appelée liaison covalente polarisée. De ce fait, chaque atome lié est porteur d'une petite charge électrique appelée charge partielle.

Cette charge fictive est négative, notée δ^-, pour l'atome le plus électronégatif, et positive, notée $\delta+$, pour l'autre.

Exemple

La molécule de chlorure d'hydrogène HCl

L'atome de chlore possède une électronégativité plus importante que l'atome d'hydrogène. Donc le chlore va attirer le doublet d'électrons vers lui et être porteur d'une charge partielle δ^-, par conséquence, l'hydrogène sera porteur de la charge $\delta+$.

$$\overset{\delta^+}{\mathrm{H}} \longrightarrow \overset{\delta^-}{\mathrm{Cl}}$$

4 Caractère polaire ou apolaire d'une molécule

Une molécule est dite polaire si :

- elle possède au moins une liaison covalente polarisée ;
- la géométrie de la molécule est telle que le barycentre des charges partielles positives ne coïncide pas avec le barycentre des charges partielles négatives.

Exemple

H_2O

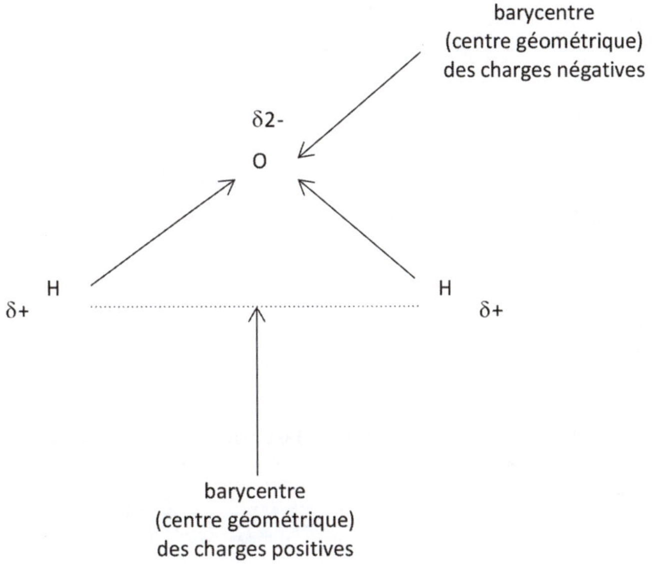

HCl, H_2O, NH_3 sont des molécules polaires. En revanche, H_2, Cl_2, CO_2 ne sont pas des molécules polaires. Une molécule qui n'est pas polaire est appelée molécule apolaire.

Exercices

Compétences attendues

- Établir le schéma de Lewis de molécules et d'ions mono ou polyatomiques, à partir du tableau périodique : O_2, H_2, N_2, H_2O, CO_2, NH_3, CH_4, HCl, H^+, H_3O^+, Na^+, NH_4^+, Cl^-, OH^-, $O_2^{-\cdot}$

Exercice 3.1

S'approprier, analyser, raisonner, réaliser

Donner la représentation de Lewis des molécules suivantes:

O_2, H_2, NH_3, CH_4, HCl, H^+, H_3O^+, Na^+, NH_4^+, Cl^-, OH^-, C_2H_6O, H_2O_2, N_2H_4, NH_2FO, HF.

Compétences attendues

- Interpréter la géométrie d'une entité à partir de son schéma de Lewis.

Exercice 3.2

S'approprier, analyser, raisonner, réaliser

À l'aide des représentations de Lewis, donner la géométrie :

1. De l'atome de carbone de la molécule $HCCl_3$
2. De l'atome d'azote de la molécule NH_3

Compétences attendues

- Déterminer le caractère polaire d'une liaison à partir de la donnée de l'électronégativité des atomes. Déterminer le caractère polaire ou apolaire d'une entité moléculaire à partir de sa géométrie et de la polarité de ses liaisons

Exercice 3.3

S'approprier, analyser, raisonner, réaliser

Soit deux solvants liquides : l'eau et le cyclohexane.

1. Donner la représentation de Lewis de l'eau uniquement et préciser le caractère polaire ou apolaire des deux solvants.
2. On dispose de trois produits chimiques :
   - chlorure de sodium solide ;
   - diiode solide ;
   - sulfate d'aluminium solide.

➡ Déterminer le meilleur solvant pour chaque produit chimique.

3. Dans le cas de solide ionique, écrire l'équation chimique de dissolution dans l'eau.

Données Électronégativité des atomes :

- C ($\chi = 2{,}6$)
- O ($\chi = 3{,}5$)
- H ($\chi = 2{,}1$)

Corrigé des exercices

Exercice 3.1

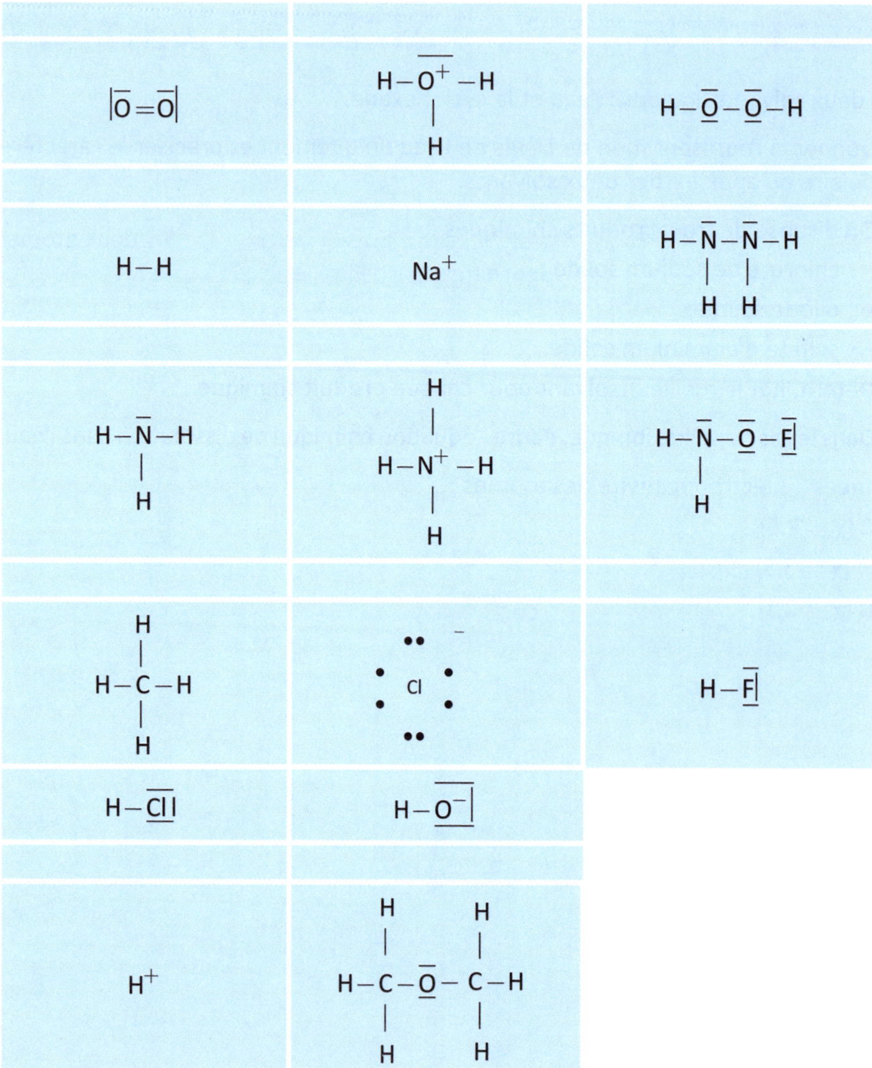

Exercice 3.2

1. Tétraédrique
2. Pyramidale

Exercice 3.3

1. Les représentations de Lewis sont :

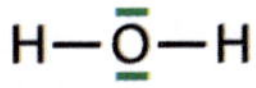

Dans la molécule d'eau H_2O, l'atome d'oxygène attire vers lui les doublets d'électrons. Il est donc porteur d'une charge partielle négative. L'atome d'hydrogène est donc porteur d'une charge partielle positive. L'oxygène est le barycentre des charges partielles négatives. Le centre du segment reliant les deux atomes d'hydrogène est le barycentre des charges partielles positives. Les deux barycentres ne coïncident pas donc la molécule est polaire.

Dans la molécule de cyclohexane, il n'y a pas de liaison covalente polarisée car la différence d'électronégativité entre les atomes de carbone et d'hydrogène n'est pas significative. De ce fait, le cyclohexane est une molécule apolaire.

2. Le chlorure de sodium est un composé ionique, donc le meilleur solvant est un solvant polaire, soit l'eau.

Le diiode est une molécule apolaire donc le meilleur solvant est un solvant apolaire, soit le cyclohexane.

Le sulfate d'aluminium est un composé ionique, donc le meilleur solvant est un solvant polaire, soit l'eau.

3. $NaCl_{(s)} \rightarrow Na^{+}{}_{(aq)} + Cl^{-}{}_{(aq)}$

$Al_2(SO_4)_{3(s)} \rightarrow 2\ Al^{3+}{}_{(aq)} + 3\ SO_4{}^{2-}{}_{(aq)}$

Chapitre 4

De la structure des entités à la cohésion et à la solubilité/miscibilité d'espèces chimiques

Cours

1 Solide dans un solide

A Structure microscopique d'un solide ionique

Observons le modèle éclaté d'un cristal ionique :

Tout cristal ionique est constitué d'anions et de cations ordonnés dans l'espace et chaque ion est entouré d'ions voisins de signes opposés. La cohésion d'un cristal ionique est liée aux interactions électriques entre les ions positifs et les ions négatifs. Dans un cristal ionique, chaque ion se trouve en contact avec des ions de signe contraire. De plus, il est électriquement neutre, cela signifie que le nombre de charges positives apportées par tous les ions positifs est égal au nombre de charges négatives apportées par tous les ions négatifs.

B Comment écrire la formule d'un solide ionique

On attribue à un composé ionique une formule dite formule statistique qui traduit l'électroneutralité du cristal et indique la nature et la proportion des ions présents sans en mentionner les charges.

Pour le chlorure de sodium c'est NaCl car il y a autant de Na^+ que de Cl^-.

▶ **Méthode**

Trouver la formule statistique d'un composé ionique

Exemple : quelle est la formule statistique du sulfate de sodium ?

1. Chercher la formule des types d'ions contenus dans le solide.
   L'ion sodium : Na^+ (car 1re colonne de la classification des éléments)
   L'ion sulfate : SO_4^{2-} (à connaître par cœur)
2. Comparer les valeurs absolues des charges électriques de chaque ion.
   L'ion sodium a une charge dont la valeur absolue est la moitié de celle de la charge portée par l'ion sulfate.
3. Calculer les nombres les plus petits de chacun des ions pour vérifier l'électroneutralité du solide
   Il faut 2 ions Na^+ pour 1 ion sulfate SO_4^{2-} car $2 \times (1+) + 1 \times (2-) = 0$.
4. On écrit la formule statistique sans noter les charges des ions mais en indiquant à droite de chaque symbole le nombre de chacun de ces ions de manière à ce que l'électroneutralité soit respectée.
   Na_2SO_4 qu'il faut comprendre comme $Na_2(SO_4)_1$.

Exemples supplémentaires

Le sulfate de baryum est un solide blanc constitué d'ions baryum Ba^{2+} et d'ions sulfate SO_4^{2-} . Sa formule statistique est $BaSO_4$.

Le nitrate d'aluminium est constitué d'ions aluminium Al^{3+} et d'ions nitrate NO_3^-. Sa formule statistique est $Al(NO_3)_3$.

La formule statistique du sulfate d'aluminium est $Al_2(SO_4)_3$.

C Solide moléculaire

Un solide moléculaire appelé également cristal moléculaire est un solide constitué de molécules régulièrement disposées dans l'espace.

La cohésion des solides moléculaires est assurée par deux types d'interactions intermoléculaires : les interactions de Van der Waals et les liaisons hydrogène.

Au sein d'un solide moléculaire, les interactions de Van der Waals sont des interactions intenses, de courte portée qui s'exercent entre molécules.

Ces interactions sont de nature électrostatique. Elles s'exercent entre les nuages électroniques des molécules. Elles sont d'autant plus intenses que les molécules qui interagissent sont proches les unes des autres.

D La liaison hydrogène

Certains solides moléculaires peuvent créer des liaisons hydrogène. Une liaison hydrogène est une interaction électrostatique attractive. Elle peut s'établir entre un atome d'hydrogène lié à un atome (O, N, F, Cl) et un autre atome (O, N, F, Cl). On parle de « pont » entre 2 atomes.

Exemple

Liaison hydrogène formé au sein des molécules d'eau

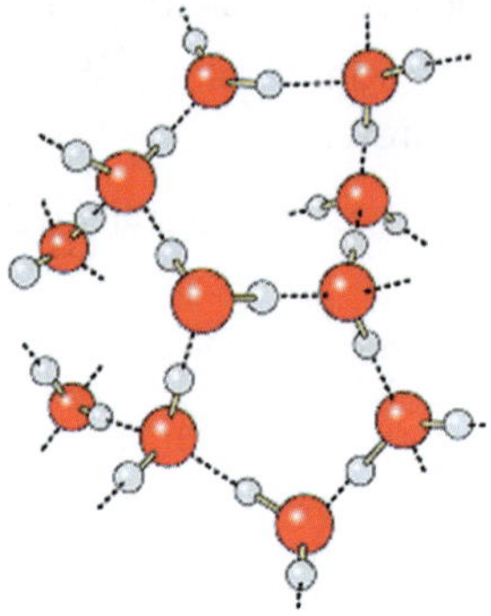

On peut constater qu'une liaison peut se former entre les atomes d'oxygène et les atomes d'hydrogène. Cette liaison se représente par un trait en pointillé.

2 Dissolution des solides ioniques dans l'eau

A Dissolution d'une solution électrolytique

Une solution s'obtient en dissolvant un soluté dans un solvant. Si le solvant est l'eau, on parle de **solution aqueuse**. Le soluté peut être solide (sucre), solide ionique (chlorure de sodium), liquide (alcool, acide sulfurique concentré) ou gazeux (chlorure d'hydrogène). Certaines de ces solutions conduisent le courant, on les appelle des **solutions électrolytiques**. Les solutions électrolytiques conduisent le courant car elles sont constituées d'ions positifs (cations) et d'ions négatifs (anions), ions mobiles qui assurent le passage du courant.

Lorsqu'on introduit du chlorure de sodium dans l'eau, les molécules d'eau polaires interagissent avec les ions qui se trouvent à la surface du solide et les attirent (**dissociation des ions**). Puis les ions s'entourent de plusieurs molécules d'eau, on dit qu'ils se solvatent ou s'hydratent (**solvatation des ions**). Enfin, la solvatation des ions s'accompagne d'une **dispersion** ce qui explique la dissolution du cristal ionique.

B Équation de dissolution de solides ioniques dans l'eau

L'équation de la réaction associée à la dissolution du chlorure de sodium dans l'eau s'écrit :

$$NaCl_{(s)} \rightarrow Na^{+}{}_{(aq)} + Cl^{-}{}_{(aq)}.$$

Elle ne contient pas d'entités NaCl, mais des ions Na^+ et Cl^- mobiles : c'est une solution électrolytique.

De même, on a les dissolutions suivantes :

$$HCl_{(g)} \rightarrow H^{+}{}_{(aq)} + Cl^{-}{}_{(aq)}$$

$$H_2SO_{4(l)} \rightarrow 2\,H^{+}{}_{(aq)} + SO_4^{2-}{}_{(aq)}$$

C Concentrations molaires apportée et effective

Dans une solution non saturée, la concentration molaire du soluté A apporté, ou concentration molaire de la solution en A, est noté C(A).

$$C(A) = \frac{n(A)}{V}$$

Pour l'ion X effectivement présent en solution, la concentration molaire effective est notée [X].

$$[X] = \frac{n(x)}{V}$$

D Exemple et méthode

On a préparé dans une fiole jaugée de 100 mL, une solution aqueuse contenant $4{,}00 \times 10^{-3}$ mol de chlorure de cuivre (II) $CuCl_2$ (s).

1. Quelle est la concentration molaire en soluté apporté ?
2. Déterminer les quantités des ions effectivement présents en solution, puis leurs concentrations molaires respectives.

▶ **Méthode**

1. $C(CuCl_2) = \frac{n(CuCl_2)}{V} = \frac{0{,}00400}{0{,}100} = 0{,}0400 \text{ mol.L}^{-1}$.
2. Il est possible de construire un tableau d'avancement :

État du système	Avancement	$Cucl_{2(s)} \rightarrow Cu^{2+}{}_{(aq)} + 2Cl^{-}{}_{(aq)}$		
État initial	0	$n_{soluté}$	0	0
État final	x_{max}	$n_{soluté} - x_{max} = 0$	x_{max}	**2** x_{max}

À l'aide du tableau d'avancement, on peut dire que :
$n(Cu^{2+})$ = nsoluté et $n(Cl^-)$ = 2 nsoluté.

D'où $n\left(Cu^{2+}\right)=4{,}00\times10^{-3}$mol $n\left(Cl^{-}\right)=2\times4{,}00\times10^{-3}=8{,}00\times10^{-3}$mol.

$\left[Cu^{2+}\right]=0{,}0400$ mol.L^{-1} et $\left[Cl^{-}\right]=0{,}0800$ mol.L^{-1}.

3 Extraction, solubilité et miscibilité

A Extraction par solvant

Depuis l'apparition de solvant organique, le chimiste est capable de synthétiser ou d'extraire les colorants et les pigments.

Il existe plusieurs techniques d'extraction, cependant l'**extraction par solvant** vu en classe de seconde reste la plus utilisée à ce jour.

Une extraction par solvant consiste à utiliser un solvant dans lequel l'espèce chimique à extraire se solubilise. Afin d'extraire l'espèce chimique présente dans un solvant initial, on utilise un **solvant extracteur** :

- ce solvant extracteur doit être non miscible avec le solvant initial ;
- l'espèce chimique à extraire doit être très soluble dans ce solvant extracteur.

De ce fait, le chimiste utilise une ampoule à décanter.

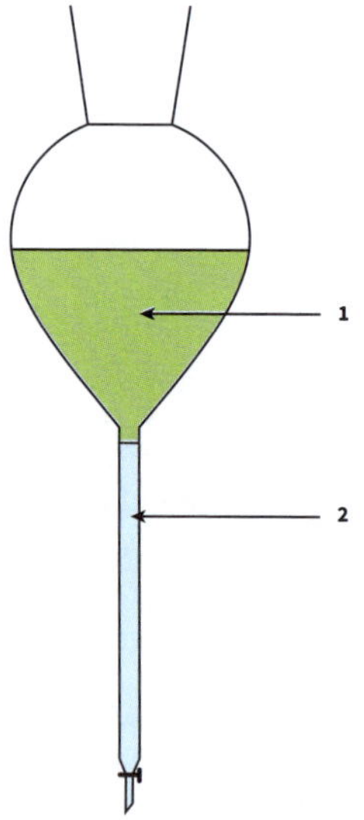

On introduit dans une ampoule à décanter une solution aqueuse contant une espèce chimique à extraire. On introduit ensuite un solvant extracteur moins dense que l'eau dans lequel l'espèce chimique à extraire y est très soluble. Après séparation par décantation, on obtient deux phases : une phase supérieure (N° 1) appelée « phase organique » contenant l'espèce chimique et le solvant organique extracteur. Une phase inférieur (N° 2) appelée « phase aqueuse » contenant de l'eau. Il ne reste plus qu'à ouvrir le robinet afin de récupérer successivement les deux phases dans deux béchers différents.

B Dissolution de solide moléculaire

- Les solutés moléculaires polaires sont solubles dans les solvants moléculaires polaires.
- Les solutés moléculaires apolaires sont solubles dans les solvants moléculaires apolaires.

C Miscibilité de deux liquides

On dit que deux liquides sont miscibles quand ils se mélangent.

4 Les savons

A Description

Le savon est une espèce chimique de la forme $RCOO^{-}Na$ ou $RCOO^{-}K$.

R désigne une longue chaîne carbonée linéaire comportant généralement entre 4 et 20 atomes de carbone. Cette chaîne peut être saturée ou comporter des doubles liaisons. Cette molécule est une espèce **amphiphile** car elle possède un double comportement **hydrophile** et **hydrophobe**.

En solution aqueuse, le sodium/potassium devient un ion. Le savon est alors un carboxylate, c'est-à-dire de la forme $RCOO^{-}$.

La chaîne carbonée R est apolaire, ce qui explique son caractère **hydrophobe** et **lipophile** (affinité avec les corps gras, par liaisons de Van des Waals).

La partie COO^{-} est par contre **hydrophile** de part la présence des atomes d'oxygène et de la charge $^{-}$: elle établit des liaison hydrogènes avec les molécules d'eau et elle est **lipophobe**.

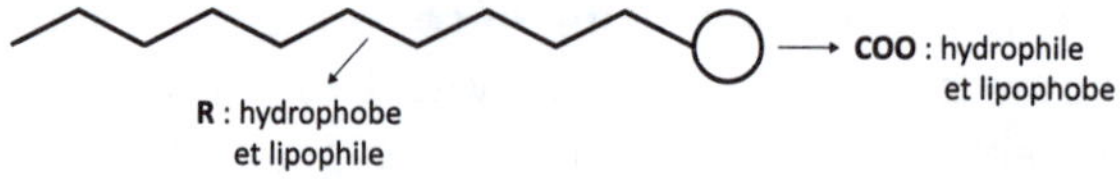

B Propriétés détergentes du savon

Dans une eau savonneuse, les carboxylates se disposent à la surface du liquide, de manière que les queues hydrophobes soient dirigées vers l'extérieur du liquide et les têtes hydrophiles vers l'eau.

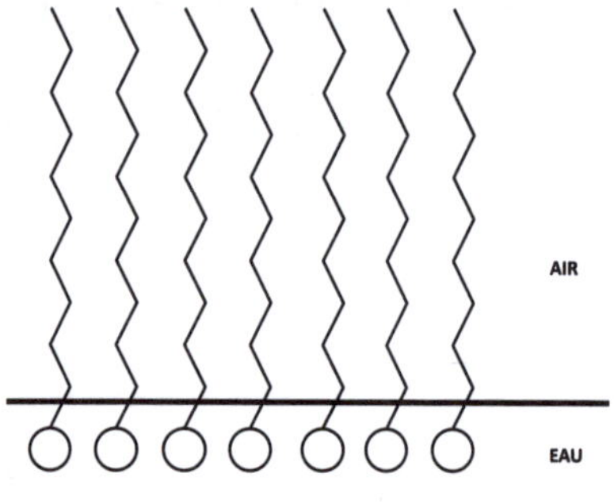

Si la concentration en carboxylates (savon) est suffisante, ces derniers vont former des micelles dans le liquide. Ce sont des structures sphériques, où les queues hydrophobes sont dirigées vers l'intérieur de la structure afin d'interagir entre elles et les têtes tournées vers la phase aqueuse. Les queues hydrophobes étant lipophiles peuvent emporter avec elle le corps gras grâce à la formation de micelles. Ce mode d'action explique l'**action détergente** du savon.

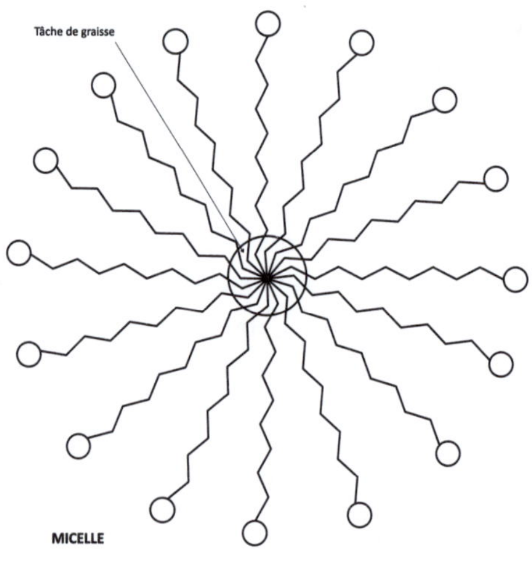

Exercices

Compétences attendues

- Expliquer la cohésion au sein de composés solides ioniques et moléculaires par l'analyse des interactions entre entités

Exercice 4.1

S'approprier, analyser

Soit deux composés, le fluorure de calcium CaF_2 et l'éthanol C_2H_6O.

1. Quelle est la nature de ces deux composés ?
2. Comment est assurée la cohésion de ces deux composés ?
3. Indiquer le déplacement du doublet d'électrons ainsi que les charges partielles des atomes dans les liaisons polarisées suivantes :
   a. C – Cl
   b. O – H

Données Electronégativité des atomes :

- C ($\chi = 2,6$)
- Cl ($\chi = 3,2$)
- O ($\chi = 3,5$)
- H ($\chi = 2,1$)

Compétences attendues

- Expliquer la capacité de l'eau à dissocier une espèce chimique et à solvater les ions. Modéliser, au niveau macroscopique, la dissolution d'un composé ionique dans l'eau par une équation de réaction, en utilisant les notations (s) et (aq). Calculer la concentration des ions dans la solution obtenue

Exercice 4.2

S'approprier, analyser, raisonner, réaliser

▶ **Première partie.** Préparation d'une solution aqueuse.

Un technicien de laboratoire souhaite préparer une solution S_A, de volume $V_A = 100$ mL, par dissolution complète d'une masse m = 6,84 g de sulfate d'aluminium.

1. Sachant que le sulfate d'aluminium est composé d'ions aluminium Al^{3+} et sulfate SO_4^{2-}, donner la formule statistique du sulfate d'aluminium.
2. Écrire l'équation chimique de dissolution du sulfate d'aluminium dans l'eau.
3. Déterminer la concentration molaire CA en soluté apporté dans la solution S_A.
4. En déduire les concentrations molaires effectives des ions présents dans la solution S_A.

▶ **Deuxième partie.** Vérification de la solution préparée.

Afin de vérifier la solution préparée S_A, on fait réagir dans 10,0 mL de S_A, un volume V d'une solution de soude (NaOH) de concentration molaire en soluté apporté $c = 1{,}00$ mol.L^{-1}.

1. Il se forme un précipité blanc d'hydroxyde d'aluminium.
2. Écrire l'équation chimique de la réaction de précipitation.
3. Déterminer la valeur de V afin que le mélange soit stœchiométrique.
4. En réalité, on verse un volume égal à $2V_A$ de soude. Il se forme un précipité dont la masse est de m(précipité) = 0,320 g.
   a. Déterminer la quantité de matière de précipité obtenue.
   b. Déterminer la quantité de matière d'ions aluminium ayant réagi.
   c. La solution S_A a-t-elle été correctement réalisée ?

Données

- M(sulfate de sodium) = 342,3 g.mol^{-1}
- M(hydroxyde de sodium) = 78 g.mol^{-1}

Exercice 4.3

S'approprier, analyser, raisonner, réaliser

On souhaite préparer de manière très précise un volume $V_0 = 200$ mL d'une solution mère de sulfate de sodium de concentration en soluté apporté $C_0 = 0{,}250$ mol.L^{-1}.

Déterminer la masse de sulfate de sodium pentahydraté solide $Na_2SO_4,5H_2O$ que l'on doit peser afin de préparer cette solution.

Donner le protocole détaillé permettant la réalisation de cette solution.

Écrire l'équation chimique de dissolution du cristal ionique.

On souhaite obtenir un volume $V_1 = 50{,}0$ mL d'une solution fille de concentration molaire effective en ions sodium égale à $[Na^+] = 0{,}0250$ mol.L^{-1}. Donner le protocole permettant la réalisation de cette solution.

Données

M(Na) = 23,0 g.mol^{-1} ▪ M(S) = 32,0 g.mol^{-1} ▪ M(O) = 16,0 g.mol^{-1} ▪ M(H) = 1,0 g.mol^{-1}

Exercice 4.4

S'approprier, analyser, raisonner, réaliser

Les trois parties sont totalement indépendantes.

▶ **Première partie.**

On dissout 1,1 g de chlorure de calcium $CaCl_2$(s) dans 200 mL d'eau.

1. Écrire l'équation bilan de la dissolution correspondante.
2. Calculer la concentration molaire en soluté apporté de la solution obtenue ?
3. Calculer la concentration molaire effective des ions présents dans la solution préparée.

▶ **Deuxième partie.**

On veut préparer 500 mL d'une solution aqueuse de sulfate de sodium de concentration molaire effective en sodium $[Na^+] = 6{,}0.10^{-2}$ mol.L^{-1}.

➡ Déterminer la masse de sulfate de sodium qu'il faut dissoudre pour préparer cette solution.

▶ **Troisième partie.**

On mélange un volume $V_1 = 200$ mL d'une solution aqueuse de soude de concentration molaire $C_1 = 2{,}00.10^{-2}$ mol.L^{-1} avec un volume $V_2 = 200$ mL d'une solution aqueuse salée de concentration molaire $C_2 = 3{,}00.10^{-2}$ mol.L^{-1}.

Exercices

➡ Déterminer la concentration molaire effective des ions sodium dans le mélange.

Données

M(C) = 12,0 g.mol^{-1} ▪ M(O) = 16,0 g.mol^{-1} ▪ M(H) = 1,00 g.mol^{-1} ▪ M(Ca) = 40,0 g.mol^{-1}
M(S) = 32,0 g.mol^{-1} ▪ M(Cl) = 35,5 g.mol^{-1} ▪ M(sulfate de sodium) = 142 g.mol^{-1}

Exercice 4.5

S'approprier, analyser, raisonner, réaliser

Aujourd'hui, la composition des engrais ne cesse d'évoluer. Parmi ceux que l'on trouve dans le commerce, un engrais contient un mélange d'une solution de nitrate d'ammonium et d'une solution de sulfate d'aluminium. Cet exercice a pour objectif de déterminer la masse d'azote présent dans cet engrais du commerce.

Afin de préparer un volume V = 5,00L de cet engrais, il a été introduit m = 1,60 kg de nitrate d'aluminium NH_4NO_3 et m' = 2,64 kg de sulfate d'aluminium $(NH_4)_2SO_4$.

1. Écrire l'équation chimique de dissolution du nitrate d'ammonium solide dans l'eau.
2. a. Déterminer la quantité de matière de nitrate d'ammonium apportée dans la solution.
   b. En déduire la quantité de matière de chaque ion présent dans la solution de nitrate d'ammonium.
3. Écrire l'équation chimique de dissolution du sulfate d'ammonium solide dans l'eau.
4. a. Déterminer la quantité de matière de sulfate d'ammonium apportée dans la solution.
   a. En déduire la quantité de matière de chaque ion présent dans la solution de sulfate d'ammonium.
5. Déterminer la concentration molaire de chaque ion présent dans l'engrais.
6. Déterminer la quantité de matière d'élément azote présent dans le volume V = 5,00 L d'engrais du commerce. En déduire la masse d'élément azote présente.
7. Connaissant la masse du volume de 5,00 L d'engrais qui est de 5,21 kg, en déduire le pourcentage massique d'élément azote dans cet engrais.

Données

- M(H) = 1,00 g.mol^{-1}
- M(N) = 14,0 g.mol^{-1}
- M(O) = 16,0 g.mol^{-1}
- M(S) = 32,0 g.mol^{-1}

Compétences attendues

- Expliquer ou prévoir la solubilité d'une espèce chimique dans un solvant par l'analyse des interactions entre les entités. Interpréter un protocole d'extraction liquide-liquide à partir des valeurs de solubilités de l'espèce chimique dans les deux solvants.

Exercice 4.6

S'approprier, analyser, raisonner, réaliser

Le baume du Pérou est extrait d'un arbuste d'Amérique centrale, le myroxylon, après incision de l'écorce de son tronc. Utilisé pour traiter les gerçures et engelures, il a des propriétés protectrices et hydratantes. Il contient, entre autres, de l'acide benzoïque, de l'alcool benzylique et du benzoate de benzyle.

	Acide benzoïque	Alcool benzylique	Benzoate de benzyle	Dichlorométhane	Éthanol	Toluène
Solubilité dans l'eau	Peu soluble	Partiellement soluble	Insoluble			
Solubilité dans l'éthanol	Peu soluble	soluble	Très soluble			
Solubilité dans le dichlorométhane	Peu soluble	Peu soluble	Très soluble			
Solubilité dans le toluène	Très soluble	Très soluble	Peu soluble			
Miscibilité avec l'eau				Nulle	Bonne	Nulle
Densité		1,04	1,12	1 ,33	0,82	0,87

Le benzoate de benzyle peut être synthétisé à partir de l'alcool benzylique et l'acide benzoïque, il se forme également de l'eau. Pour cela, on réalise un chauffage à reflux.

Après une vingtaine de minutes, on refroidit le ballon puis on verse le contenu dans une ampoule à décanter. On souhaite extraire le benzoate de benzyle du mélange. Pour cala, on introduit un solvant organique.

1. À l'aide du tableau ci-dessus, quel solvant doit-on utiliser pour cette extraction ? Justifier.

2. Faire le schéma de l'ampoule à décanter en indiquant les positions et le contenu de la phase aqueuse et celle de la phase organique. Justifier.

Exercice 4.7

S'approprier, analyser, raisonner, réaliser

On veut extraire l'iode de l'eau iodée. On dispose pour cela d'une banque de données :

Solvant	Eau	Ether	Benzène	Éthanol
Solubilité de l'iode dans	Très faible	Très grande	Bonne	Très grande
Miscibilité dans l'eau		Nulle	Nulle	bonne
Densité par rapport à l'eau	1	0,71	0,88	0,90

1. Quel solvant vaut-il mieux choisir pour extraire l'iode de l'eau iodée ? Justifier votre réponse.
2. Faire le schéma de l'ampoule à décanter, nommer les phases, préciser la composition et justifier la position.

Exercice 4.8

S'approprier, analyser, raisonner, réaliser

Le cinéol, ou eucalyptol, peut être extrait de certains végétaux, notamment des feuilles d'eucalyptus. Cette espèce chimique est utilisée dans certaines spécialités pharmaceutiques, par exemple pour le traitement des affections des voies respiratoires. Pour extraire le cinéol, des feuilles d'eucalyptus broyés sont introduites dans un ballon. Le mélange est chauffé à reflux pendant 15 minutes. Un fois refroidi à température ambiante, le mélange est filtré. Le filtrat contient de l'eau et une huile essentielle d'eucalyptus. Celle-ci est essentiellement constituée de cinéol et en a les caractéristiques physiques.

Données

- Caractéristiques physiques du cinéol :
  - Température de fusion : 2 °C
  - Température d'ébullition : 176 °C
  - Densité : (cinéol : 0,92), (cyclohexane : 0,78), (éthanol : 0,79)
- Solubilités : peu soluble dans l'eau, soluble dans l'éthanol, soluble dans le cyclohexane
- Masse volumique de l'eau : $\rho = 1{,}0$ g.cm^{-3}
- L'eau et l'éthanol sont miscibles ; l'eau et le cyclohexane sont non miscibles.

1. Quel est l'intérêt de ce montage ?
2. Quel est l'état physique du filtrat ? Justifier votre réponse.
3. La masse du filtrat obtenu est de 20 g. Déterminer le volume d'huile essentielle.

4. On souhaite extraire l'huile essentielle présent dans l'eau à l'aide d'une extraction par solvant. Expliquer le mode opératoire que l'on doit réaliser et le choix du solvant à utiliser. Faire un schéma et justifier votre réponse.

Compétences attendues

- Expliquer le caractère amphiphile et les propriétés lavantes d'un savon à partir de la formule semi-développée de ses entités. Citer des applications usuelles de tensioactifs.

Exercice 4.9

S'approprier, analyser, raisonner, réaliser

D'après Bac S, Le monoï de Tahiti, 2009

Issu de traditions millénaires, le monoï de Tahiti (produit cosmétique) vous assure de bénéficier des vertus de la fleur de Tiaré et de l'huile de coprah raffinée qui le composent...

L'huile de coprah est très riche en acides gras saturés (45 % d'acide laurique notamment).

Endémique en Polynésie Française, la fleur de Tiaré présente des propriétés originales...

Elle sécrète en effet une huile essentielle riche en alcools et en esters (salicylate de méthyle...) connus pour leurs propriétés assainissantes et apaisantes.

« d'après le site Internet de l'Institut du Monoï »

On peut représenter schématiquement l'ion actif du savon de la façon suivante :

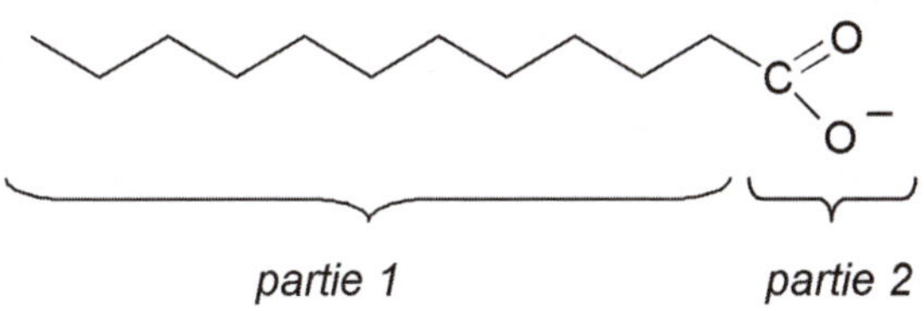

Pour simplifier, on peut représenter l'ensemble ainsi :

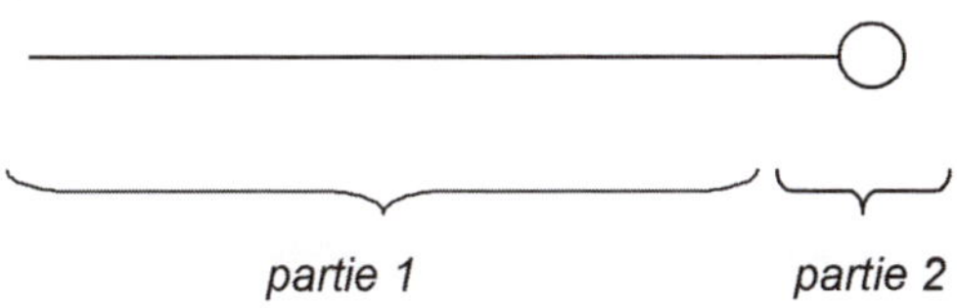

1. Expliquer chaque partie à l'aide du vocabulaire suivant : hydrophile, hydrophobe, lipophile, lipophobe.
2. Choisir en justifiant parmi les schémas ci-dessous de la figure, celui qui peut expliquer le mode d'action d'un savon.

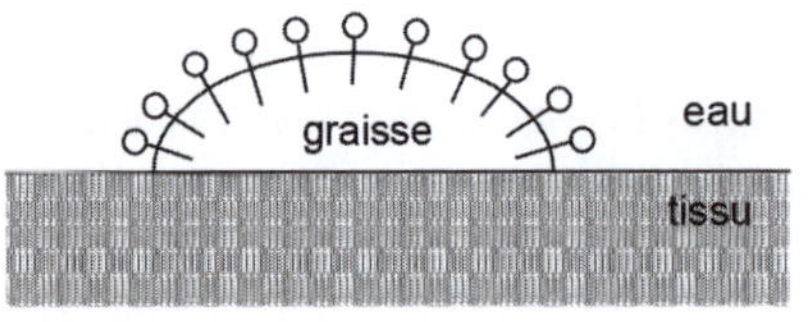

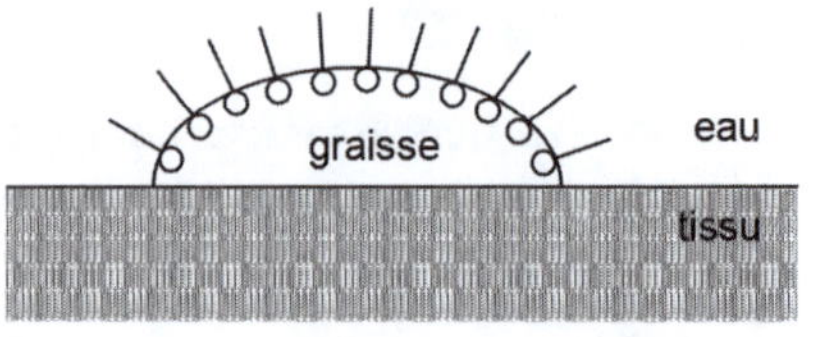

Exercice 4.10

S'approprier, analyser, raisonner, réaliser

D'après BAC S, Afrique, 2005

Utilisons le beurre pour dissoudre une tâche de graisse.

À travers les quatre parties abordées, nous allons essayer de comprendre les étapes de fabrication d'un savon à partir d'un morceau de beurre, dans le but de dissoudre une tache de graisse à la surface d'un tissu. Le beurre contient plusieurs corps gras, l'oléine, la palmitine et la butyrine.

La butyrine représente 35 % en masse du beurre.

Nous n'étudierons que la réaction de fabrication du savon grâce à la butyrine. Pour cela, nous allons faire réagir 20 g de beurre avec un excès de potasse $\left(K^{+}{}_{(aq)} + HO^{-}{}_{(aq)}\right)$ concentrée. Après 30 minutes de chauffage, on observe, après relargage, la formation d'un précipité jaune.

Après élimination de l'excès de potasse, on souhaite étudier les qualités détergentes du savon sur une tache de graisse.

Le savon est composé d'ions carboxylates qui peuvent être modélisés des deux façons suivantes :

Le schéma ci-dessous représente une tache de graisse à la surface d'un tissu plongé dans l'eau savonneuse (étape N° 1) et sa dislocation par action du savon synthétisé précédemment (étape N° 2).

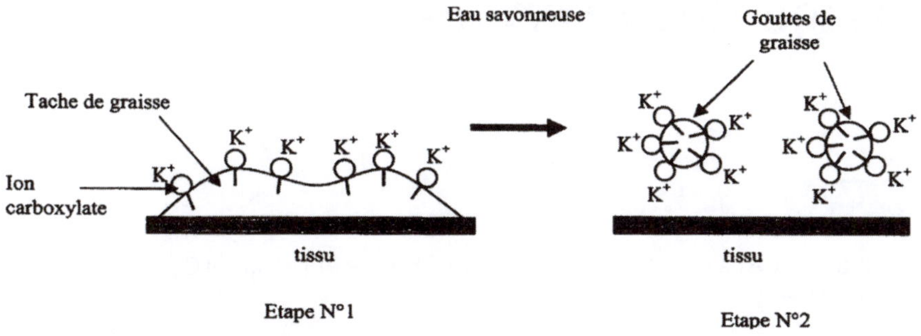

Les ions carboxylates modélisés ont été représentés, correctement orientés par rapport à l'eau et à la graisse, sur chacune des étapes N° 1 et N° 2.

- En vous aidant du schéma précédent, identifier la composition et la propriété de chacune des deux parties de l'ion carboxylate modélisé.

Corrigé des exercices

Exercice 4.1

1. Le fluorure de calcium CaF_2 est un cristal ionique et l'éthanol C_2H_6O est un cristal moléculaire.
2. La cohésion du cristal ionique CaF_2 est assurée par l'interaction électrostatique. Cependant, la cohésion du cristal moléculaire C_2H_6O est assurée par l'interaction de Van der Waals et les liaisons hydrogène.
3. Dans la liaison C – Cl, l'atome Cl est le plus électronégatif, il attire donc vers lui le doublet d'électrons de la liaison covalente. On peut donc écrire :

$$\overset{\delta+}{C} \longrightarrow \overset{\delta-}{Cl}$$

Dans la liaison O – H, l'atome O est le plus électronégatif, il attire donc vers lui le doublet d'électrons de la liaison covalente. On peut donc écrire :

$$\overset{\delta-}{O} \longleftarrow \overset{\delta+}{H}$$

Exercice 4.2

Première partie.

1. $Al_2(SO_4)_3$
2. $Al_2(SO_4)_{3(s)} \rightarrow 2\ Al^{3+}{}_{(aq)} + 3\ SO_4{}^{2-}{}_{(aq)}$
3. $C_A = \dfrac{n}{V_A} = \dfrac{m}{M \times V_A} = \dfrac{6{,}84}{342{,}3 \times 0{,}100} = 2{,}00 \times 10^{-1}\ mol.L^{-1}$.
4. D'après l'équation de dissolution, on peut écrire :
   $n(Al^{3+}) = 2n_{soluté} = 2n_A$ et $n(SO_4{}^{2-}) = 3n_{soluté} = 3n_A$
   $[Al^{3+}] = 2 \times C_A = 4{,}0 \times 10^{-1} mol.L^{-1}$ et $[SO_4^{2-}] = 3 \times C_A = 6{,}00 \times 10^{-1}\ mol.L^{-1}$.

Deuxième partie.

1. $Al^{3+}(aq) + 3\ HO^-(aq) \rightarrow Al(OH)_{3(s)}$

2. Afin que le mélange soit stoechiométrique, il faut que $n(HO^-) = 3 \times n(Al^{3+})$

   or $n(Al^{3+}) = [Al^{3+}] \times V_A = 0{,}400 \times 0{,}010 = 0{,}004$ mol

   donc $n(HO^-) = 3 \times 0{,}004 = 0{,}012$ mol.

   Et $V = \dfrac{n}{C} = \dfrac{0{,}012}{1} = 0{,}012\ L = 12$ mL.

3. *a.* $n = \dfrac{m}{M} = \dfrac{0{,}320}{78} = 0{,}0041\ \text{mol} = 4{,}1 \times 10^{-3}\ \text{mol}$.

   b. $n(Al^{3+}) = n(Al(OH)_3) = 4{,}1 \times 10^{-3}\ \text{mol}$.

   c. Dans 10,0 mL de la solution S_A, il y a :

   $n(Al^{3+}) = [Al^{3+}] \times V_A = 0{,}400 \times 0{,}010 = 0{,}004$ mol.

   Or d'après le calcul précédent, il y a 0,0041 mol. Le pourcentage d'erreur est de $\dfrac{0{,}0041 - 0{,}004}{0{,}004} \times 100 = 2{,}5$ %. On peut donc en conclure que la solution S_A a été bien préparée.

Exercice 4.3

1. $m = n \times M = C_0 \times V_0 \times M$
   or $M = 2 \times M(Na) + M(S) + 4 \times M(O) + 10 \times M(H) + 5 \times M(O)$
   donc $M = 2 \times 23 + 32{,}0 + 4 \times 16{,}0 + 10 \times 1{,}0 + 5 \times 16 = 232\ \text{g.mol}^{-1}$.
   Soit $m = 0{,}250 \times 0{,}200 \times 232 = 11{,}6$ g.

2. On prélève à l'aide d'une spatule 11,6 g de sulfate de sodium sur une capsule de pesée et une balance. Avec un entonnoir, on introduit le sulfate de sodium dans une fiole jaugée de 200 mL. On rince à l'eau distillée la capsule ainsi que l'entonnoir et on introduit l'eau de rinçage dans la fiole jaugée afin de ne pas perdre de matière. Puis on introduit de l'eau distillée au ¾ dans la fiole jaugée. On bouche et on agite. Après dissolution, on complète avec de l'eau distillée jusqu'au trait de jauge.

3. $Na_2SO_4,\ 5H_2O_{(s)} \rightarrow 2\ Na^+_{(aq)} + SO_4^{2-}{}_{(aq)}$.

4. Au cours d'une dilution, la quantité de matière se conserve donc :

$n_0 = n_1$ soit $C_0 \times V_0 = C_1 \times V_1$ d'où : $V_0 = \dfrac{C_1 \times V_1}{C_0}$.

or $[Na^+] = 2 \times C_1$ car d'après l'équation de dissolution, la quantité de matière en ions sodium vaut $2n_{soluté}$.

Soit $C_1 = \dfrac{[Na^+]}{2} = \dfrac{0{,}0250}{2} = 0{,}0125\ mol.L^{-1}$.

Soit $V_0 = \dfrac{0{,}0125 \times 0{,}050}{0{,}250} = 0{,}0025\ L = 2{,}5\ mL$.

On introduit la solution mère dans un bécher, puis on prélève 2,5 mL d'une solution de sulfate de sodium de concentration 0,250 mol.L^{-1} à l'aide d'une pipette graduée de 5,0 mL. On l'introduit dans une fiole jaugée de 50,0 mL. On introduit de l'eau distillée au ¾ de la fiole. On bouche et on agite. Enfin, on complète avec de l'eau distillée jusqu'au trait de jauge.

Remarque

Ne jamais prélever dans un flacon mais dans un bécher.

Exercice 4.4

Première partie.

1. $CaCl_{2(s)} \rightarrow Ca^{2+}{}_{(aq)} + 2\ Cl^-{}_{(aq)}$

2. $C = \dfrac{n}{V} = \dfrac{m}{M \times V}$ avec $M(CaCl_2) = M(Ca) + 2 \times M(Cl) = 40{,}0 + 235{,}5 = 111\ g.mol^{-1}$

donc $C = \dfrac{1{,}1}{111 \times 0{,}200} = 5{,}0 \times 10^{-2} mol.L^{-1}$.

3. $[Ca^{2+}] = C = 5{,}0 \times 10^{-2} mol.L^{-1}$.

Et $[Cl^-] = 2 \times C = 2 \times 5{,}0 \times 10^{-2} = 1{,}0.10^{-1} mol.L^{-1}$.

Deuxième partie.

Le sulfate de sodium a pour formule : Na_2SO_4. L'équation de dissolution dans l'eau est :

$Na_2SO_{4(s)} \rightarrow 2\ Na^+{}_{(aq)} + SO_4^{2-}{}_{(aq)}$

On peut donc écrire que $[Na^+] = 2 \times C$ soit $C = \dfrac{[Na^+]}{2} = \dfrac{6{,}0.10^{-2}}{2} = 3{,}0 \times 10^{-2} mol.L^{-1}$.

Donc $m = n \times M = C \times V \times M = 3{,}0.10^{-2} \times 0{,}500 \times 142 = 2{,}1\ g$.

Troisième partie.

$$[Na^+] = \frac{n_1 + n_2}{V_1 + V_2} = \frac{C_1 \times V_1 + C_2 \times V_2}{V_1 + V_2} = \frac{2{,}00.10^{-2} \times 0{,}200 + 3{,}00.10^{-2} \times 0{,}200}{0{,}200 + 0{,}200}$$

Soit $[Na^+] = 2{,}50 \times 10^{-2}\,mol.L^{-1}$.

Exercice 4.5

1. $NH_4NO_{3(s)} \rightarrow NH_4{}^+{}_{(aq)} + NO_3{}^-{}_{(aq)}$

2. a. $n = \frac{m}{M}$

or $M(NH_4NO_3) = 2 \times M(N) + 4 \times M(H) + 3 \times M(O)$

$= 2 \times 14{,}0 + 4 \times 1{,}00 + 3 \times 16{,}0 = 80{,}0\ g.mol^{-1}$.

Soit $n = \frac{1{,}60.10^3}{80{,}0} = 20{,}0\ mol$.

b. $n(NH_4{}^+) = n(NO_3{}^-) = 20{,}0\ mol$.

3. $(NH_4)_2SO_{4(s)} \rightarrow 2\ NH_4{}^+{}_{(aq)} + SO_4{}^{2-}{}_{(aq)}$

4. a. $n = \frac{m}{M}$

or $M((NH_4)_2SO_4) = 2 \times M(N) + 8 \times M(H) + M(S) + 4 \times M(O)$

$= 2 \times 14{,}0 + 8 \times 1{,}00 + 32{,}0 + 4 \times 16{,}0$

donc $M = 132{,}0\ g.mol^{-1}$.

Soit $n = \frac{2{,}64.10^3}{132{,}0} = 20{,}0\ mol$.

b. $n(NH_4{}^+) = 2n_{soluté} = 2 \times n = 40{,}0\ mol$ et $n(SO_4{}^{2-}) = n = 20{,}0\ mol$.

5. $[NH_4^+] = \frac{n}{V} = \frac{20{,}0 + 40{,}0}{5{,}00} = 12{,}0\ mol.L^{-1}$.

$[NO_3^-] = \frac{n}{V} = \frac{20{,}0}{5{,}00} = 4{,}0\ mol.L^{-1}$.

$[SO_4^{2-}] = \frac{n}{V} = \frac{20{,}0}{5{,}00} = 4{,}0\ mol.L^{-1}$.

6. $n(N) = n(NH_4{}^+) + n(NO_3{}^-) = 20{,}0 + 40{,}0 + 20{,}0 = 80{,}0\ mol$

d'où $m(N) = n \times M = 80{,}0 \times 14{,}0 = 1120\ g = 1{,}12\ kg$.

Corrigés

7. Le pourcentage massique en élément azote dans l'engrais vaut donc :

$$p = \frac{1,12}{5,21} \times 100 = 21,5\ \%.$$

Exercice 4.6

1. Il doit choisir le dichlorométhane car :

- le dichlorométhane et l'eau sont non miscibles ;
- le benzoate de benzyle est très soluble dans le dichlorométhane.

2.

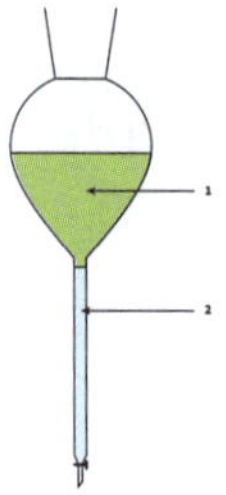

La phase 1 est la phase aqueuse (eau et acide benzoïque). Il s'agit de la phase supérieure car l'eau est moins dense (d = 1) que le dichlorométhane (d = 1,33).

La phase 2 est la phase organique (dichlorométhane et benzoate de benzyle). Il s'agit de la phase inférieure car le dichlorométhane est plus dense que l'eau.

Exercice 4.7

1. Pour extraire l'iode, il faut choisir l'éther car :

- l'éther et l'eau sont non miscibles ;
- l'iode est très soluble dans l'éther.

2.

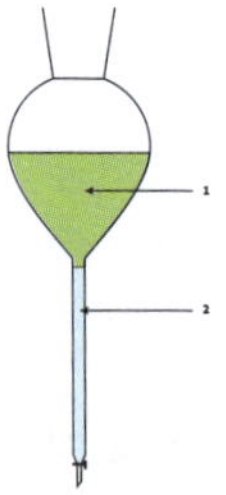

La phase 1 est la phase organique (éther et iode) car l'éther est moins dense que l'eau $(0,71 < 1,0)$.

La phase 2 est la phase aqueuse (eau) car l'eau est plus dense que l'éther.

De plus l'iode se situe dans la phase organique car l'iode est plus soluble dans l'éther que dans l'eau.

Exercice 4.8

1. L'intérêt d'un chauffage à reflux est d'accélérer la réaction sans perte d e matière.
2. Le filtrat constitué de cinéol est liquide car la température ambiante est supérieure à la température de fusion et inférieure à la température d'ébullition.
3. $\rho = \frac{m}{V}$ donc $V = \frac{m}{\rho} = \frac{20}{1,0} = 20\ cm^3 = 20\ mL$.
4. Il faut introduire dans une ampoule à décanter du cyclohexane pour extraire le cinéol.

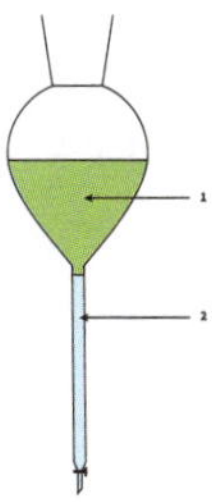

La phase 1 est la phase organique (cyclohexane et cinéol) car le cyclohexane est moins dense que l'eau. La phase 2 est la phase aqueuse.

On récupère la phase 1 dans un bécher, on ferme le robinet de l'ampoule. Puis dans un autre bécher, on récupère la phase 2 qui contient le cinéol.

Exercice 4.9

1. La partie 1 est hydrophobe et lipophile. La partie 2 est hydrophile et lipophobe.
2. Le bon schéma est celui de gauche car la partie lipophile se fixe sur la graisse afin de la dissoudre. La tête hydrophile est orientée vers l'eau. De ce fait, il y a formation de micelle qui fixe la graisse et qui sont emportées dans l'eau de lavage. Il s'agit du mode d'action d'un savon.

Exercice 4.10

La partie 1 correspond à la longue chaîne carbonée R qui est lipophile mais hydrophobe. (Elle a une affinité très grande avec les graisses mais aucune avec l'eau).

La partie 2 correspond à COO- qui est lipophobe mais hydrophile. (Elle a une grande affinité avec l'eau mais aucune avec les graisses).

Chapitre 5

Structure des entités organiques

Cours

1 Les familles de composés organiques

A Une grande diversité de la chaîne carbonée

Chaînes linéaires et ramifiées :

$$CH_3-CH_2-CH_2-CH_3$$

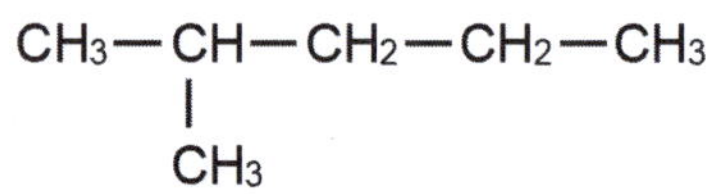

B Nomenclature des alcanes

Un alcane est un hydrocarbure à chaîne linéaire ou ramifiée de formule brute C_nH_{2n+2} ou n est un entier supérieur ou égal à 1.

Cas des alcanes linéaires

Le nom d'un alcane linéaire est constitué d'un préfixe indiquant le nombre d'atomes de carbone dans la chaîne, suivi de la terminaison -ane.

Nombre d'atomes de C	Nom de l'alcane linéaire	Représentation
1	méthane	CH_4
2	éthane	CH_3-CH_3
3	propane	$CH_3-CH_2-CH_3$

4	butane	$CH_3-CH_2-CH_2-CH_3$
5	pentane	$CH_3-CH_2-CH_2-CH_2-CH_3$
6	hexane	$CH_3-CH_2-CH_2-CH_2-CH_2-CH_3$

Cas des alcanes ramifiés : règles de nomenclature des alcanes ramifiés

- Chercher la chaîne carbonée la plus longue : elle donnera le nom de l'alcane.
- Repérer les ramifications, qui sont souvent de petits groupes alkyles comme CH_3 (méthyl) ou C_2H_5 (éthyl). On obtient le nom du groupement alkyle à partir de celui de l'alcane ayant le même nombre de C, en remplaçant –ane par –yl.
- Numéroter la chaîne principale pour que le numéro indiquant la position du substituant soit le plus petite possible (choisir le bon sens dans la numérotation).

Remarque

Si la chaîne principale porte plusieurs groupement alkyle, la numéroter pour que la somme des numéros indiquant la position des substituant soit la plus petite possible (choisir le bon sens dans la numérotation).

- Classer les substituants dans l'ordre alphabétique (et non par numéro croissant). Placés avant le nom de l'alcane, ils sont précédés du chiffre indiquant leur position sur la chaîne.

Exemples

2-méthylpentane

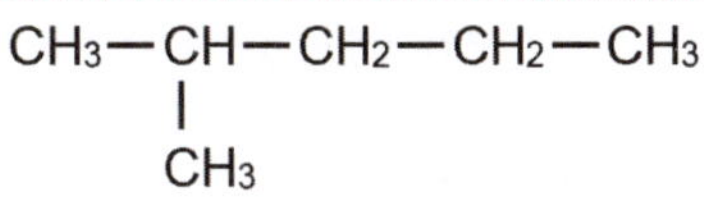

2,3-diméthylpentane

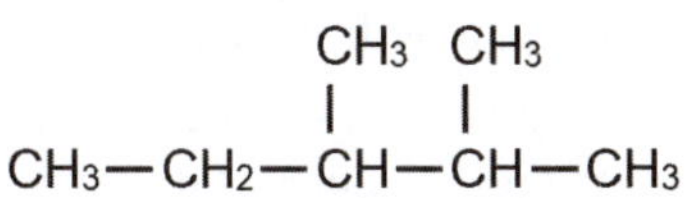

4-éthyl–3,3,4-triméthylhexane

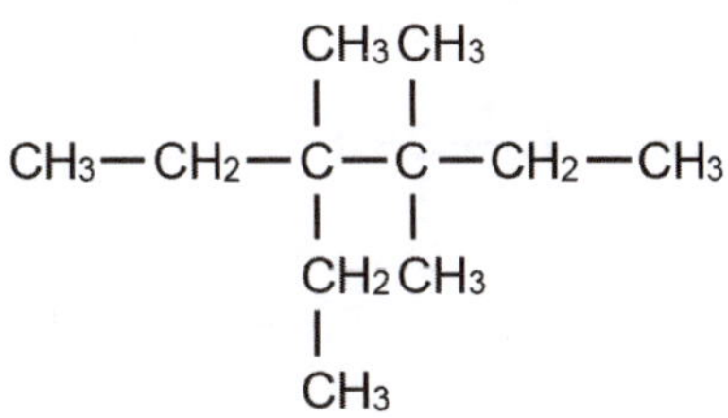

C Les alcools

Un alcool est une molécule organique possédant des atomes de carbone, hydrogène et un groupement caractéristique –OH appelé groupement hydroxyle. On nomme l'alcane puis on ajoute le suffixe –ol, en indiquant la position du groupement alcool. Le numéro du groupement –OH doit être le plus petit possible.

Exemples

butan–2-ol 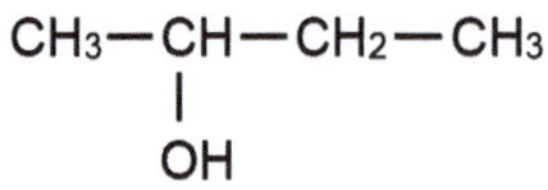

3-méthylbutan–1-ol 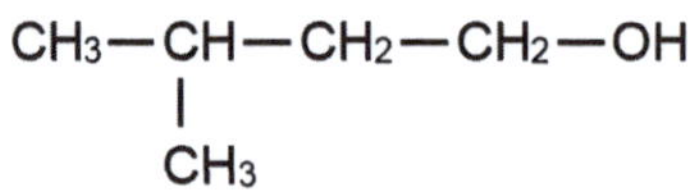

4,5-diméthylhexan–2-ol 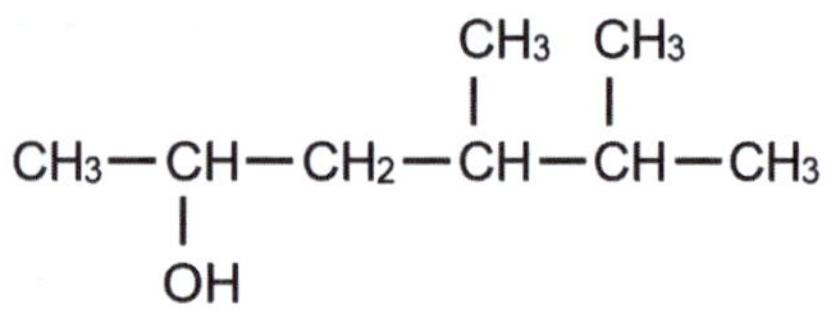

D Les aldéhydes

Les aldéhydes et les cétones contiennent le même groupe caractéristique : le groupe carbonyle : 

Un aldéhyde est un composé carbonylé dont le carbone du groupe fonctionnel est lié à au moins 1 atome d'hydrogène. La formule générale d'un aldéhyde est :

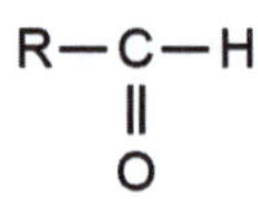

Avec R un groupe alkyl ou un atome d'hydrogène.

Le nom de l'aldéhyde correspond au nom de l'alcane de même chaîne carbonée en remplaçant le « e » par la terminaison –al. L'atome de carbone du groupe fonctionnel porte toujours le numéro 1.

Exemples

Propanal 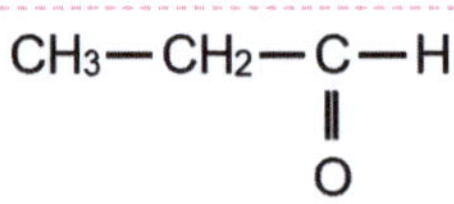

4,5-diméthylhexanal 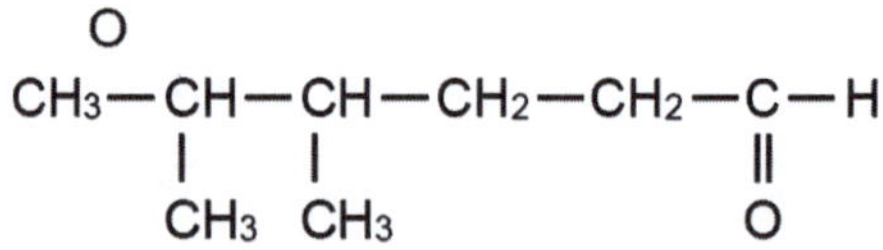

E Les cétones

Une cétone est un composé carbonylé dont le carbone du groupe fonctionnel est lié à 2 atomes de carbone. La formule générale d'une cétone est :

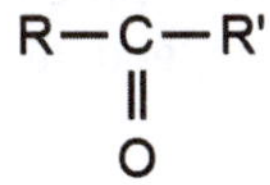

Le nom de la cétone correspond au nom de l'alcane de même chaîne carbonée en remplaçant le « e » par la terminaison –one. Devant on place le numéro du carbone fonctionnel qui doit être le plus petit possible.

Exemples

butan–2-one 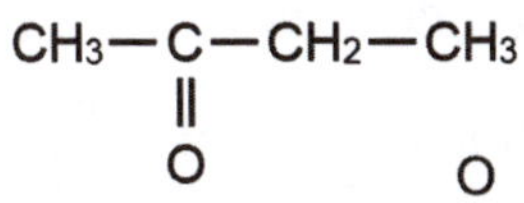

4,4-diméthylpentan–2-one 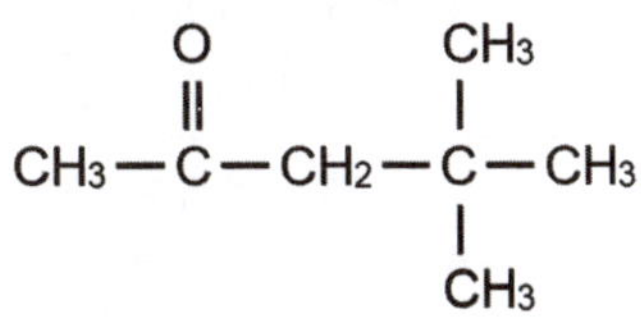

F Les acides carboxyliques

Un acide carboxylique est un composé oxygéné de formule générale : 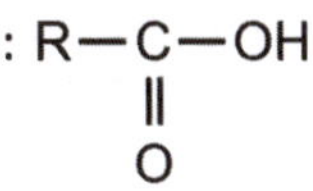
Avec R un groupe alkyl ou un atome d'hydrogène.

Le groupe caractéristique 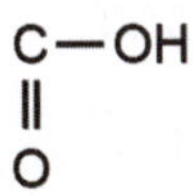 est nommé groupe carboxyle.

Le nom de l'acide carboxylique correspond au nom de l'alcane de même chaîne carbonée en remplaçant le « e » par la terminaison –oïque. L'atome de carbone du groupe fonctionnel porte toujours le numéro 1. Devant le nom, on met le mot acide.

Exemples

acide éthanoïque 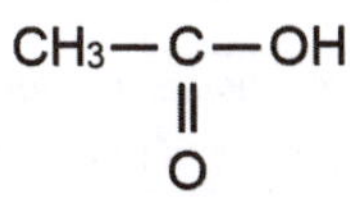

acide 2,3-diméthylbutanoïque 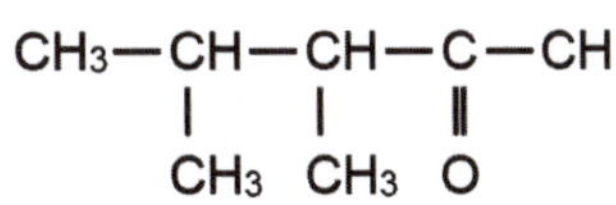

2 Identification par spectroscopie infrarouge

Les molécules organiques absorbent des radiations UV-visible mais aussi dans le domaine de l'infrarouge. Chaque atome vibre et ces vibrations correspondent aux élongations et aux déformations qui dépendent de la nature des liaisons et donc des groupes caractéristiques présents.

Le spectre IR indique la transmittance T (ou intensité lumineuse transmise) exprimée en pourcentage en fonction du nombre d'onde σ (wavenumber) qui est l'inverse de la longueur d'onde soit $\sigma = 1/\lambda$ avec σ exprimée en cm^{-1} s'étalant en général de 500 à 4 000 cm^{-1}.

Les bandes d'absorption associées à chacune des liaisons rencontrées correspondent à une intensité et un domaine de nombre d'ondes précis.

Liaison	Nombre d'ondes σ (cm^{-1})	Intensité
–O–H	3 200 à 3 650	F
N–H	3 100 à 3 500	M
C_{tri}–H *alcène*	3 000 à 3 100	M
C_{tri}–H *aldéhyde*	2 700 à 2 900	M
–$C_{tét}$–H	2 800 à 3 000	F
C=O	1 650 à 1 750	F
C=C	1 625 à 1 685	M
–$C_{tét}$–H	1 415 à 1 470	F
–C–C–	1 050 à 1 450	f
–C–O–	1 000 à 1 250	F

doc.1 Bandes d'absorption caractéristiques des liaisons.
(Intensités F : Forte ; M : moyenne ; f : faible

Exercices

Compétences attendues

- Identifier, à partir d'une formule semi-développée, les groupes caractéristiques associés aux familles de composés : alcool, aldéhyde, cétone et acide carboxylique. Justifier le nom associé à la formule semi-développée de molécules simples possédant un seul groupe caractéristique et inversement

Exercice 5.1

S'approprier, analyser, réaliser

1. Écrire la formule semi-développée des composés suivants :
   a. Éthanol
   b. méthane
   c. diméthylpropane
   d. pentan–3-ol
   e. 2-méthylbutan–1-ol
   f. 2,4-diméthylpentan–2,3-diol
   g. 2,3,3-triméthylbutan–2-ol
   h. 4-éthylhexan–2-ol

2. Nommer les composés suivants :
   a. 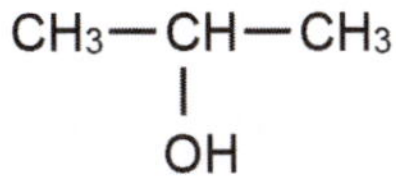
   b. CH_3-OH
   c. $CH_3-CH_2-CH_2-CH_3$
   d. 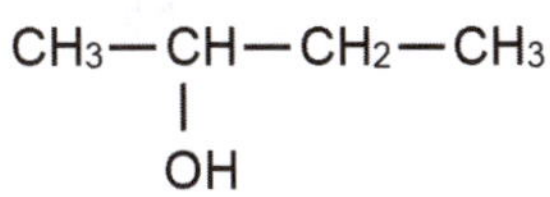
   e. 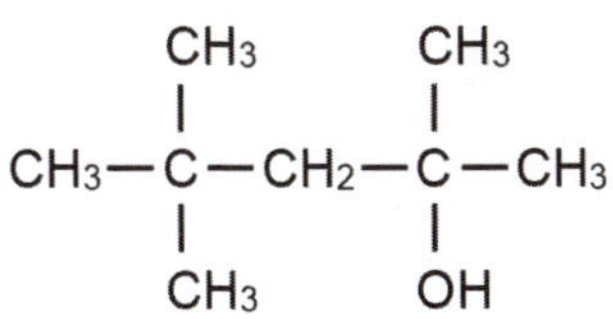
   f. 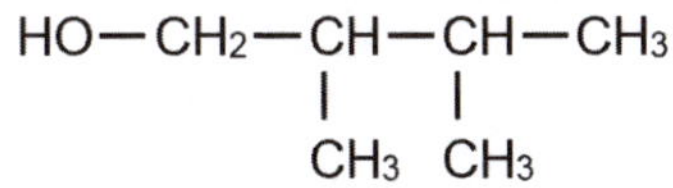
   g. 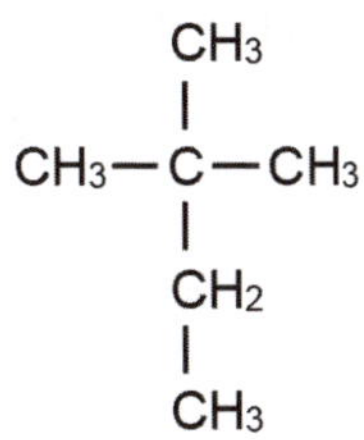
   h. 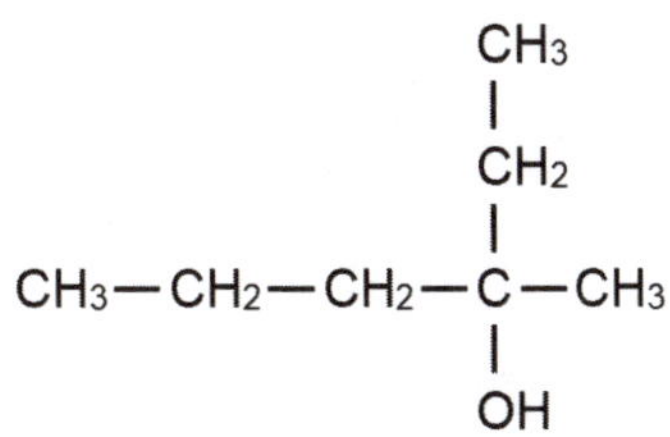

Exercice 5.2

S'approprier, analyser, réaliser

➨ Nommer les composés suivants :

a. 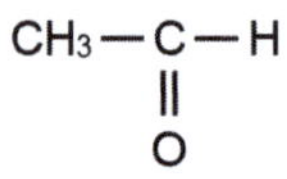

b. 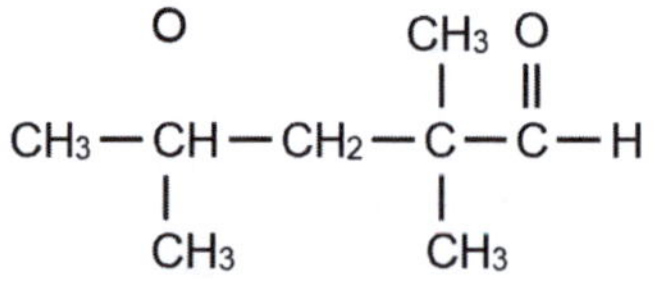

c. 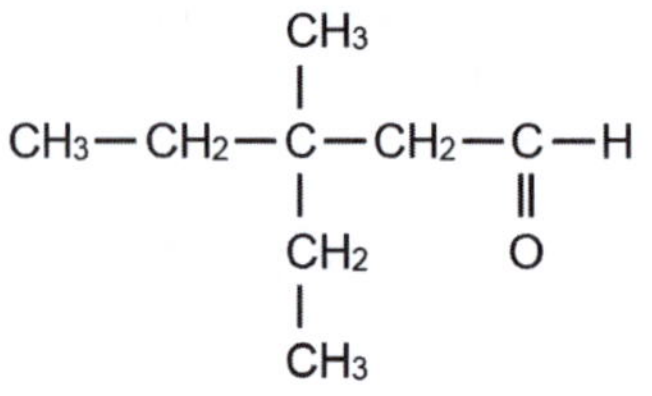

d. 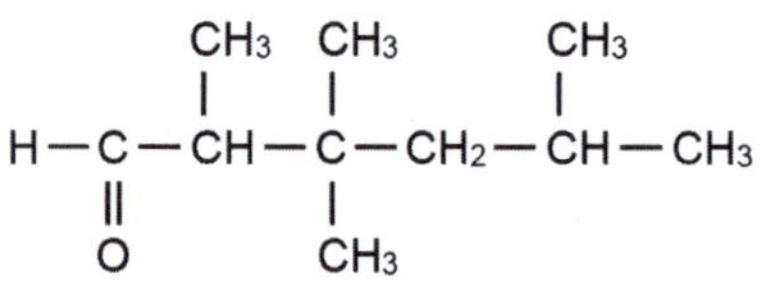

e. 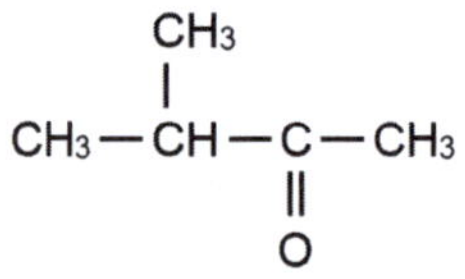

f. 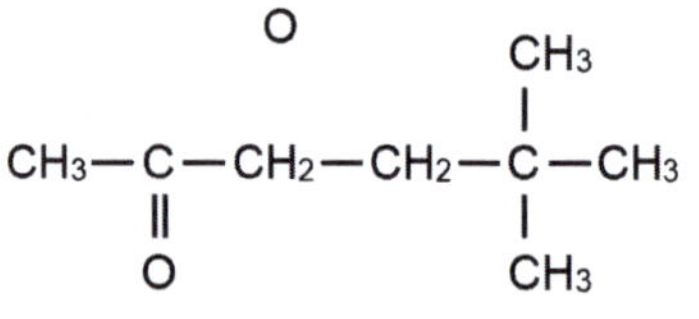

g. 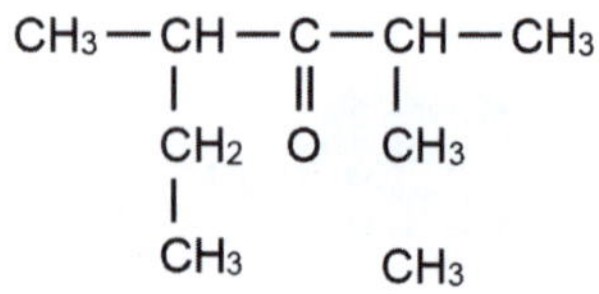

h. 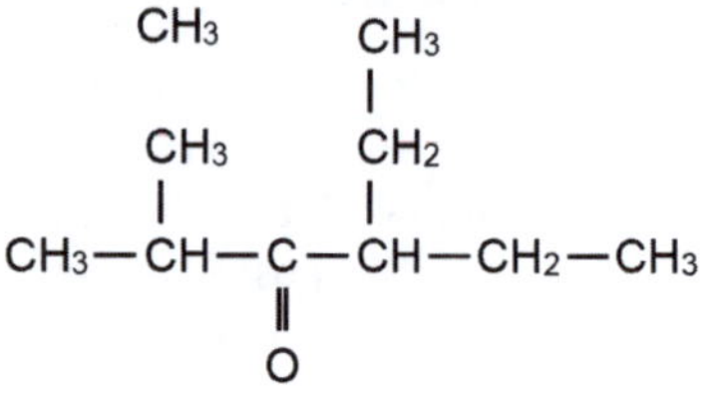

i. 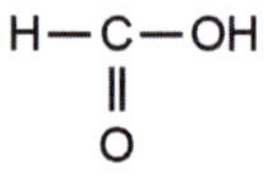

j. 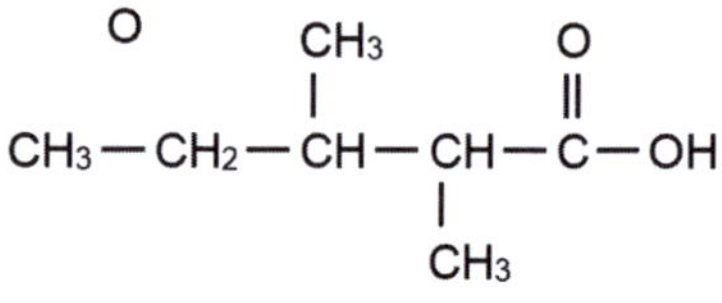

k. 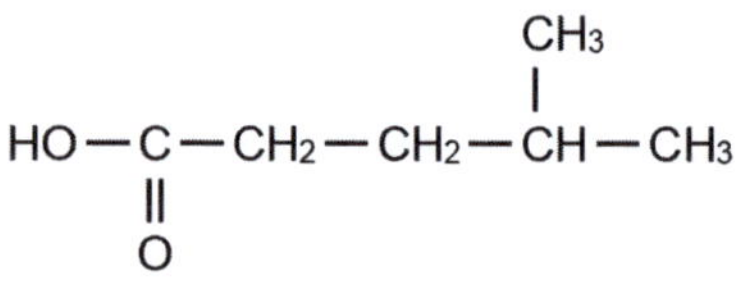

l. 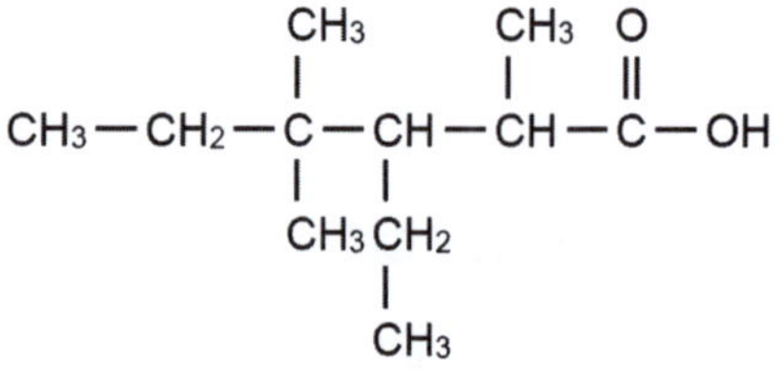

Compétences attendues

- Exploiter, à partir de valeurs de référence, un spectre d'absorption infrarouge

Exercice 5.3

S'approprier, analyser, réaliser

D'après Bac S, Amérique du Sud, 2013

On trouve dans un document publié par l'Institut suisse de prévention de l'alcoolisme (ISPA) les informations suivantes :

> Quand une personne consomme de l'alcool, celui-ci commence immédiatement à passer dans le sang. Plus le passage de l'alcool dans le sang est rapide, plus le taux d'alcool dans le sang augmentera rapidement, et plus vite on sera ivre. L'alcool est éliminé en majeure partie par le foie. Dans le foie, l'alcool est éliminé en deux étapes grâce à des enzymes. Dans un premier temps, l'alcool est transformé en éthanal par l'enzyme alcool déshydrogénase (ADH). L'éthanal est une substance très toxique, qui provoque des dégâts dans l'ensemble de l'organisme. Il attaque les membranes cellulaires et cause des dommages indirects en inhibant le système des enzymes. Dans un deuxième temps, l'éthanal est métabolisé par l'enzyme acétaldéhyde déshydrogénase (ALDH).

On se propose d'étudier la structure et les fonctions organiques de ces molécules par spectroscopie.

Document. Spectroscopie Infrarouge en phase liquide. Spectre IR1

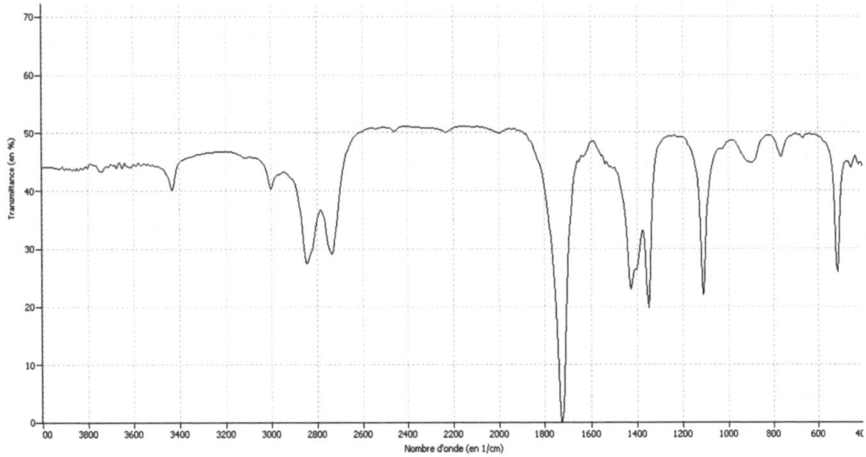

Document. Spectroscopie Infrarouge en phase liquide. Spectre IR2

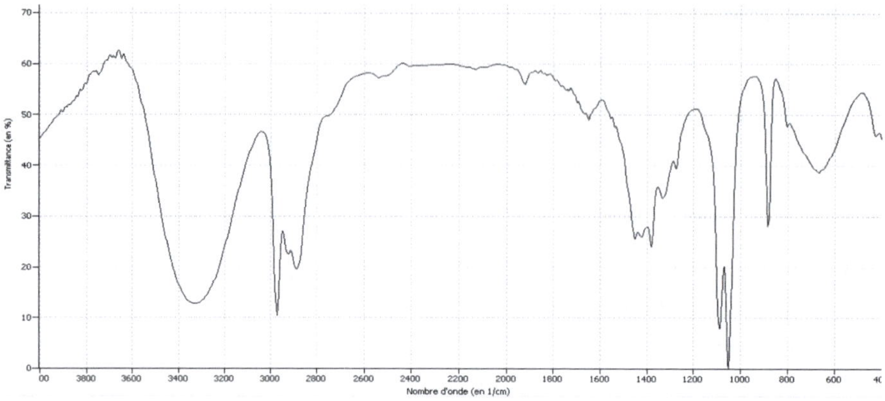

Document. Table de données pour la spectroscopie IR

Liaison	C – C	C - O	C = O (carbonyle)	C - H	O - H
Nombre d'onde (cm^{-1})	1 000 – 1 250	1 050 – 1 450	1 650 – 1 740	2 800 – 3 000	3 200 – 3 700

1. L'énoncé évoque les molécules d'éthanol et d'éthanal : représenter en formule semi-développée ces deux molécules et encadrer leurs fonctions caractéristiques.
2. Quel est le nom du groupe fonctionnel porté par l'éthanol ? À quelle famille appartient cette molécule ?
3. Quel est le nom du groupe fonctionnel porté par l'éthanal ? À quelle famille appartient cette molécule ?
4. En utilisant les données spectroscopiques, associer chaque spectre infrarouge (IR) à la molécule correspondante en justifiant.

Exercice 5.4

S'approprier, analyser, réaliser

D'après Bac S, Pondichéry, 2013

L'ibuprofène est une molécule de formule brute $C_{13}H_{18}O_2$. Son nom en nomenclature officielle est acide 2-(4-isobutylphényl)propanoïque.

De par ses propriétés anti-inflammatoire, antalgique et antipyrétique, elle constitue le principe actif de divers médicaments.

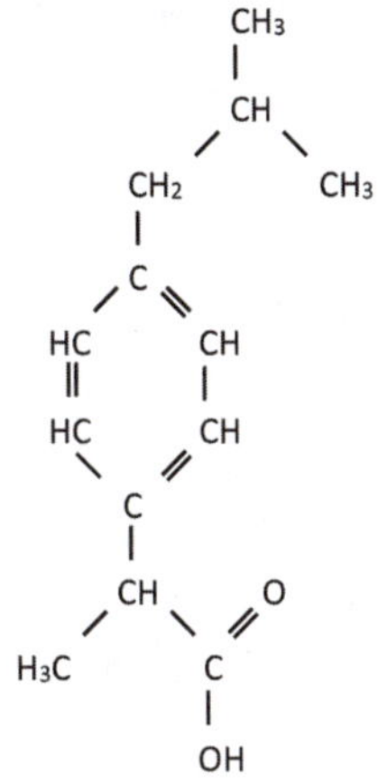

Formule semi-développée de l'ibuprofène

Diverses techniques d'analyse ont permis de connaître la structure de la molécule d'ibuprofène. Les spectroscopies IR (infrarouge) est un exemple.

Document 1.

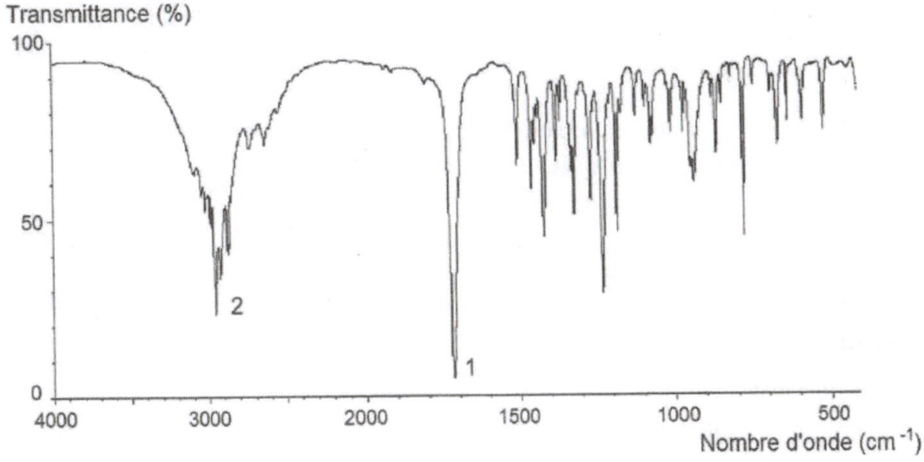

Document 2.

Type de liaison	Nombre d'onde (cm^{-1})	Largeur de la bande	Intensité d'absorption
O-H sans liaison hydrogène	3580 - 3650	fine	forte
O-H avec liaison hydrogène	3200 - 3300	large	forte
O-H d'un acide carboxylique	2500 - 3200	large	variable
C-H des groupes CH_2, CH_3, CH dans les alcanes, les alcènes et les cycles aromatiques	2900 -3100	variable (bandes multiples)	variable
C=C dans un cycle aromatique	1500 - 1600	fine	moyenne
C=O d'un acide carboxylique	1700 - 1725	fine	forte

Bandes d'absorption IR de quelques types de liaisons chimiques

- Donner l'origine des bandes d'absorption 1 et 2 du spectre infrarouge IR (document 1) en exploitant les données du document 2.

Exercice 5.5

S'approprier, analyser, réaliser

D'après Bac S, Asie, 2013

À partir du spectre IR fourni, indiquer la présence ou l'absence de chaque groupe caractéristique mentionné dans le tableau ci-dessous.

Groupe	O – H(1)	C – H(2)	C – H(3)	C = C
Nombre d'onde (cm–1)	3 200 – 3 400	3 000 – 3 100	2 810 – 3 000	1 620 – 1 680

(1) Alcool avec liaisons H

(2) C lié à une double liaison

(3) C ayant quatre liaisons covalentes simples

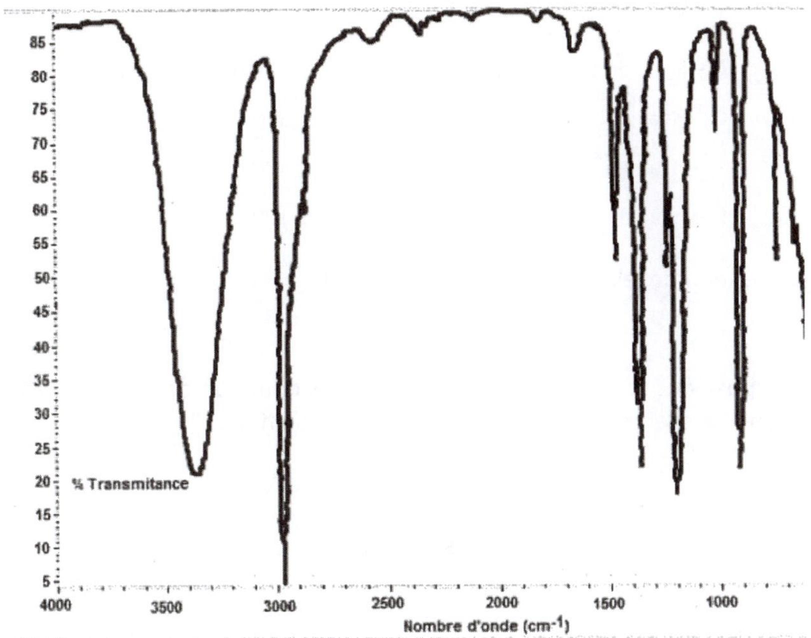

Exercice 5.6

S'approprier, analyser, réaliser

D'après Bac S, Polynésie, 2016

L'alanine, acide aminé créé dans les cellules musculaires, a été isolée dès 1879. Actuellement, elle peut être synthétisée et utilisée dans la fabrication de produits pharmaceutiques. La spectroscopie IR s'avère alors la technique privilégiée pour analyser les produits obtenus.

Bandes d'absorption IR de quelques liaisons :

Liaison	Nombre d'onde (cm^{-1})
C – H	2 850 – 3 020
C = O (aldéhyde)	1 720 – 1 740
C = O (acide carboxylique)	1 700 – 1 720
C = O (ester)	1 735 – 1 750
C = O (acide aminé)	1 590 – 1 600

Liaison	Nombre d'onde (cm^{-1})
O – H (acide carboxylique)	2 500 – 3 300 (bande large)
O – H (alcool)	3 200 – 3 550
N – H (amine)	3 250 – 3 400
N – H (acide aminé)	2 600 – 3 100

La formule semi-développée de l'alanine est :

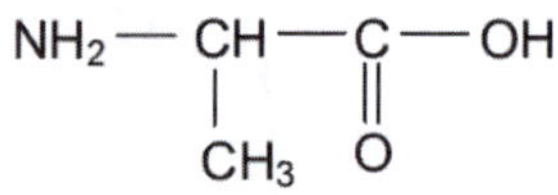

- On dispose des spectres IR de deux composés dont l'un des deux est l'alanine. Identifier le spectre correspondant à l'alanine. Justifier.

Composé A.

Spectre IR

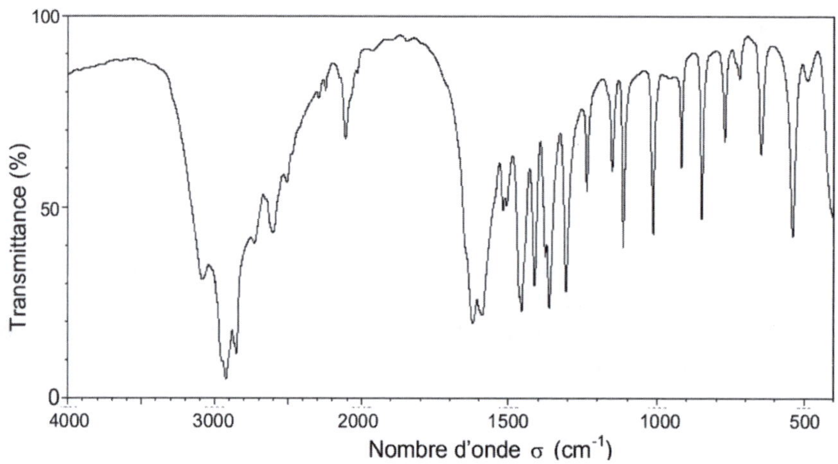

Composé B.

Spectre IR

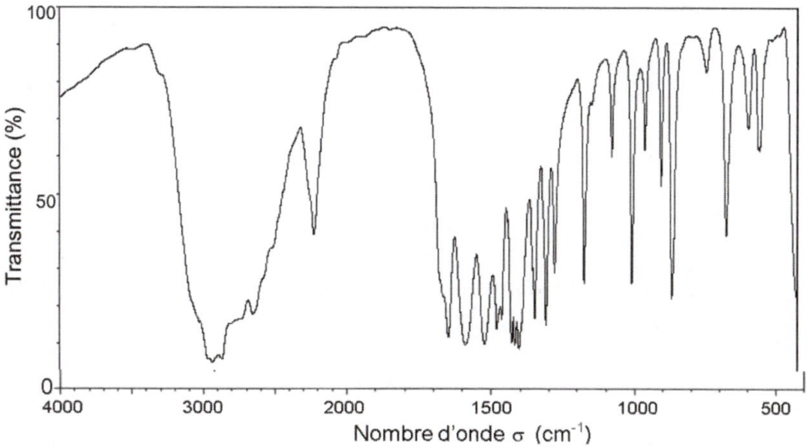

Exercice 5.7

S'approprier, analyser, réaliser

D'après Bac S, Polynésie, 2017

Dans certaines boissons ou confiseries, la présence de composés extraits de la menthe procure un effet rafraîchissant, dont les publicitaires ont d'ailleurs su tirer profit, de la « Fraicheur de vivre » ou « Bonbon au goût très frais »

Les scientifiques ont montré que des molécules comme celle du menthol créent la sensation de froid en activant des mécanismes sensoriels, sans qu'il y ait pour autant d'échanges thermiques.

Menthol et menthone

L'arôme naturel de menthe est principalement dû à trois molécules : le (–) menthol, la menthone et l'éthanoate de menthyle.

Comme de nombreuses substances odorantes, le (–) menthol s'insère dans les cellules olfactives comme une clef dans une serrure, en donnant une note fraîche et mentholée.

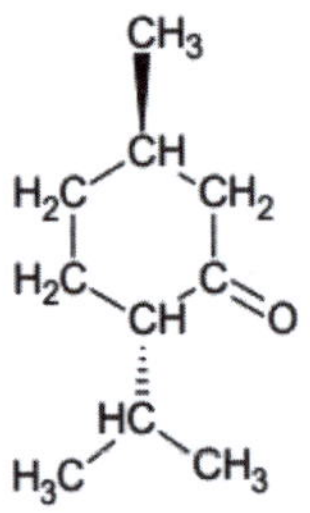

menthone

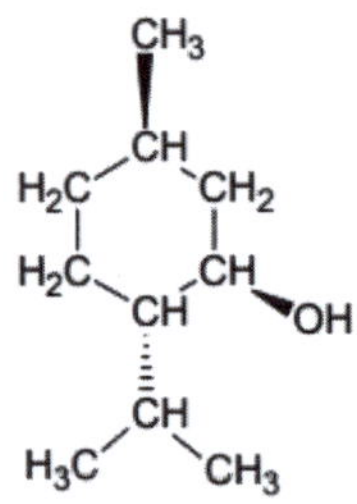

(–) menthol

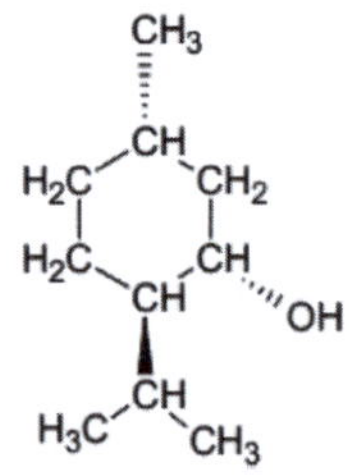

(+) menthol

Le spectre infrarouge de la menthone et celui du menthol sont donnés ci-dessous. Choisir, en justifiant, celui correspondant à la menthone.

Spectre 1

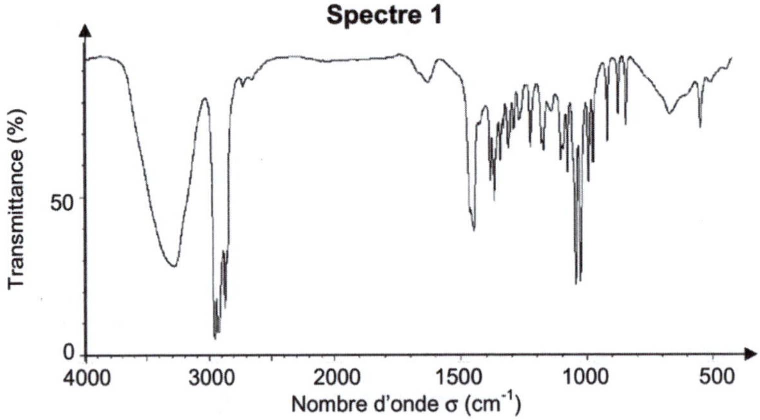

Spectre 2

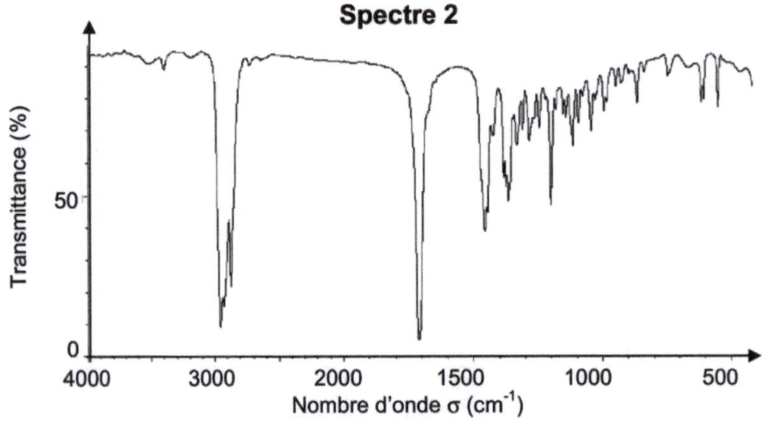

Données Bandes d'absorption en spectroscopie IR

Liaison	C = C	C = O	O – H (acide carboxylique)	C – H	O – H (alcool)
Nombre d'onde (cm^{-1})	1 620 – 1 680	1 650 – 1 750	2 500 – 3 200	2 800 – 3 100	3 200 – 3 650

Corrigé des exercices

Exercice 5.1

1.

a. $CH_3—CH_2—OH$

b. CH_4

c. 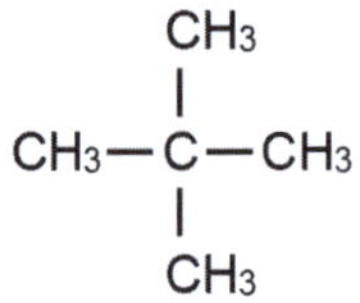

d. 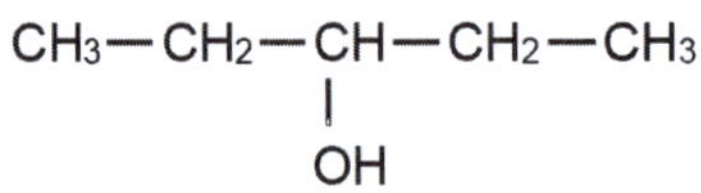

e. 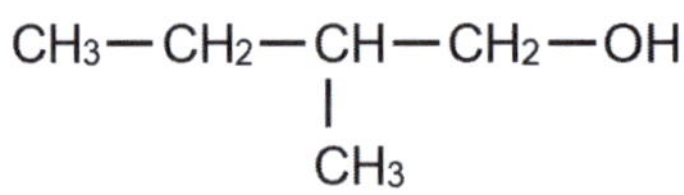

f. 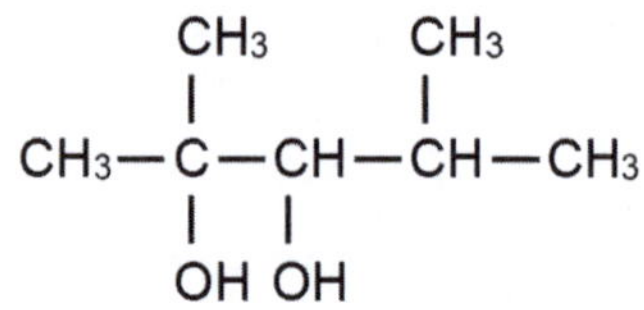

g. 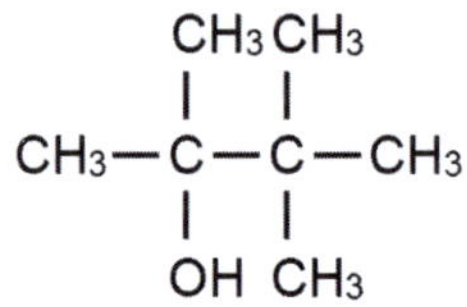

h. 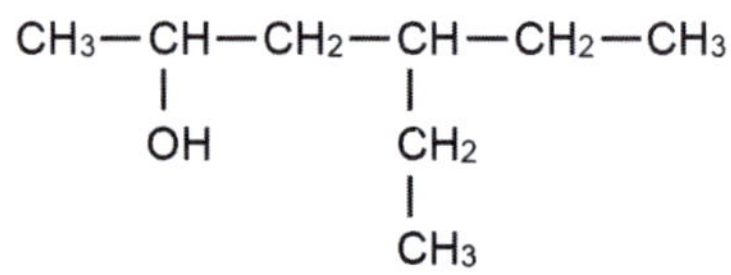

2.

a. propan–2-ol
b. méthanol
c. butane
d. butan–2-ol
e. 2,4,4-triméthylpentan–2-ol
f. 2,3-diméthylbutan–1-ol
g. 2,2-diméthylbutane
h. 3-méthylhexan–3-ol

Exercice 5.2

a. éthanal
b. 2,2,4-triméthylpentanal
c. 3-éthyl–3-méthylpentanal
d. 2,3,3,5-tétraméthylhexanal
e. 3-méthylbutan–2-one
f. 5,5-diméthylhexan–2-one
g. 2,4-diméthylhexan–3-one
h. 4-éthyl–2-méthylhexan–3-one
i. acide méthanoïque
j. acide 2,3-diméthylpentanoïque
k. acide 4-méthylpentanoïque
l. acide 3-éthyl–2,4,4-triméthylhexa-noïque

Exercice 5.3

1. Éthanol : $CH_3-CH_2-\boxed{OH}$

   Ethanal : 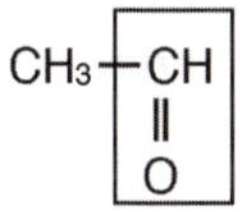

2. Groupe hydroxyle. Famille alcool.
3. Groupe carbonyle. Famille aldéhyde.
4. Sur le spectre infrarouge 2, il y a une bande large et intense à environ 3 300 cm^{-1} qui met en évidence le groupe hydroxyle –OH dans l'éthanol.

   Sur le spectre infrarouge 1, il y a une bande fine et intense à environ 1 700 cm^{-1} qui met en évidence le groupe carbonyle C = O de l'éthanal.

Exercice 5.4

La bande 1 est fine et intense à environ 1 700 cm^{-1} qui met en évidence la liaison C = O d'un acide carboxylique.

La bande 2 est large à environ 3 000 cm^{-1} qui met en évidence les liaisons C – H et la liaison –OH de l'acide carboxylique.

Exercice 5.5

Le groupe O – H est présent, il s'agit de la bande à environ 3 300 cm^{-1}.

Le groupe C – H avec C lié à une double liaison est absent.

Le groupe C – H avec C ayant 4 liaisons covalentes est présent, il s'agit de la bande à environ 2 950 cm^{-1}.

Le groupe C = C est absent.

Exercice 5.6

On peut identifier ce composé grâce à la liaison N – H. Elle est visible uniquement sur le spectre A. Néanmoins, très difficilement identifiable car elle est confondue avec la liaison O – H. Elle se situe entre 2 600 et 3 100 cm^{-1}. Une avant la liaison O – H et une après la liaison O – H.

Exercice 5.7

Le spectre 1 montre une bande large et intense à environ 3 300 cm^{-1} qui met en évidence la liaison O – H de l'alcool. Ce spectre 1 correspond donc au menthol.

Le spectre 2 montre une bande fine et intense à environ 1 700 cm^{-1} qui met en évidence la liaison C = O. Ce spectre 2 correspond à la menthone.

Chapitre 6

Synthèse d'espèces chimiques organiques

Cours

1 Les étapes d'un protocole

A Synthèse

En outre, le chimiste est capable de **synthétiser** de nombreuses molécules. Une synthèse se réalise en plusieurs étapes :

- la **transformation chimique** qui se réalise une fois la mise en présence des réactifs ;
- le **traitement** pour isoler et purifier l'espèce synthétisée ;
- l'**identification** de l'espèce synthétisée.

De nombreuses transformations chimiques peuvent se réaliser à froid ou à température ambiante, néanmoins, le chimiste soucieux d'accélérer cette transformation, va travailler à des températures élevées et avoir recours à un montage de chauffage à reflux.

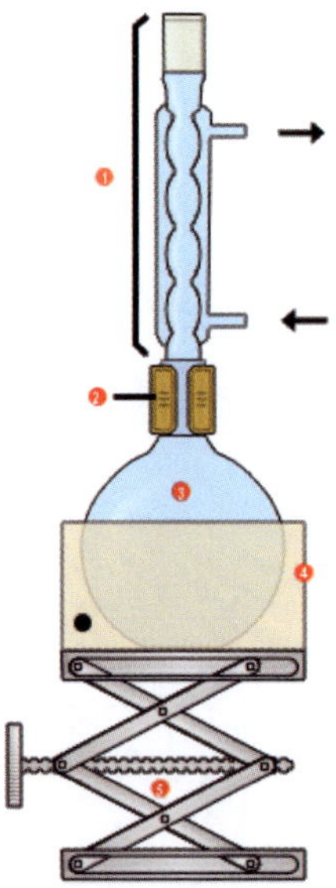

- Ce chauffage (4 + 5) permet d'accélérer la réaction sans perte de matière (3).
- L'entrée d'eau dans le réfrigérant à boules à eau se fait par le bas.
- La sortie d'eau dans le réfrigérant à boules à eau se fait par le haut.
- Le réfrigérant à boules à eau (1) est ouvert.

B L'isolement

Cette étape a pour but de séparer le produit qu'on cherche à synthétiser, des réactifs n'ayant pas réagi, du catalyseur éventuel, du solvant éventuel, de l'excédent de réactif...

A l'issu de l'étape d'isolement on obtient le produit brut. Pour effectuer un isolement on utilise par exemple :

- une distillation
- un évaporateur
- une chromatographie
- une ampoule à décanter pour une extraction liquide-liquide
- une filtration sous vide avec un Büchner

C La purification

Elle a pour but l'élimination des impuretés éventuellement présentes dans le produit brut isolé. On utilise principalement deux méthodes de purification :

- La recristallisation pour un solide, basée sur la différence de solubilité dans un solvant approprié, du produit à obtenir et des impuretés.
- La distillation pour un liquide, basée sur la différence des températures d'ébullition du produit à obtenir et des impuretés.

D La caractérisation

Cette étape d'analyses permet d'identifier le produit synthétisé mais aussi de contrôler sa pureté. Diverses techniques peuvent être utilisées suivant l'état physique du produit synthétisé :

- température de fusion : on utilise le banc Köfler ;
- indice de réfraction : on utilise un réfractomètre ;
- température d'ébullition ;
- spectroscopie IR ;
- chromatographie.

Une CCM est une méthode physique permettant d'identifier les espèces chimiques et de les séparer d'un mélange. Elle est basée sur l'affinité des espèces chimiques avec un éluant.

On dépose sur une plaque de silice (phase fixe) une goutte de l'espèce à analyser. On dépose ensuite la chromatoplaque dans un éluant. L'éluant (phase mobile) monte par capillarité le long de la phase fixe entraînant avec elle les différentes espèces chimiques à analyser. Quand on sort la plaque, en général, on ne voit rien sauf si les espèces chimiques sont colorées. Il faut donc les révéler. On utilise en général une lampe UV.

On peut ensuite interpréter le chromatogramme. Si l'espèce chimique ne possède qu'une seule tâche, on dit que l'espèce chimique est pure. Si l'espèce chimique est composée de plusieurs tâches, on parle de mélange. Deux espèces chimiques à la même hauteur sont identiques. On peut donc par comparaison identifier les composants d'un mélange.

On peut déterminer le rapport frontal d'une espèce chimique :

$$Rf = \frac{h}{H}$$

- Avec h : distance parcourue par l'espèce chimique
- H : la distance parcourue par le front de l'éluant
- Rf est donc une grandeur sans unité. 2 espèces chimiques possédant le même Rf sont donc identiques.
- Rf est un nombre permettant de caractériser une espèce chimique.

2 Le rendement d'une synthèse

On appelle rendement ρ de la synthèse le rapport de la quantité np de produit obtenu sur la quantité maximale n_{max} possible.

$$\rho = \frac{n_p}{n_{max}}$$

- np et n_{max} en mol ;
- ρ est sans unité mais peut s'exprimer en %.

Exercices

Compétences attendues

- Identifier, dans un protocole, les étapes de transformation des réactifs, d'isolement, de purification et d'analyse (identification, pureté) du produit synthétisé.
- Justifier, à partir des propriétés physico-chimiques des réactifs et produits, le choix de méthodes d'isolement, de purification ou d'analyse.

Exercice 6.1

S'approprier, analyser, raisonner, réaliser

D'après Bac S, Afrique, 2008

Document. Extraction de l'huile essentielle du clou de girofle

1. Pour extraire l'huile essentielle des clous de girofle, dont le principal constituant est l'eugénol, on introduit dans un ballon 100 mL d'eau distillée, 5 g de clous de girofle en poudre et quelques morceaux de pierre-ponce. On met en place le montage d'hydrodistillation, on porte à ébullition et on fait fonctionner jusqu'à recueillir 30 à 40 mL de distillat dans un erlenmeyer. Parmi les montages de verrerie ci-dessous, identifier celui à utiliser.

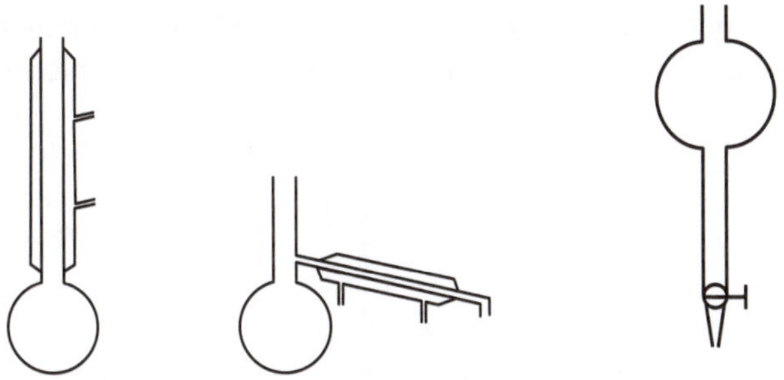

2. On transvase le contenu de l'erlenmeyer dans une ampoule à décanter. Sous hotte, on ajoute 10 mL de dichlorométhane. On agite vigoureusement l'ampoule en dégazant régulièrement. Pour faciliter l'extraction de l'eugénol, on ajoute environ 50 g de chlorure de sodium au distillat. On agite jusqu'à dissolution. Après agitation, on enlève le bouchon de l'ampoule et on laisse décanter son contenu.

Données

– **Tableau n° 1** Densité et miscibilité à l'eau de quelques solvants organiques

À 25 °C	Cyclohexane	Dichlorométhane	Éthanol
Densité par rapport à l'eau	0,89	1,34	0,78
Miscibilité à l'eau	faible	faible	très grande

– **Tableau n° 2** Solubilité de l'eugénol dans différents solvants

Solvant	Eau	Eau salée	Cyclohexane	Éthanol	Dichlorométhane
Solubilité	faible	Très faible	grande	grande	grande

1. a. Justifier à l'aide des tableaux de données qu'il y a deux phases, l'une que l'on nommera phase organique et l'autre phase aqueuse.
   b. La phase inférieure dans l'ampoule est-elle la phase aqueuse ou la phase organique ? Justifier à l'aide des tableaux de données.
   c. Après agitation, dans quelle phase se trouve l'eugénol ? Justifier à l'aide des tableaux de données.
   d. Pourquoi a-t-on ajouté du chlorure de sodium dans l'ampoule à décanter ? Justifier à l'aide des tableaux de données.
   e. Les deux autres solvants proposés dans les tableaux sont-ils utilisables pour réaliser l'extraction ? Justifier à l'aide des tableaux de données.
2. On réalise une chromatographie sur couche mince de l'huile essentielle extraite des clous de girofle. On dépose sur la plaque, en solution dans le dichlorométhane :

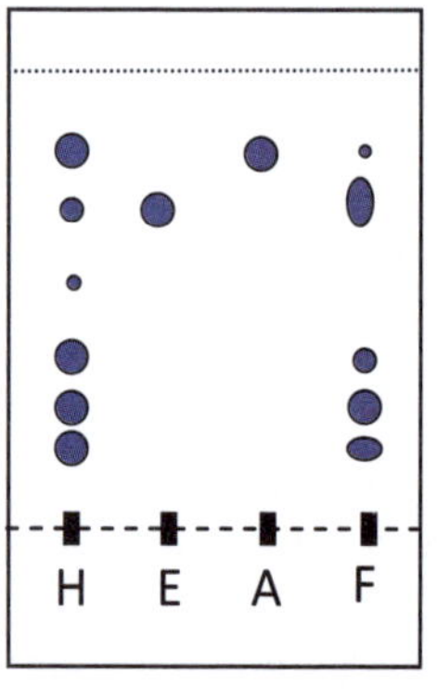

- l'huile essentielle préparée à partir des clous de girofle (H)
- de l'eugénol commercial (E)

- de l'éthanoate d'eugényle (A)
- de l'huile essentielle préparée à partir de feuilles de giroflier (F).

L'éluant est un mélange de toluène et d'éthanol.

a. L'huile essentielle extraite des feuilles de giroflier contient-elle de l'éthanoate d'eugényle. ? Justifier.

b. Quelles sont les espèces chimiques pures identifiables contenues dans l'huile essentielle de clous de girofle ?

Exercice 6.2

S'approprier, analyser, raisonner, réaliser

D'après Bac S, Réunion, 2008

Les huiles essentielles sont des mélanges de composés organiques peu solubles dans l'eau qui confèrent aux plantes et aux fruits leur odeur.

L'écorce de nombreux agrumes contient du limonène L et du citral C.

L'huile essentielle est extraite par hydrodistillation. Elle est ensuite isolée par une technique appropriée. Le composé principal de l'huile est identifié par chromatographie.

1. **Formules et groupes caractéristiques**

Les formules semi-développées de ces deux composés sont :

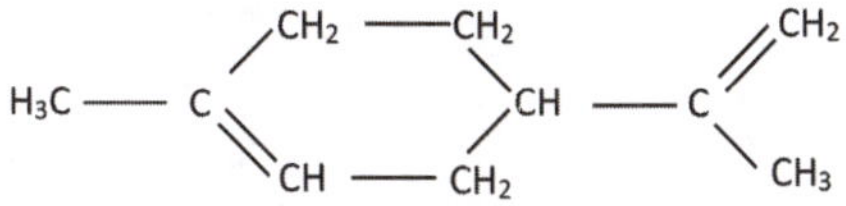

Limonène L

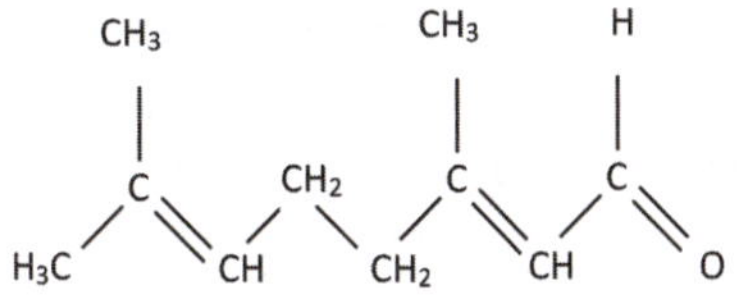

Citral C

Le test à la liqueur de Fehling est positif en présence de citral. Quel groupe caractéristique du citral est ainsi mis en évidence ?

2. **Protocole expérimental**

On se propose d'analyser le protocole suivant :

- **Étape 1**

  Prélever le zeste de deux oranges, les mixer et les introduire dans un ballon avec de l'eau distillée. Réaliser le montage d'hydrodistillation et porter à ébullition. Recueillir le distillat dans une éprouvette graduée.

- **Étape 2**

  Verser le distillat dans un verre à pied.

  Ajouter un peu d'une solution saturée de chlorure de sodium et agiter.

- **Étape 3**

  Verser dans une ampoule à décanter.

  Introduire quelques millilitres de dichlorométhane dans l'ampoule, agiter en purgeant régulièrement.

  Laisser décanter et récupérer la phase organique.

  Introduire dans la phase organique une spatule de sulfate de magnésium anhydre.

Données Physico-chimiques

Le tableau ci-dessous donne, entre autres informations, la solubilité des produits utilisés :

- tps : très peu soluble
- i : insoluble,
- ∞ : soluble en toutes proportions

Nom courant	M (g.mol^{-1})	d	θvap(°C) sous 1,013 bar	Solubilité (g pour 100 mL)				
				Dans l'eau	Dans l'eau salée	Dans l'éther	Dans le cyclohexane	Dans le dichlorométhane
Limonène	136,2	0,842	177	tps	i	∞	∞	∞
Citral	152,2	0,888	220 – 5	tps	i	∞	∞	∞
Eau salée		1,1						
Dichlorométhane	85	1,30	40					

a. Donner le nom et l'utilité des trois montages proposés à la fin de l'exercice. En déduire celui qui est adapté à la manipulation décrite dans l'étape 1.

b. Indiquer le sens de circulation de l'eau dans le réfrigérant sur le montage qui a été choisi.

c. Dans le protocole expérimental, quel est le nom donné à l'étape 2 ? Préciser son intérêt.

d. Pour l'étape 3, représenter l'ampoule à décanter en justifiant les positions respectives des deux phases. Préciser, en le justifiant, la phase dans laquelle se trouve majoritairement l'huile essentielle.

e. Quel est le rôle du sulfate de magnésium anhydre ?

3. **Identification**

Afin d'identifier les constituants de l'huile extraite, on réalise une chromatographie sur couche mince (CCM). L'éluant est un mélange de cyclohexane et d'éther.

On dépose 3 échantillons : limonène L, huile essentielle H et citral C.

Le chromatogramme obtenu est représenté en annexe.

a. Que matérialisent les deux traits situés en haut et en bas du chromatogramme et repérés par les lettres A et B ?

b. Interpréter ce chromatogramme.

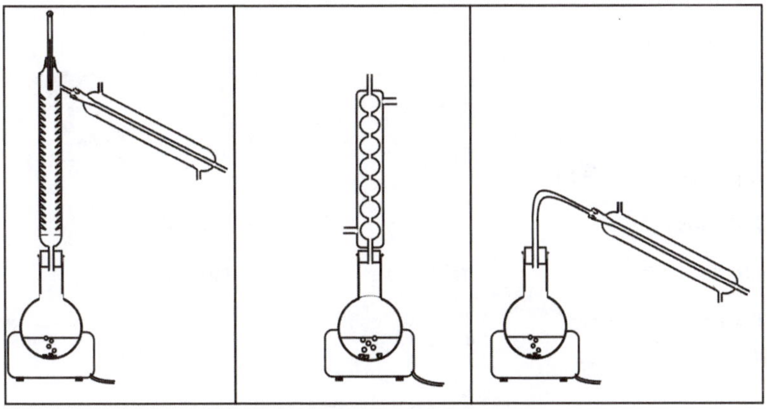

Extraction du limonène et du citral dans l'écorce d'orange

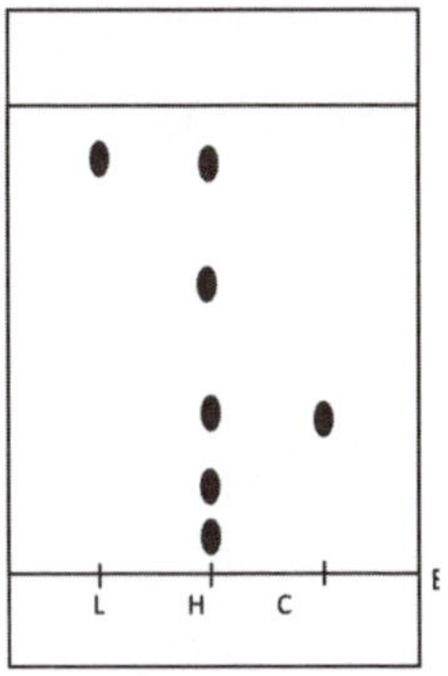

Chromatogramme

Exercice 6.3

S'approprier, analyser, raisonner, réaliser, valider

D'après Bac S, Métropole, septembre 2008

Sur l'étiquette d'une bouteille de sirop de menthe, on peut lire les indications suivantes :

> Sucre, eau, sirop de glucose-fructose, arôme naturel de menthe, colorants : E102- E131.

L'objectif de cet exercice est d'étudier une méthode d'extraction d'un arôme naturel de menthe puis d'analyser les colorants contenus de ce sirop.

▶ **Partie 1.** Extraction de l'arôme naturel de menthe

L'arôme naturel de menthe est principalement dû à deux molécules : le menthol et la menthone que l'on trouve dans l'huile essentielle de menthe. Cette dernière est extraite à partir des feuilles de menthe.

On donne quelques caractéristiques physiques :

	Huile essentielle de menthe	Dichlorométhane	Eau salée saturée
Densité par rapport à l'eau	0,9	1,3	1,1
Solubilité dans l'eau	faible	quasi nulle	-
Solubilité dans l'eau salée	très faible	quasi nulle	-
Solubilité dans le dichlorométhane	importante	-	quasi nulle

	Menthol	Dichlorométhane	Menthone
Température d'ébullition	212 °C	40 °C	207 °C

1. Pour extraire l'arôme naturel de menthe au laboratoire, on utilise le montage schématisé ci-dessous.

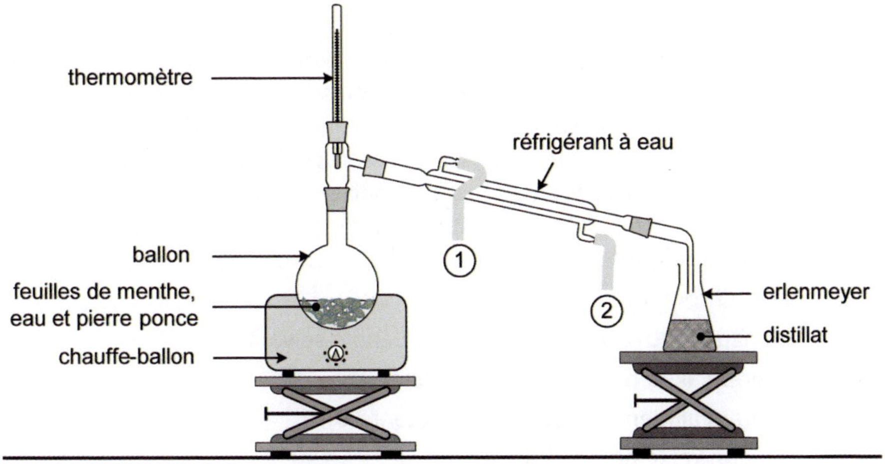

a. Quel est le nom du procédé d'extraction correspondant à ce montage ?

b. Sur la figure ci-dessus, la légende ① correspond-elle à l'entrée ou à la sortie de l'eau ? Préciser le rôle du réfrigérant.

2. Le distillat obtenu est trouble car il contient deux phases mal séparées : l'huile essentielle de menthe et l'eau. Afin de faciliter leur séparation, on ajoute une solution aqueuse saturée de chlorure de sodium dans le distillat recueilli. On place ensuite le contenu de l'erlenmeyer dans une ampoule à décanter. On verse du dichlorométhane dans l'ampoule puis après agitation et décantation, on recueille la phase organique. On ajoute du sulfate de magnésium anhydre à la phase organique afin de la sécher. Après filtration, on procède à l'évaporation du solvant à l'aide d'un évaporateur rotatif afin d'isoler l'huile essentielle de menthe.

   a. À l'aide du tableau des caractéristiques physiques, justifier l'ajout de chlorure de sodium dans le distillat.

   b. Citer deux raisons qui justifient le choix du dichlorométhane comme solvant extracteur.

   c. Faire un schéma de l'ampoule à décanter en indiquant la position des phases aqueuse et organique obtenues. Justifier.

▶ **Partie 2.** Analyses qualitative et quantitative des colorants contenus dans le sirop

- **Chromatographie des colorants**

  On ne peut pas réaliser directement la chromatographie du sirop de menthe à cause de la présence des sucres. On procède alors en deux étapes.

- **Étape 1.** Extraction des colorants.

  Des brins de laine écrue (c'est-à-dire non teintée) sont trempés dans une solution d'ammoniac pendant quelques minutes puis ils sont rincés et séchés. Ils sont ensuite placés dans un bécher contenant du sirop de menthe. Les colorants contenus dans le sirop se fixent, à chaud et en présence d'acide éthanoïque, sur les brins de laine. Après rinçage et essorage, les brins de laine teints en vert sont placés dans une solution d'ammoniac où ils se décolorent. La solution verte obtenue est portée à ébullition afin de la concentrer par évaporation d'eau. Cette solution est ensuite analysée par chromatographie.

- **Étape 2.** Chromatographie.

  Sur un papier filtre, on réalise les trois dépôts suivants :

  - colorant alimentaire E102 (tartrazine)
  - colorant alimentaire E131 (bleu patenté V)
  - solution verte obtenue S

  L'éluant utilisé est une solution de chlorure de sodium de concentration égale à $20\ g.L^{-1}$.

  Le chromatogramme obtenu est schématisé ci-dessous :

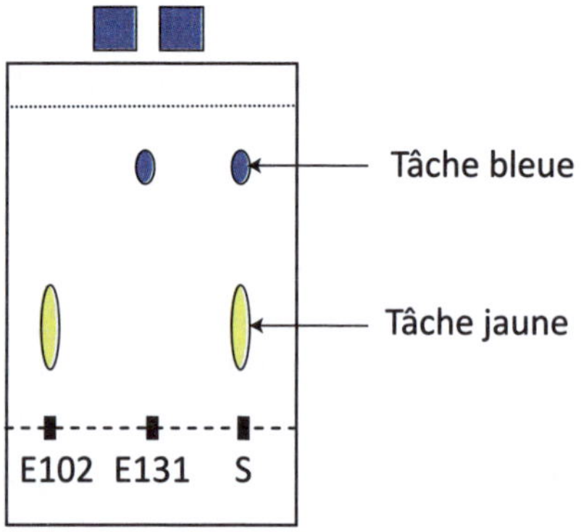

Données

	E102	E131
Solubilité dans une solution de chlorure de sodium	Faible	importante

1. Une révélation du chromatogramme est-elle nécessaire ? Pourquoi ?
2. Le chromatogramme est-il en accord avec les indications portées sur la bouteille de sirop ? Justifier la réponse.
3. À partir des données, proposer une interprétation de la disposition relative des taches sur le chromatogramme.

Compétences attendues

- Déterminer, à partir d'un protocole et de données expérimentales, le rendement d'une synthèse. Schématiser des dispositifs expérimentaux des étapes d'une synthèse et les légender.

Exercice 6.4

S'approprier, analyser, raisonner, réaliser

D'après Bac S, Pondichéry, 2014

L'acétate d'éthyle est un liquide utilisé comme solvant pour les vernis à ongles et certaines colles, en raison de sa faible nocivité et de sa volatilité importante, il est aussi utilisé dans l'industrie agroalimentaire dans certains arômes fruités.

La synthèse de l'acétate d'éthyle est facilement réalisable au laboratoire. Un exemple de protocole expérimental est décrit ci-dessous :

- **Étape 1.**

  Dans un ballon de 100 mL, introduire un mélange équimolaire de 0,10 mol d'acide acétique et 0,10 mol d'éthanol. Y ajouter 0,5 mL d'acide sulfurique concentré (H_2SO_4) et quelques grains de pierre ponce. Porter le mélange à ébullition dans un dispositif de chauffage à reflux pendant 30 minutes.

- **Étape 2.**

  Laisser refroidir le mélange réactionnel à l'air ambiant puis dans un bain d'eau froide. Verser le contenu du ballon dans une ampoule à décanter contenant environ 50 mL d'eau salée. Agiter prudemment quelques instants en dégazant régulièrement, puis éliminer la phase aqueuse.

- **Étape 3.**

  Ajouter alors à la phase organique 60 mL d'une solution aqueuse d'hydrogénocarbonate de sodium $\left(Na^+{}_{(aq)} + HCO_3{}^-{}_{(aq)}\right)$ de concentration molaire 1 mol.L^{-1}. Laisser dégazer et décanter puis éliminer la phase aqueuse. Recueillir la phase organique dans un bécher. Sécher cette phase avec du chlorure de calcium anhydre puis filtrer.Recueillir le filtrat dans un erlenmeyer propre et sec.

  Une synthèse réalisée au laboratoire en suivant ce protocole a permis d'obtenir un volume de filtrat égal à 5,9 mL.

	Acide acétique	Éthanol	Acétate d'éthyle
Masse molaire (g.mol^{-1})	60,0	46,1	88,1
Masse volumique (g.mL^{-1})	1,05	0,789	0,925

1. **Protocole expérimental**

   a. Parmi les montages suivants, justifier celui qu'il convient de choisir pour l'étape 1. Pourquoi les deux autres montages ne conviennent-ils pas ?

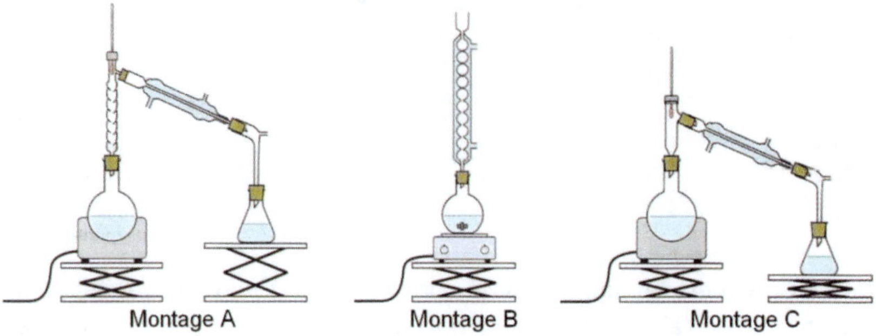

   b. Proposer un titre pour nommer chacune des trois étapes du protocole.

2. **Rendement**

   Déterminer la valeur du rendement de la synthèse en expliquant la méthode mise en œuvre.

Exercice 6.5

S'approprier, analyser, raisonner, réaliser

D'après Bac S, Pondichéry, 2018

L'acide cinnamique est utilisé dans l'industrie des parfums, des saveurs, des cosmétiques et dans l'industrie pharmaceutique. Il est présent dans certaines plantes comme le xuan shen (scrophularia ningpoensis). Il s'agit d'une plante vivace qui pousse en Asie et principalement en Chine. Il peut également être facilement synthétisé en laboratoire à faible coût.

Espèce chimique	Caractéristiques
Benzaldéhyde	• Formule brute : C_7H_6O • Masse molaire : 106 g.mol^{-1} • $T_{fusion} = -26$ °C • $T_{ébullition} = 179$ °C • Masse volumique à 20 °C : $\rho = 1{,}04$ g.mL^{-1} • Peu soluble dans l'eau

Acide malonique	• Formule brute : $C_3H_4O_4$ • Masse molaire : 104 g.mol^{-1} • $T_{fusion} = 135$ °C • Soluble dans l'eau
Acide cinnamique	• Masse molaire : 148 g.mol^{-1} • $T_{fusion} = 135$ °C • $T_{ébullition} = 300$ °C • Peu soluble dans l'eau

1. **Étude de la molécule d'acide cinnamique**

À partir des informations données sur l'acide cinnamique, quel est son état physique à la température ambiante ? Justifier.

2. **Synthèse de l'acide cinnamique au laboratoire**

La synthèse de l'acide cinnamique peut se faire à partir du benzaldéhyde et de l'acide malonique selon la réaction d'équation suivante :

Benzaldéhyde + acide malonique $\rightarrow$ acide cinnamique + H_2O + CO_2

Le protocole expérimental de cette synthèse est le suivant :

- Dans un ballon à fond rond, introduire 25,0 g d'acide malonique, 10,0 mL de benzaldéhyde, en présence de bêta-alanine et de pyridine. Placer un barreau aimanté.
- Chauffer à reflux à 130 °C et agiter pendant une heure et demie.
- Laisser refroidir, ajouter 130 mL d'eau froide puis de l'acide chlorhydrique concentré (H_3O^+ , Cl^-aq) pour amener la valeur du pH du mélange à 1. L'acide cinnamique précipite.

a. Proposer une méthode de récupération de l'acide cinnamique.

b. Lors de la synthèse, des étudiants ont obtenu 11,6 g d'acide cinnamique.

Déterminer la valeur du rendement de la réaction.

3. **Extraction de l'acide cinnamique du xuan shen**

La teneur moyenne en acide cinnamique dans le xuan shen est de 0,35 mg pour un gramme de végétaux. On fait l'hypothèse que le rendement de l'extraction de l'acide cinnamique est de 80 % . Estimer la masse de xuan shen nécessaire pour obtenir 10 g d'acide cinnamique.

Le candidat est invité à prendre des initiatives et à présenter la démarche suivie même si elle n'a pas abouti. La démarche suivie est évaluée et nécessite donc d'être correctement présentée.

Exercice 6.6

S'approprier, analyser, raisonner, réaliser

D'après Bac S, Centre étrangers, 2017

La benzoïne est une molécule utilisée dans de nombreux domaines de l'industrie chimique, en pharmacologie et cosmétique par exemple.

Le but de cet exercice est d'étudier trois protocoles de synthèse de la benzoïne à partir du benzaldéhyde et de les comparer, au regard de la chimie verte.

L'équation de la réaction de synthèse est représentée ci-dessous :

2 benzaldéhyde $\rightarrow$ benzoïne

Données

Espèce chimique	Caractéristiques	Pictogramme de sécurité
Benzaldéhyde	• $T_{fusion} = -26$ °C • $T_{ébullilion} = 179$ °C • Masse volumique à 20 °C : $\rho = 1{,}04$ g.mL^{-1} • Légèrement soluble dans l'eau • Soluble dans |'éthanol • Masse molaire : 106 g.mol^{-1}	
Benzoïne	• $T_{fusion} = 137$ °C • Peu soluble dans l'eau • Légèrement soluble dans l'éthanol • Masse molaire : 212 g.mol^{-1}	
Cyanure de potassium KCN	• $T_{fusion} = 635$ °C • Donne des ions $K+$ et CN^- par dissolution dans l'eau • Soluble dans l'eau et l'éthanol • Masse molaire : 65 g.mol^{-1}	 En milieu acide, un dégagement gazeux de HCN (gaz toxique)
Thiamine (vitamine B1)	• $T_{fusion} = 248$ °C (décomposition) • Soluble dans l'eau et l'éthanol • Masse molaire : 265 g.mol^{-1}	

Espèce chimique	Caractéristiques	Pictogramme de sécurité
Éthanol	• $T_{fusion} = -114$ °C • $T_{ébullilion} = 78$ °C • Masse volumique à 20 °C : $\rho = 0{,}79$ g.mL^{-1} • Masse molaire : 46,1 g.mol^{-1}	

▶ La méthode ZININ 1839

La méthode ZININ est l'une des premières méthodes de synthèse de la benzoïne à partir du benzaldéhyde, utilisant les ions cyanure comme catalyseurs.

Protocole de la synthèse :

- Travailler sous une hotte aspirante.
- Porter constamment une paire de gants de protection.
- Récupérer les déchets dans un récipient de stockage approprié.

① Dans un ballon à fond rond de 250 mL équipé d'un réfrigérant, introduire environ 20 mL d'éthanol, 15,0 mL de benzaldéhyde et 15,0 mL d'une solution aqueuse à 10 % en cyanure de potassium.

② Chauffer à reflux durant 30 minutes.

③ Refroidir le ballon et son contenu dans un mélange (eau + glace + sel) : la benzoïne cristallise.

④ Filtrer sur filtre Büchner.

⑤ Laver le résidu solide avec 50 mL d'eau distillée glacée.

⑥ Essorer et sécher à l'étuve réglée à 100 °C pendant 20 minutes.

⑦ Recristalliser le produit brut dans l'éthanol.

⑧ Filtrer sur filtre Buchner.

⑨ Essorer et sécher à l'étuve réglée à 100 °C durant 20 minutes.

⑩ Mesurer la température de fusion et la masse de benzoïne solide obtenue.

Résultats :

- $T_{fusion} = 137$ °C
- $m_{obtenue} = 7{,}81$ g

1. **Analyse du protocole de synthèse**
   a. Justifier les mesures de sécurité préconisées.
   b. Dans un protocole de synthèse apparaissent quatre étapes :
   synthèse — séparation — purification — identification.
   Repérer ces différentes étapes successives dans les opérations du protocole de synthèse de la benzoïne notées de ① à ⑩.
   c. Justifier le choix de la température de l'étuve.
2. **Rendement de la synthèse**
   a. Montrer que la masse maximale $m_{théorique}$ de benzoïne que l'on peut former à l'issue de la synthèse vaut : $m_{théorique} = 15{,}6$ g.
   b. Définir, puis calculer le rendement de la synthèse réalisée au laboratoire.

Corrigé des exercices

Exercice 6.1

1. Il s'agit d'une extraction par hydrodistillation donc le montage b.
2. a. Il y a 2 phases car le solvant extracteur (dichlorométhane) est non miscible avec l'eau.
   b. La phase inférieure correspond au solvant le plus dense, ici le dichlorométhane donc il s'agit de la phase organique.
   c. L'eugénol est très soluble dans le dichlorométhane donc il va se trouver dans la phase organique.
   d. L'eugénol est très peu soluble dans l'eau salée (NaCl) donc l'ajout de sel permet de séparer l'eugénol de l'eau.
   e. L'éthanol n'est pas utilisable car l'eau et l'éthanol sont miscibles. Par contre le cyclohexane est envisageable car il est non miscible avec l'eau et l'eugénol est très soluble dans le cyclohexane.
3. a. L'huile essentielle F ne contient pas d'éthanoate d'eugényle car l'huile ne contient pas la tâche de l'éthanoate d'eugényle A.
   a. L'huile essentielle H contient de l'eugénol commercial (E) et de l'éthanoate d'eugényle (A) car ils possèdent des tâches à la même hauteur.

Exercice 6.2

1. Le citral possède le groupe caractéristique carbonyle.
2. a. Montage 1 : distillation fractionnée, permet la séparation des constituants d'un mélange.

   Montage 2 : chauffage à reflux, permet d'accélérer la réaction sans perte de matière.

   Montage 3 : hydrodistillation, les composants sont entraînés par la vapeur d'eau.

   L'étape 1 est une hydrodistillation.

   b. L'arrivée d'eau est sur le bas du réfrigérant. La sortie d'eau se situe vers le haut.
   c. Étape 2 : relargage. Le limonène et le citral sont non solubles dans l'eau salée, ils sont donc séparés de l'eau.

d.

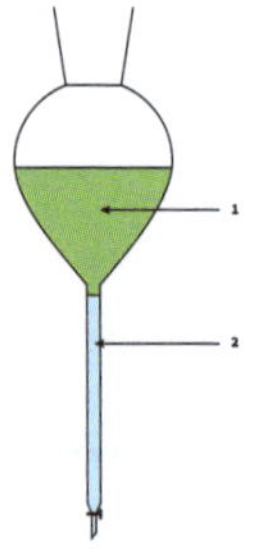

L'huile essentielle se situe dans la phase organique car elle est plus soluble dans le dichlorométhane que dans l'eau. La phase organique (huile essentielle + dichlorométhane) se situe dans la phase N° 2 car le dichlorométhane est plus dense que l'eau ($1{,}30 > 1{,}0$). La phase aqueuse est donc la phase N° 1.

e. Le sulfate de magnésium anhydre permet de sécher la phase organique en éliminant les dernières traces d'eau.

3. a. Trait du haut A : Front du solvant.

Trait du bas B : ligne de dépôt.

b. Le chromatogramme met en évidence que l'huile essentielle H possède 5 espèces chimiques dont le limonène et le citral car H possède deux tâches qui se sont élevées à la même hauteur que celle du limonène et du citral.

Exercice 6.3

Partie 1.

1. a. Il s'agit d'une extraction par hydrodistillation.

b. La légende 1 correspondant à la sortie d'eau du réfrigérant. Le réfrigérant permet de condenser les vapeurs.

2. a. L'huile essentielle de menthe est moins soluble dans l'eau salée que dans l'eau.

De ce fait, à l'introduction du chlorure de sodium, l'huile essentielle de menthe va se séparer.

b. Le dichlorométhane est un bon choix de solvant extracteur car :

- Le dichlorométhane et l'eau salée sont non miscibles. Ils vont donc former deux phases dans l'ampoule à décanter ;
- L'huile essentielle de menthe est très soluble dans le dichlorométhane.

c.

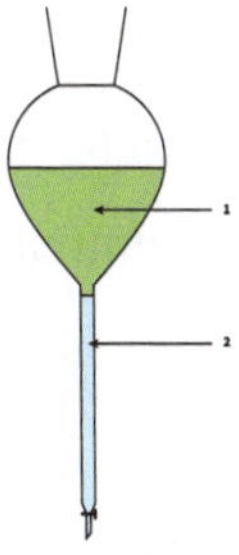

Phase N° 1 : phase aqueuse, phase N° 2 : phase organique.

La phase organique contenant le dichlorométhane se trouve dans la phase inférieure car la densité du dichlorométhane (d = 1,3) est supérieure à celle de l'eau salée (d = 1,1).

Partie 2.

1. Les espèces chimiques révélées sur la plaque sont colorées donc une révélation n'est pas nécessaire.
2. On constate que la solution contient le colorant jaune E102 ainsi que le colorant bleu E131 car la solution possède 2 tâches à la même hauteur que celles des colorants. Le chromatogramme est donc en accord avec l'étiquette.
3. La disposition des tâches dépend de l'affinité de l'espèce chimique révélée avec le solvant. Si l'affinité est importante alors l'espèce chimique va migrer plus haut.

Exercice 6.4

1. *a.* Le montage à utiliser est le montage B, le chauffage à reflux car les autres montages sont des distillations.

   b. Étape 1 : synthèse ; étape 2 : extraction ; étape 3 : purification.

2. Le rendement dans cet exercice s'exprime par : $\eta = \frac{n(\text{ester})_{exp}}{n(\text{ester})_{théo}} \times 100$

   Or $n(\text{ester})_{exp} = \frac{m}{M} = \frac{\rho \times V}{M} = \frac{0{,}925 \times 5{,}9}{88{,}1} = 0{,}06195$ mol.

   Le mélange initial étant équimolaire à 0,10 mol, les deux réactifs sont limitants et on peut obtenir $n(\text{ester})_{théo} = 0{,}10$ mol.

   Soit $\eta = \frac{0{,}06195}{0{,}10} \times 100 = 62$ %.

Corrigés

Exercice 6.5

1. La température de fusion de l'acide cinnamique est supérieure à la température ambiante, donc à température ambiante l'acide est solide.

2. a. Sachant que l'acide est solide, il suffit de réaliser une filtration.

   b. Rendement : $\eta = \frac{m(produit)_{exp}}{m(produit)_{théo}} \times 100$

   Or on a $m(produit)_{exp} = 11{,}6$ g.

   Afin de déterminer la masse théorique, il faut rechercher le réactif limitant.

   On a : $n(acide) = \frac{m}{M} = \frac{25{,}0}{104} = 0{,}240$ mol et

   $n(benzaldéhyde) = \frac{m}{M} = \frac{\rho \times V}{M} = \frac{1{,}04 \times 10{,}0}{106} = 0{,}0981$ mol.

   Donc le benzaldéhyde est le réactif limitant.

   On a donc $n(produit)théo = 0{,}0981$ mol et

   $m(produit)théo = n \times M = 0{,}09841 \times 148 = 14{,}5$ g.

   Donc le rendement est :

   $\eta = \frac{m(produit)_{exp}}{m(produit)_{théo}} \times 100 = \frac{11{,}6}{14{,}5} \times 100 = 79{,}9$ %.

3. On sait que dans 1 g de xuan shen, il y a 0,35 mg d'acide cinnamique. Donc avec un rendement de 80 %, on peut espérer obtenir : $\frac{80 \times 0{,}35}{100} = 0{,}28$ mg.

4. Donc par proportionnalité on a : $m = \frac{1 \times 10 \times 10^3}{0{,}28} = 3{,}6 \times 10^4$ g $= 36$ kg.

   Donc pour obtenir 10 g d'acide cinnamique, il faut 36 kg de xuan shen.

Exercice 6.6

1. a. Les espèces chimiques sont toxiques, nocives ou irritantes donc les gants et la hotte sont indispensables pour la sécurité. De plus, il faut récupérer les déchets qui sont dangereux pour l'environnement.

   b. Synthèse : étapes 1 et 2

   Séparation : étapes 3 et 4

   Purification : étapes 5 à 9

   Identification : étape 10

c. Il est nécessaire d'éliminer les traces d'eau et d'éthanol, de ce fait, l'étuve est réglée à 100 °C. Mais cette température n'a pas d'influence sur le produit formé car sa température de fusion est supérieure à 100 °C.

2. *a.* Le benzaldéhyde est le réactif limitant car c'est le seul réactif.

Donc $n(\text{produit})_{\text{théo}} = \dfrac{n(\text{benzaldéhyde})}{2}$ soit :

$$m(\text{produit})_{\text{théo}} = n(\text{produit})_{\text{théo}} \times M = \frac{n(\text{benzaldéhyde})}{2} \times M$$

$$m(\text{produit})_{\text{théo}} = \frac{\rho(\text{benzaldéhyde}) \times V(\text{benzaldéhyde})}{2 \times M(\text{benzaldéhyde})} \times M$$

$$m(\text{produit})_{\text{théo}} = \frac{1{,}04 \times 15{,}0}{2 \times 106} \times 212 = 15{,}6 \text{ g}$$

b. Rendement : $\eta = \dfrac{m(\text{produit})_{\text{exp}}}{m(\text{produit})_{\text{théo}}} \times 100$

Soit $\eta = \dfrac{7{,}81}{15{,}6} \times 100 = 50{,}1\ \%$.

Chapitre 7

Conversion de l'énergie stockée dans la matière organique

Cours

1 Combustibles organiques et réaction de combustion

Le gaz naturel (essentiellement le méthane CH_4), le propane (C_3H_8) et le butane (C_4H_{10}) sont utilisés comme sources d'énergie thermique. Leur combustion produit une élévation de la température.

La combustion d'un composé organique tel qu'un hydrocarbure ou un alcool dans le dioxygène de l'air produit du dioxyde de carbone et de l'eau.

Exemples

- Combustion du méthane : $CH_{4(g)} + 2\ O_{2(g)} \rightarrow CO_{2(g)} + 2\ H_2O_{(g)}$
- Combustion de l'éthanol : $C_2H_6O_{(g)} + 3\ O_{2(g)} \rightarrow 2\ CO_{2(g)} + 3\ H_2O_{(g)}$

2 Énergie molaire de réaction

A Définition

Au cours d'une réaction chimique, il se produit une transformation du système chimique dans lequel les liaisons entre les atomes ou les ions sont modifiées. Une réaction peut dégager de l'énergie sous forme de chaleur ou de lumière, elle est dite exothermique. Si elle nécessite un apport d'énergie, elle est dite endothermique. Un système consomme de l'énergie lorsque des liaisons se rompent ; il libère de l'énergie lorsque les liaisons se forment.

L'**énergie de liaison** d'une molécule diatomique A—B est l'énergie qu'il faut fournir pour rompre la liaison A—B d'une mole de cette molécule à l'état gazeux. Elle se note E_{A-B}. Elle s'exprime en $J.mol^{-1}$ ou $kJ.mol^{-1}$ c'est-à-dire par mole de liaisons rompues. Elles ont toujours une valeur positive.

L'énergie de rupture de liaison est positive, celle de formation de liaison est négative.

B Énergie de quelques liaisons

Le tableau ci-dessous donne la valeur de l'énergie de quelques liaisons en kJ.mol^{-1}.

liaison	E_{A-B}	liaison	E_{A-B}
C–H	415	H–Cl	432
C–C	348	C–Cl	328
C=C	615	C=O dans CO_2	804
C≡C	812	O=O	498
C–O	350	N≡N	946
C=O	724	N–H	391
H–H	436	N–N	270
Cl–Cl	243	N=O	631
H–O	463	N=O dans NO_2	469

C Calcul de l'énergie transférée au cours d'une réaction à l'état gazeux

Méthode

Pour une réaction chimique où toutes les espèces chimiques sont à l'état gazeux :

- rechercher pour les réactifs et les produits les formules développées afin de visualiser toutes les liaisons ;
- écrire puis équilibrer l'équation de la réaction ;
- faire un bilan d'énergie : les liaisons rompues ont une énergie positive et les liaisons reconstituées une énergie négative.

  D'où : $Qr = \sum E_{rompues} - \sum E_{reconstituées}$

Exemple

Étudions la combustion du méthane

$$CH_{4(g)} + 2\ O_{2(g)} \rightarrow CO_{2(g)} + 2\ H_2O_{(g)}$$

↓	↑

$$C_{(g)} + 4\ H_{(g)} + 4\ O_{(g)}$$

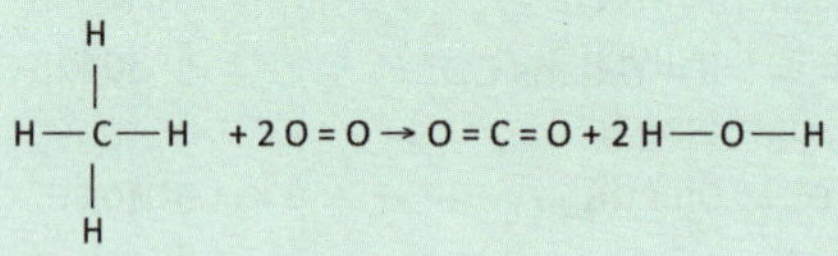

Il y a comme liaisons rompues : 4 C–H et 2 O=O

Il y a comme liaisons reconstituées : 2 C=O et 4 O–H

Donc on peut écrire : $Q_r = 4\ E_{C-H} + 2\ E_{O=O} - 2\ E_{C=O} - 4\ E_{O-H}$

D Interprétation

- Si $Q_r < 0$ la réaction est dite exothermique. La réaction libère de l'énergie.
- Si $Q_r > 0$ la réaction est dite endothermique. La réaction a besoin d'énergie pour se produire.
- Si $Q_r = 0$ la réaction est dite athermique. La réaction se produit sans échange d'énergie.

E Pouvoir calorifique

Le pouvoir calorifique est l'énergie thermique libérée par la combustion d'un kilogramme de combustible. Il s'exprime en $kJ.kg^{-1}$.

3 Combustion et développement durable

« Le développement durable est un développement qui répond aux besoins du présent sans compromettre la capacité des générations futures de répondre aux leurs ».

Autrement dit, il est nécessaire de faire de nouveaux choix et d'adopter un nouveau mode de pensée.

Les enjeux environnementaux sont nombreux :
- gaz à effet de serre ;
- énergie renouvelable ;
- diversité biologique ;

- appauvrissement des sols ;
- émissions atmosphériques.

Une pile à combustible convertit l'énergie chimique de combustion de l'hydrogène en énergie électrique. Si elle est considérée comme un procédé propre car elle ne rejette aucun gaz à effet de serre, la pile à combustible utilise néanmoins comme catalyseurs des métaux rares et coûteux, tel le platine, pour l'oxydation de l'hydrogène et la réduction de l'oxygène.

Depuis plusieurs années, des chercheurs du laboratoire de Bioénergétique et ingénierie des protéines (CNRS/Aix-Marseille Université) développent une nouvelle génération de biopiles. Ils ont remplacé le catalyseur chimique (le platine) par des enzymes bactériennes : à l'anode, l'hydrogénase (clé de conversion de l'hydrogène dans de nombreux microorganismes), et la bilirubine oxydase à la cathode.

D 'après communiqué CNRS 08/2017

Exercices

Compétences attendues

- Citer des exemples de combustibles usuels. Écrire l'équation de réaction complète d'un alcane et d'un alcool.

Exercice 7.1

S'approprier

- Écrire l'équation de combustion du propane, hexane et propan–1-ol dans le dioxygène.

Compétences attendues

- Estimer l'énergie molaire de réaction pour une transformation en phase gazeuse à partir de la donnée des énergies de liaisons. Citer des applications usuelles qui mettent en œuvre des combustions et les risques associés. Cites des axes d'étude actuels d'applications s'inscrivant dans des perspectives de développement durable.

Exercice 7.2

S'approprier, analyser, raisonner, réaliser

Déterminer l'énergie transformée par la réaction de combustion du propane à partir des valeurs des énergies de liaison. Les produits de la réaction sont obtenus à l'état gazeux.

- Interpréter la valeur.

Exercice 7.3

S'approprier, analyser, raisonner, réaliser

Déterminer l'énergie transformée par la réaction de combustion de l'éthanol à partir des valeurs des énergies de liaison. Les produits de la réaction sont obtenus à l'état gazeux.

- Interpréter la valeur.

Exercice 7.4

S'approprier, analyser, raisonner, réaliser

Dans un moteur, c'est la réaction de combustion de l'essence qui dégage l'énergie nécessaire au fonctionnement. Dans le cas de l'octane, choisi pour modéliser le mélange d'hydrocarbures constitutif de l'essence :

1. Déterminer l'énergie transformée par la réaction de combustion du propane à partir des valeurs des énergies de liaison. Les produits de la réaction sont obtenus à l'état gazeux. Interpréter la valeur.
2. Déterminer le pouvoir calorifique.
3. L'essence est-il l'avenir ? Pourquoi ? Y-t-il des solutions ?

Corrigé des exercices

Exercice 7.1

Le propane a pour formule brute : C_3H_8 soit l'équation :

$C_3H_{8(g)} + 5\ O_{2(g)} \rightarrow 3\ CO_2(g) + 4\ H_2O_{(g)}$

L'hexane a pour formule brute : C6H14 soit l'équation :

$2\ C_6H_{14(g)} + 19\ O_{2(g)} \rightarrow 12\ CO_2(g) + 14\ H_2O_{(g)}$

Le propan–1-ol a pour formule brute : C_3H_8O soit l'équation :

$2\ C_3H_8O_{(g)} + 9\ O_{2(g)} \rightarrow 6\ CO_2(g) + 8\ H_2O_{(g)}$

Exercice 7.2

$$C_3H_{8(g)} + 5\ O_{2(g)} \rightarrow 3\ CO_2(g) + 4\ H_2O_{(g)}$$

$$\downarrow \qquad\qquad\qquad\qquad \uparrow$$

$$3\ C_{(g)} + 8\ H_{(g)} + 10\ O_{(g)}$$

Soit $Qr = 2\ E_{C-C} + 8\ E_{C-H} + 5\ E_{O=O} - 6\ E_{C=O} - 8\ E_{O-H}$

Donc $Qr = 2 \times 348 + 8 \times 415 + 5 \times 498 - 6 \times 804 - 8 \times 463 = -2022$ kJ.

La réaction est exothermique.

Exercice 7.3

$$C_2H_6O_{(g)} + 3\ O_{2(g)} \rightarrow 2\ CO_{2(g)} + 3\ H_2O_{(g)}$$

$$\downarrow \qquad\qquad\qquad\qquad \uparrow$$

$$2\ C_{(g)} + 6\ H_{(g)} + 7\ O_{(g)}$$

Soit $Qr = E_{C-C} + 5\ E_{C-H} + E_{C-O} + E_{O-H} + 3\ E_{O=O} - 4\ E_{C=O} - 6\ E_{O-H}$

Donc $Qr = 348 + 5 \times 415 + 350 + 463 + 3 \times 498 - 4 \times 804 - 6 \times 463 = -1264$ kJ.

La réaction est exothermique.

Exercice 7.4

1.

$$C_8H_{18(g)} + 25/2\ O_{2(g)} \rightarrow 8\ CO_2(g) + 9\ H_2O_{(g)}$$

$$\downarrow \qquad\qquad\qquad \uparrow$$

$$8\ C_{(g)} + 18\ H_{(g)} + 25\ O_{(g)}$$

Soit $Qr = 7\ E_{C-C} + 18\ E_{C-H} + 12{,}5\ E_{O=O} - 16\ E_{C=O} - 18\ E_{O-H}$

Donc $Qr = 7\times348 + 18\times415 + 12{,}5\times498 - 16\times804 - 18\times463 = -5067$ kJ.

La réaction est exothermique.

2. $M(C8H18) = 8\times12 + 18\times1{,}0 = 114$ g.mol^{-1}.

Donc $m = n\times M = 1\times114 = 114$ g $= 0{,}114$ kg.

Et par conséquence un pouvoir calorifique de $5067/0{,}114 = 44\times10^3$ kJ.kg^{-1}.

3. L'utilisation des combustibles fossiles pour produire les carburants usuels n'est pas une solution durable. L'épuisement des réserves à plus ou moins long terme est aujourd'hui une réalité et la migration vers d'autres sources de production ou d'autres carburants semble inéluctable. De plus, l'utilisation des carburants issus des combustibles fossiles n'est pas sans conséquences sur l'environnement et la santé. En effet, la combustion de ces carburants entraîne l'émission de nombreuses substances polluantes :

Le CO_2, qui est avec l'eau le principal produit de la combustion complète des carburants. C'est un gaz à effet de serre : son rejet dans l'atmosphère favorise le réchauffement climatique.

Le monoxyde de carbone CO émis lorsque la combustion du carburant dans le moteur est incomplète, est une substance dangereuse pour la santé humaine.

Il est donc nécessaire de se tourner vers des biopiles.

Chapitre 8

Interactions fondamentales et introduction à la notion de champ

Cours

+ vitesse
⚠ forces et champs représentés par des vecteurs, mais pas leur norme !

1 Interaction électrostatique

Coulomb proposa une formulation identique de celle de Newton pour les phénomènes d'attraction et de répulsion électriques.

L'interaction entre deux corps ponctuels A et B portant les charges respectives q_A et q_B séparés d'une distance d est modélisée par des forces $\vec{F}_{A/B}$ et $\vec{F}_{B/A}$ dont les caractéristiques sont les suivantes :

- point d'application : sont appliquées aux centres A et B des 2 corps ;
- direction : celle de la droite AB ;
- sens : répulsion si q_A et q_B sont de même signe ; attraction si q_A et q_B sont de signes opposés ;
- norme : ont même valeur déterminée à l'aide de la relation suivante :

↳ toujours positive

$$F_{A/B} = F_{B/A} = k \times \frac{|q_A| \times |q_B|}{d^2}$$

Dans cette relation :

- k représente la constante $k = 9{,}0.10^9$ N.m^2.C^{-2}.
- d représente la distance entre les centres des corps A et B et s'exprime en mètre (m).
- q_A et q_B représente la charge électrique et s'exprime en coulomb (C).
- la force F s'exprime en Newton (N).

Exemple

Exemple d'une attraction si le corps A porte une charge positive et le corps B porte une charge électrique négative :

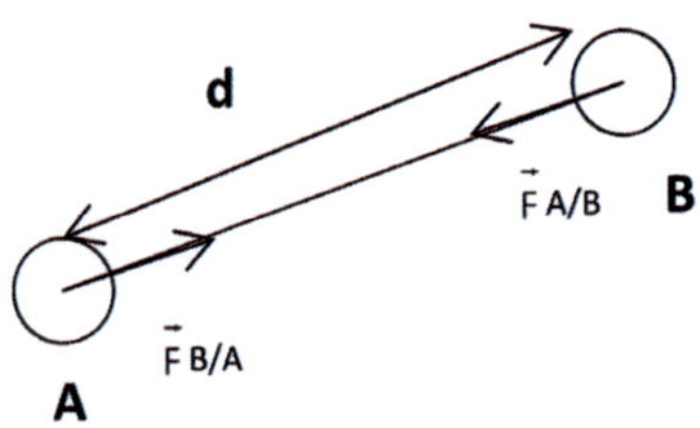

A l'échelle atomique et humaine, l'interaction électrique assure la cohésion de la matière.

2 Force et champ de gravitation

A L'interaction gravitationnelle

En 1687, Isaac Newton présente l'interaction gravitationnelle qui régit les mouvements des planètes.

Deux corps, de masses m_A et m_B à répartitions de masses sphériques, séparés d'une distance d, exercent l'un sur l'autre des forces attractives. Le corps A exerce sur le corps B la force $\vec{F}_{A/B}$ et le corps B sur le corps A la force $\vec{F}_{B/A}$ telle que : $\vec{F}_{B/A} = -\vec{F}_{A/B}$

Ces 2 forces possèdent les caractéristiques suivantes :

- point d'application : sont appliquées aux centres A et B des 2 corps ;
- direction : ont la même direction, celle de la droite AB ;
- sens : $\vec{F}_{A/B}$ de B vers A, $\vec{F}_{B/A}$ de A vers B ; (receveur vers auteur)
- norme : ont même valeur déterminée à l'aide de la relation suivante :

$$F_{A/B} = F_{B/A} = G \times \frac{m_A \times m_B}{d^2}$$

Dans cette relation :

- G représente la constante de gravitation universelle $G = 6{,}67.10^{-11}\ m^3.kg^{-1}.s^{-2}$.
- d représente la distance entre les centres des corps A et B et s'exprime en mètre (m).
- m représente la masse et s'exprime en (kg).
- la force F s'exprime en Newton (N).

pour les vecteurs uniquement

mais forces de même intensité (pareil pour l'électrostatique).

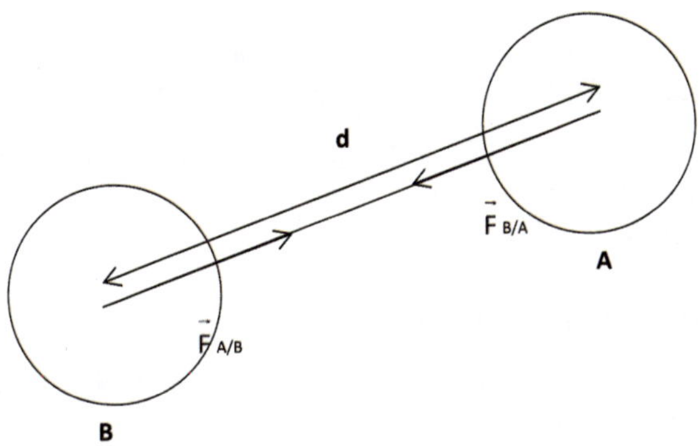

A l'échelle astronomique, l'interaction gravitationnelle assure la cohésion de la matière.

B Champ de gravitation

Un objet de masse m soumis à une force gravitationnelle $\vec{F_g}$ est plongé dans un champ gravitationnel $\vec{G}$ défini par :

$$\vec{G} = \frac{\vec{F_g}}{m}$$

champ = zone, espace modifié à cause de charges électriques.

- G s'exprime en $N.kg^{-1}$;
- Fg s'exprime en N ;
- M s'exprime en kg.

C Lignes de champ vectoriel

Les lignes de champ sont les **courbes tangentes** au vecteur champ en tout point. Elles sont toujours orientées dans le sens du vecteur champ.

On parle de champ vectoriel uniforme si le vecteur champ possède en tout point la même direction, le même sens et la même valeur. Dans le cas d'un **champ vectoriel uniforme**, les **lignes de champ** seront **parallèles**.

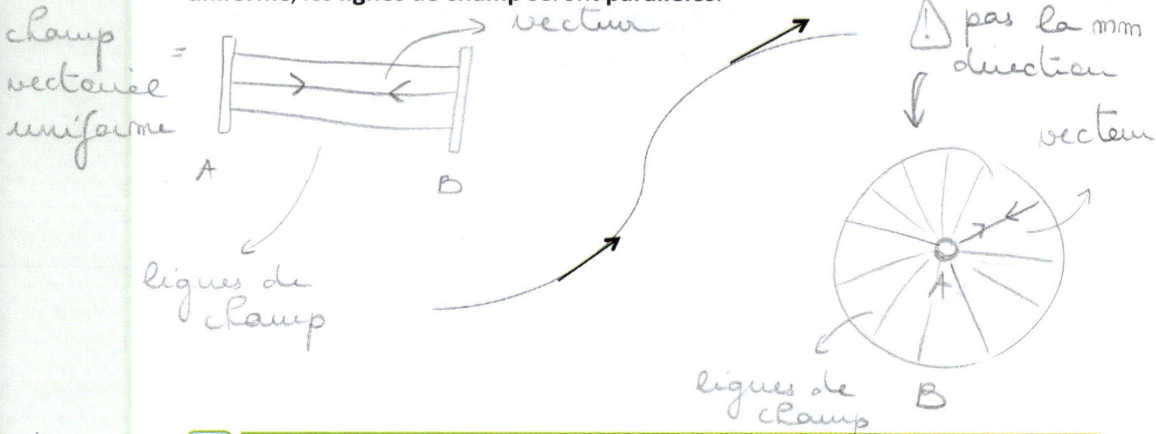

3 Force et champ électrostatique

Lorsqu'on place une particule chargée à proximité d'une autre particule chargée électriquement, l'entité subit une force électrostatique $\vec{F}$ et il règne au voisinage de la particule un champ électrostatique $\vec{E}$.

A Propriétés du champ électrostatique $\vec{E}$

La relation entre le champ électrostatique $\vec{E}$ et la force électrostatique $\vec{F}$ subie par une entité de charge q est :

$$\vec{F} = q \times \vec{E}$$

Les caractéristiques du champ électrostatique $\vec{E}$ sont :
- direction : celle de la force subie par l'entité ;
- sens : si $q > 0$ celui de la force, si $q < 0$ de sens opposé à la force ;
- norme : exprimée en $N.C^{-1}$ ou $V.m^{-1}$.

▶ **Schémas**

➠ Si la charge q est positive alors $\vec{F}$ et $\vec{E}$ ont même direction et même sens.

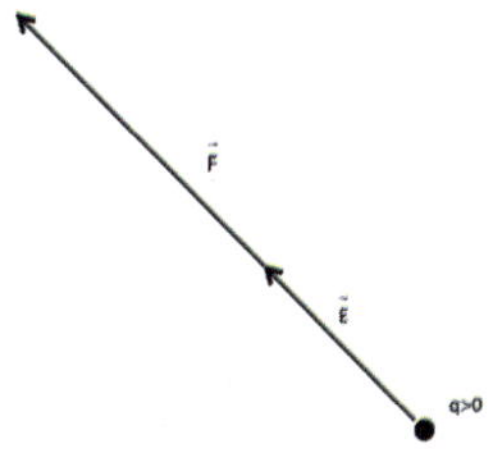

➡ Si la charge q est négative alors $\vec{F}$ et $\vec{E}$ ont même direction mais sont de sens opposés.

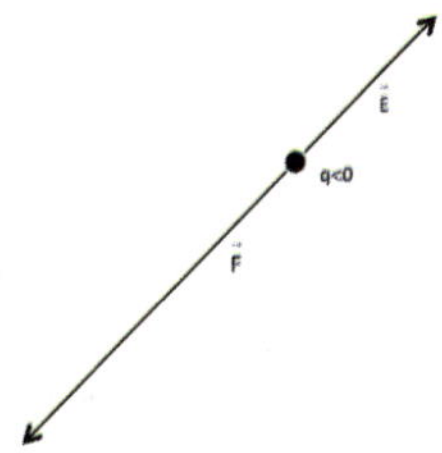

B Champ électrostatique dans un condensateur plan

→ stocke des charges électriques opposées (ex : pile)

À l'aide d'un condensateur, il est possible de stocker des charges dans un circuit électrique. Il est constitué de deux plaques appelées armatures séparées par un milieu isolant tel que l'air, la céramique, le verre, le plastique, etc... d'épaisseur d.

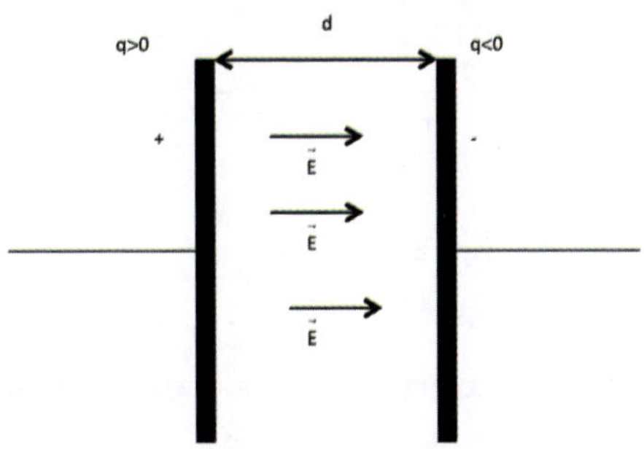

On applique entre ces armatures une tension électrique U qui provoque le transfert des électrons d'une armature à l'autre. De ce fait les armatures vont acquérir les charges opposées q et −q. Ces charges créent un champ électrostatique $\vec{E}$ entre les armatures dont les caractéristiques sont les suivantes :

- direction : perpendiculaire aux armatures ;
- sens : de l'armature positive vers l'armature négative ;
- norme : $E = \frac{U}{d}$ avec U en volt (V), d en mètre (m) et E en $V.m^{-1}$.

Exercices

Compétences attendues

- Interpréter des expériences mettant en jeu l'interaction électrostatique. Utiliser la loi de Coulomb. Citer les analogies entre la loi de Coulomb et la loi d'interaction gravitationnelle.

Exercice 8.1

S'approprier, analyser, raisonner, réaliser

Un noyau d'hélium 3 comporte deux protons notés A et B ainsi qu'un neutron noté C. On va supposer dans cet exercice que les centres des nucléons sont tous placés dans un même plan et que les nucléons sont côte à côte comme l'indique le schéma ci-dessous :

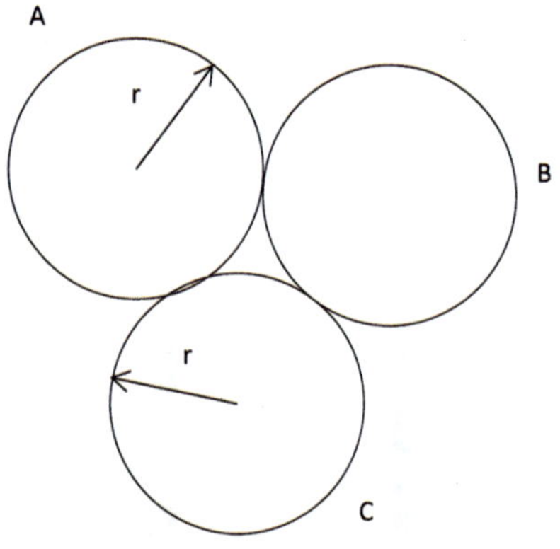

1. Exprimer puis calculer la force gravitationnelle exercée par A sur B.
2. Exprimer la charge électrique d'un proton en fonction de la charge élémentaire.
3. Exprimer puis calculer la force électrique exercée par A sur B.
4. Calculer le rapport entre les valeurs de ces deux forces et commenter le résultat.
5. Préciser la nature de l'interaction électrique s'exerçant entre A et B. Justifier votre réponse.
6. Pourquoi les deux interactions précédentes ne permettent-elles pas d'expliquer la cohésion du noyau d'hélium 3 ?

Données

- m(proton) = $1{,}67.10^{-27}$ kg
- r = $1{,}20.10^{-6}$ nm
- e = $1{,}60.10^{-19}$ C
- G = $6{,}67.10^{-11}$ SI
- k = $9{,}0.10^{9}$ SI

Exercice 8.2

S'approprier, analyser, raisonner, réaliser

Dans la vie de tous les jours, nous consommons du sel de table, ou chlorure de sodium qui est un cristal ionique constitué d'ions sodium Na^{+} et chlorure Cl^{-}. Ils sont régulièrement disposés dans l'espace. Les ions sont ordonnés selon une structure élémentaire simple appelée « maille ». Dans le cas du chlorure de sodium, cette maille est un cube. Les ions chlorure sont au sommet du cube et au centre de chaque face, alors que les ions sodium sont situés au milieu de chaque arête.

1. Calculer la valeur de l'arête, noté a, du cube, en pm.
2. a. Déterminer la distance d_1 qui sépare le centre de deux ions chlorure les plus proches ?
   b. Donner la nature de l'interaction électrique entre deux ions chlorure. Justifier.
   c. Calculer la force électrique qui s'exerce entre deux ions chlorure.
3. a. Déterminer la distance d_2 qui sépare le centre de deux ions sodium les plus proches ?
   b. Donner la nature de l'interaction électrique entre deux ions sodium. Justifier.
   c. Calculer la force électrique qui s'exerce entre deux ions sodium.
4. a. Déterminer la distance d_3 qui sépare le centre d'un ion chlorure et d'un ion sodium les plus proches ?
   b. Donner la nature de l'interaction électrique entre un ion chlorure et un ion sodium. Justifier.
   c. Calculer la force électrique qui s'exerce entre un ion chlorure et un ion sodium.

Données

- r(Na^{+}) = 99,0 pm
- r(Cl^{-}) = 181 pm
- e = $1{,}60.10^{-19}$ C
- k = $9{,}0.10^{9}$ SI

Exercices

Compétences attendues

- Utiliser les expressions vectorielles de la force de gravitation et du champ de gravitation ; de la force électrostatique et du champ électrostatique. Caractériser localement une ligne de champ électrostatique ou de champ de gravitation.

Exercice 8.3

S'approprier, analyser, raisonner, réaliser

On dispose d'un condensateur plan. On injecte à l'entrée de ce condensateur une particule α (noyau d'hélium de charge q = 2e). Cette particule est lancée au point O avec une vitesse v_0 de direction parallèle aux armatures A et B du condensateur.

On applique une tension constante U = 220 V entre ces deux armatures longues de l = 8,00 cm. Et distantes de d = 5,00 cm.

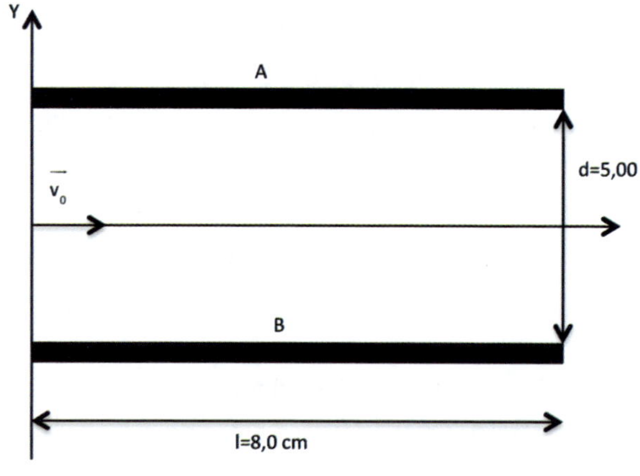

1. On souhaite dévier la particule vers le bas. Indiquer la polarité des plaques en justifiant votre réponse.
2. Donner les caractéristiques du champ électrostatique régnant entre les plaques.
3. Représenter ce champ sur le schéma sans soucis d'échelle.
4. Déterminer la force électrostatique que subit la particule α.
5. Représenter cette force sur le schéma, sans soucis d'échelle.

Donnée $e = 1{,}60.10^{-19}$ C

Exercice 8.4 S'approprier, analyser, raisonner, réaliser

D'après BAC S, Antilles, 2013

Document 1. La deuxième expérience de Thomson

Le physicien anglais Joseph John Thomson utilisa un tube à vide, dans lequel une cathode émet des électrons. Ceux-ci sont accélérés dans un champ électrostatique créé par des anodes de collimation. À la sortie de ces anodes, les électrons forment un faisceau très étroit. Ce faisceau passe ensuite entre deux plaques métalliques de charges opposées. Les électrons, soumis à un nouveau champ électrostatique, sont alors déviés de leur trajectoire et viennent frapper un écran constitué d'une couche de peinture phosphorescente.

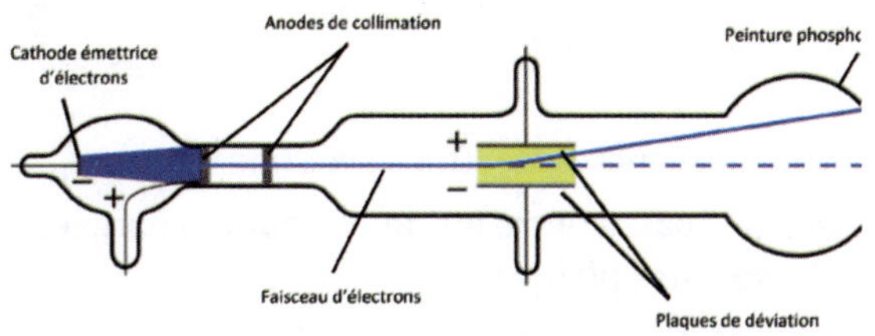

Tube utilisé par Thomson pour montrer la déviation de particules chargées par un champ électrostatique

Document 2. Création d'un champ électrostatique

Deux plaques métalliques horizontales portant des charges opposées possèdent entre elles un champ électrostatique uniforme $\vec{E}$ caractérisé par :

- sa direction : perpendiculaire aux plaques
- son sens : de la plaque chargée positivement vers la plaque chargée négativement.

Document 3. Interactions entre particules chargées

Deux particules de charges de même signe se repoussent ; deux particules de charges opposées s'attirent.

Document 4. Expérience de laboratoire ; détermination du rapport e/m pour l'électron

Le montage ci-dessous reprend le principe de la deuxième expérience de Thomson. Il comporte un tube à vide dans lequel un faisceau d'électrons est dévié entre deux plaques de charges opposées. On mesure la déviation verticale du faisceau d'électrons lors de la traversée des plaques sur une longueur L, afin de déterminer la valeur du rapport e/m.

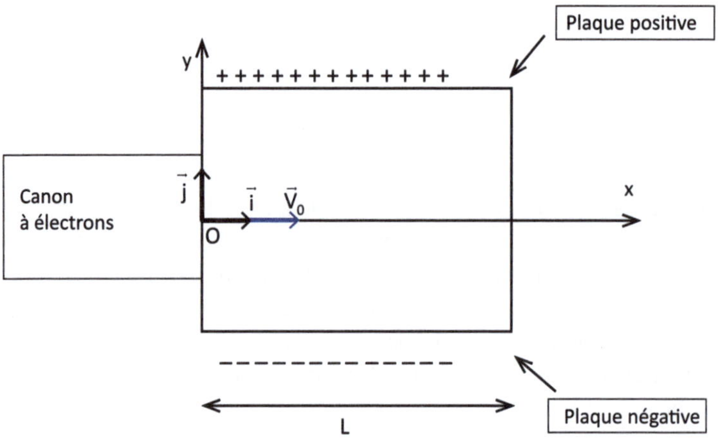

Données de l'expérience

- Les électrons sortent du canon à électrons avec une vitesse $v_0 = 2{,}27 \times 10^7 \,m.s^{-1}$.
- Le faisceau d'électrons passe entre les deux plaques chargées et est dévié d'une hauteur h quand il sort des plaques.
- L'intensité du champ électrostatique entre les deux plaques est : $E = 15{,}0\ kV.m^{-1}$.
- La longueur des plaques est : $L = 8{,}50$ cm.
- On fait l'hypothèse que le poids des électrons est négligeable par rapport à la force électrostatique $\vec{F}$.

Détermination du caractère négatif de la charge de l'électron par J.J. Thomson.

1. À l'aide du document 2, représenter sur le schéma le vecteur correspondant au champ électrostatique $\vec{E}$.On prendra l'échelle suivante : 1,0 cm pour 5,0 kV.m–1.

J.J. Thomson a observé une déviation du faisceau d'électrons vers la plaque métallique chargée positivement (voir document 1).

2. Expliquer comment J.J. Thomson en a déduit que les électrons sont chargés négativement.
3. Donner la relation entre la force électrostatique $\vec{F}$ subie par un électron, la charge élémentaire e et le champ électrostatique $\vec{E}$. Montrer que le sens de déviation du faisceau d'électrons est cohérent avec le sens de $\vec{F}$.

Exercice 8.5

S'approprier, analyser, raisonner, réaliser

La lune possède un mouvement circulaire uniforme autour de la Terre. Elle décrit un rayon orbital R.

1. Quelle force s'exerce sur la Lune ? La représenter sur un schéma sans soucis d'échelle.
2. Donner l'expression de cette force.
3. Représenter, sans soucis d'échelle, le champ gravitationnel créé par la Terre sur le centre de la Lune et déterminer sa valeur.
4. Représenter, sans soucis d'échelle, le champ gravitationnel créé par la Terre sur deux points A et B quelconques de l'orbite lunaire. Que peut-on dire de la valeur de ce champ ? Justifier.
5. Le champ gravitationnel créé par la Terre à la distance R de la Lune est-il un champ uniforme ? Justifier.

Données

- masse de la Terre $m_{Terre} = 6{,}0.10^{24}$ kg
- masse de la Lune $m_{Lune} = 7{,}4.10^{22}$ kg
- Rayon orbital $R = 3{,}8.10^{5}$ km
- $G = 6{,}67.10^{-11}$ SI.

Exercice 8.6

S'approprier, analyser, raisonner, réaliser

On va chercher à déterminer avec rigueur la valeur Φ du champ de gravitation, dans différents cas. Supposons Mars seule, immobile sphérique. On considère un objet ponctuel de masse m situé au point 0 à la surface de Mars.

1. Sur un schéma, représenter Mars et la force $\overrightarrow{F_{M/0}}$ exercée par Mars sur cet objet.
2. Donner l'expression de cette force en précisant la signification ainsi que les unités de chacun des termes.
3. L'expression de cette force gravitationnelle peut s'exprimer sous la forme $F_{M/0} = m \times \Phi$, en déduire l'expression du champ gravitationnel Φ .
4. Calculer la valeur de ce champ gravitationnel au point O noté Φ (O).
5. Sans soucis d'échelle, représenter sur le schéma ce champ gravitationnel.
6. À quelle altitude notée h doit-on placer une navette spatiale afin qu'elle soit soumise à un champ gravitationnel 4 fois plus faible qu'à la surface de Mars ?

Données

- $G = 6{,}67.10^{-11}$ SI
- masse de Mars : $6{,}39.10^{23}$ kg
- Rayon de Mars : 3 390 km

Corrigé des exercices

⚠ nm à convertir en m, pour ça : $1,20 \times 10^{-6} \times 10^{-9} = 1,20 \times 10^{-15}$ m

Exercice 8.1

1. $F_{A/B}(\text{gravitationnelle}) = G \times \dfrac{m_A \times m_B}{(2r)^2}$

$$F_{A/B}(\text{gravitationnelle}) = 6,67.10^{-11} \times \frac{1,67.10^{-27} \times 1,67.10^{-27}}{\left(2,40.10^{-15}\right)^2} = 3,23.10^{-35}.$$

2. $q_{proton} = e$

3. $F_{A/B}(\text{électrique}) = k \times \dfrac{|q_A| \times |q_B|}{(2r)^2}$

$$F_{A/B}(\text{électrique}) = 9,0.10^9 \times \frac{1,6.10^{-19} \times 1,6.10^{-19}}{\left(2,40.10^{-15}\right)^2} = 40 \text{ N}.$$

4. $\dfrac{F_{A/B}(\text{électrique})}{F_{A/B}(\text{gravitationnelle})} = \dfrac{40}{3,23.10^{-35}} = 1,24.10^{36}.$

Cela signifie que la force électrique est $1,24.10^{36}$ fois plus importante que la force gravitationnelle. On peut donc en conclure que la force gravitationnelle est fortement négligeable devant la force électrique.

5. Les deux protons A et B sont positifs donc l'interaction électrique est répulsive. En effet, 2 corps de même signe se repoussent.

6. Sachant qu'il y a une interaction répulsive entre A et B, il ne devrait pas y avoir de cohésion au sein du noyau.

+ la force gravitationnelle est attractive mais très faible.

Exercice 8.2

1. $a = 2\,r\left(Na^+\right) + 2\,r\left(Cl^-\right) = 2 \times 99,0 + 2 \times 181 = 560$ pm.

2. a. Les deux ions chlorure Cl^- sont séparés par la moitié d'une diagonale du carré.

Donc $d_1 = a\dfrac{\sqrt{2}}{2} = 560 \times \dfrac{\sqrt{2}}{2} = 396$ pm.

b. Les ions chlorure sont porteurs d'une charge négative donc ils se repoussent.

c. $F_{Cl-/Cl-} = k \times \dfrac{\left|q_{Cl^-}\right| \times \left|q_{Cl^-}\right|}{d_1^2} = 9,0.10^9 \times \dfrac{1,6.10^{-19} \times 1,6.10^{-19}}{\left(396.10^{-12}\right)} = 1,47.10^{-9}$N.

3. a. $d_2 = a\dfrac{\sqrt{2}}{2} = 560 \times \dfrac{\sqrt{2}}{2} = 396$ pm.

b. Les ions sodium sont porteurs d'une charge positive donc ils se repoussent.

c. $F_{Na+/Na+} = k \times \dfrac{|q_{Na+}| \times |q_{Na+}|}{d_2^2} = 9{,}0.10^9 \times \dfrac{1{,}6.10^{-19} \times 1{,}6.10^{-19}}{(396.10^{-12})} = 1{,}47.10^{-9}$ N.

4. a. $d_3 = \dfrac{a}{2} = \dfrac{560}{2} = 280$ pm.

b. L'ion sodium est porteur d'une charge positive et l'ion chlorure d'une charge négative, donc ils s'attirent.

c. $F_{Na+/Cl-} = k \times \dfrac{|q_{Na+}| \times |q_{Cl-}|}{d_3^2} = 9{,}0.10^9 \times \dfrac{1{,}6.10^{-19} \times 1{,}6.10^{-19}}{(280.10^{-12})} = 2{,}94.10^{-9}$ N.

Exercice 8.3

1. La particule est positive, si on souhaite qu'elle soit déviée vers le bas, il faut que la plaque du bas (B) soit négative. Par conséquent, la plaque (A) sera positive.

2. Le champ électrostatique possède les caractéristiques suivantes :

Direction : perpendiculaire aux armatures A et B ;

Sens : du (+) vers le (−) donc de la plaque positive (A) vers la plaque négative (B) ;

Valeur : $E = \dfrac{U}{d} = \dfrac{220}{0{,}0500} = 4400$ V.m^{-1}.

3.

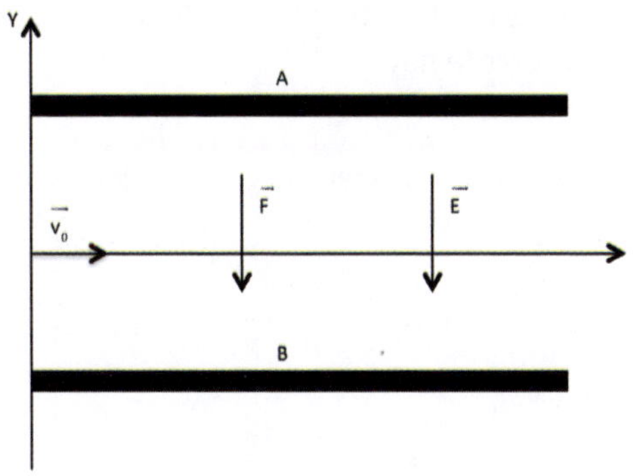

4. $F = q \times E = 2e \times E = 2 \times 1{,}6.10^{-19} \times 4400 = 1{,}4.10^{-15}$ N.

5. Voir schéma ci-dessus. q étant positive, alors $\vec{F}$ et $\vec{E}$ ont même direction et même sens.

Exercice 8.4

1.

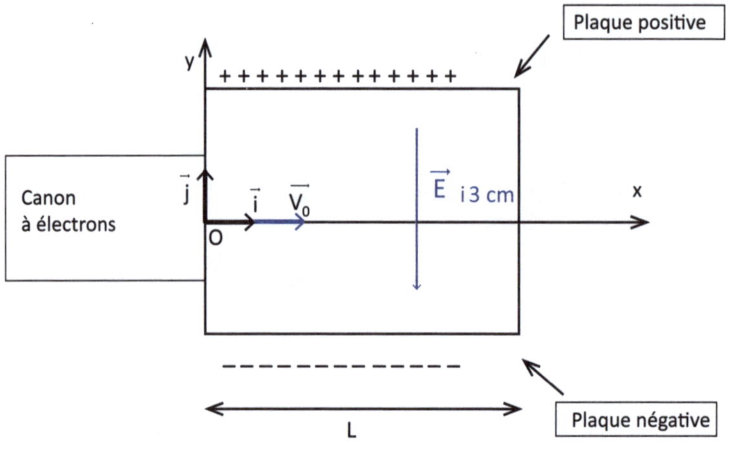

1 cm représente 5,0 kV.m^{-1} alors 15,0 kV.m^{-1} est représenté par un vecteur de 3,0 cm car $\frac{15,0}{5,0} = 3,0$ cm. De plus, il est orienté de la plaque (+) vers la plaque (−).

2. Les électrons sont déviés vers le haut (vers la plaque positive). Donc les électrons sont chargés négativement car une plaque positive peut attirer uniquement une charge négative.

3. $\vec{F} = q \times \vec{E} = -e \times \vec{E}$. $\vec{F}$ et $\vec{E}$ sont donc de sens opposés. $\vec{E}$ est orienté vers le bas donc $\vec{F}$ est orienté vers le haut. $\vec{F}$ orienté vers le haut est donc cohérent avec la déviation de l'électron vers le haut.

Remarque

Une particule chargée dans un condensateur suivra toujours la direction de $\vec{F}$.

Exercice 8.5

1. La force d'attraction gravitationnelle exercée par la Terre sur la Lune, notée $\overrightarrow{F_{T/L}}$.

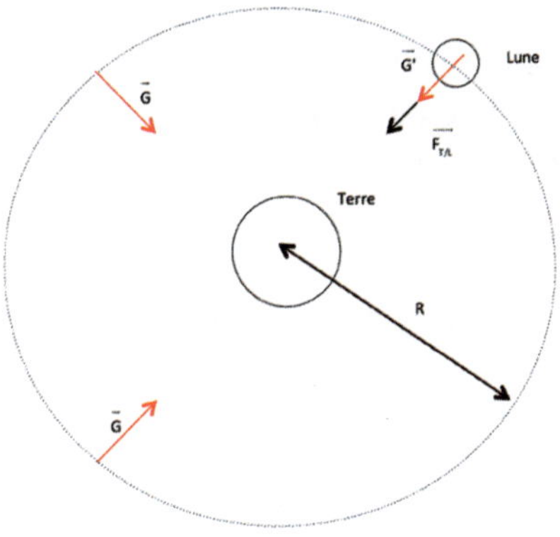

2. $F_{T/L} = G \times \frac{m_T \times m_L}{R^2}$.

3. Voir schéma ci-dessus. $\vec{F} = m_L \times \overrightarrow{G'}$ donc $G' = \frac{F}{m_L} = \frac{G \times m_T \times m_L}{m_L \times R^2}$

D'où $G' = G \times \frac{m_T}{R^2}$ soit $G' = \frac{6{,}67 \times 10^{-11} \times 6{,}0 \times 10^{24}}{\left(3{,}8 \times 10^{8}\right)^2} = 2{,}8 \times 10^{-3} N.kg^{-1}$.

4. Voir schéma ci-dessus. La valeur de G est identique en A et B.

5. Le champ gravitationnel n'est pas uniforme car la direction et le sens sont différents.

Exercice 8.6

1. Schéma

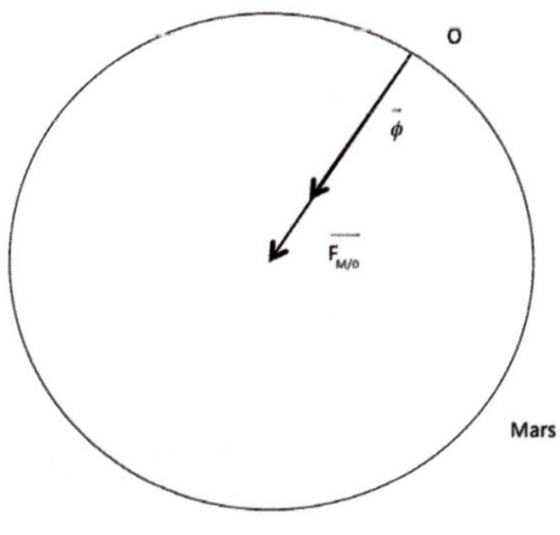

Corrigés

2. $F_{M/O} = G \times \dfrac{m \times M_{mars}}{R_{mars}^2}$

- avec G : constante gravitationnelle en $N.m^2.kg^{-2}$;
- m : masse de l'objet ponctuel en kg ;
- M_{mars} : masse de Mars en kg
- R_{mars} : rayon de Mars en m.

3. On a $m \times \Phi = G \times \dfrac{m \times M_{mars}}{R_{mars}^2}$ soit $\Phi = G \times \dfrac{M_{mars}}{R_{mars}^2}$.

4. $\Phi(O) = G \times \dfrac{M_{mars}}{R_{mars}^2} = 6{,}67 \times 10^{-11} \times \dfrac{6{,}39 \times 10^{23}}{(3390 \times 10^3)^2} = 3{,}71\ N.kg^{-1}$.

5. Voir schéma ci-dessus.

6. Il faut que $\dfrac{\phi}{4} = \dfrac{G \times M_{mars}}{(R_{mars} + h)^2}$ soit $(R_{mars} + h)^2 = \dfrac{4 \times G \times M_{mars}}{\phi}$

d'où $R_{mars} + h = \sqrt{\dfrac{4 \times G \times M_{mars}}{\phi}}$

soit $h = \sqrt{\dfrac{4 \times G \times M_{mars}}{\phi}} - R_{mars}$

donc $h = \sqrt{\dfrac{4 \times 6{,}67 \times 10^{-11} \times 6{,}39 \times 10^{23}}{3{,}71}} - 3390 \times 10^3 = 3{,}39.10^6\,m$

Chapitre 9

Description d'un fluide au repos

Cours

1 Les grandeurs macroscopiques de description d'un fluide au repos

Les fluides sont constitués de molécules ou d'atomes qui sont en agitation permanente de façon totalement désordonnée. On appelle ceci, l'agitation thermique. Tout corps fluide est susceptible de s'écouler. Il est donc indéformable et ne possède pas de forme propre comme un solide. Ils sont souvent classés en deux catégories : les gaz et les liquides.

A La masse volumique

La masse volumique d'une espèce chimique correspond à la masse par une unité de volume de cette espèce. Elle peut être calculée à l'aide de la relation suivante :

$$\rho = \frac{m}{V}$$

- ρ la masse volume en $g.L^{-1}$;
- m la masse en gramme (g) ;
- V le volume en litre (L).

B La pression

La pression est une force par unité de surface. Elle se mesure avec un manomètre. Cependant, on peut utiliser un baromètre afin de mesure la pression atmosphérique, c'est-à-dire mesurer l'air qui nous entoure. La pression s'exprime en Pascal, notée Pa. On peut également utiliser d'autres unités comme par exemple le bar (1 bar vaut environ 105 Pa) ou le mm de Hg (1 mm de Hg vau environ 133 Pa).

C La température

La température d'un corps, à l'état solide, liquide ou gazeux, est liée à l'agitation des molécules qui le constituent. Plus les molécules sont agitées (plus leur vitesse est importante) plus la température est élevée.

L'échelle légale de température est l'échelle de température absolue dont l'unité est le Kelvin (K).

Une échelle très utilisée est l'échelle Celsius dont l'unité est le degré Celsius (°C).

La température absolue, notée T et la température Celsius notée θ sont liées par la relation :

$$T(K) = \theta(°C) + 273,15$$

En l'absence de toute agitation thermique, la température absolue T est égale à 0 K : c'est le zéro absolu. Il n'existe pas de température inférieure à 0 K. A cette température les entités chimiques sont immobiles.

2 Modèle de comportement d'un gaz : la loi de Mariotte

Les physiciens Boyle et Mariotte ont établi la relation qui relie le volume d'un gaz et sa pression : A Température constante, pour une quantité de matière donnée d'un gaz, le produit de la pression P par le volume V de ce gaz est constant ce qui se traduit par :

$$P \times V = \text{constante}$$

3 Actions exercées par un fluide sur une surface : force pressante

Une force pressante modélise l'action du contact exercée par un solide ou un fluide sur la surface d'un corps. Les molécules d'un gaz frappent les parois et rebondissent. L'effet de ces très nombreux chocs est une force exercée par le gaz sur les parois : on l'appelle force pressante.

Un fluide exerce une force pressante sur une paroi, cette force est perpendiculaire à la paroi. Elle est toujours orientée du fluide vers la paroi, on la note $\vec{F}$.

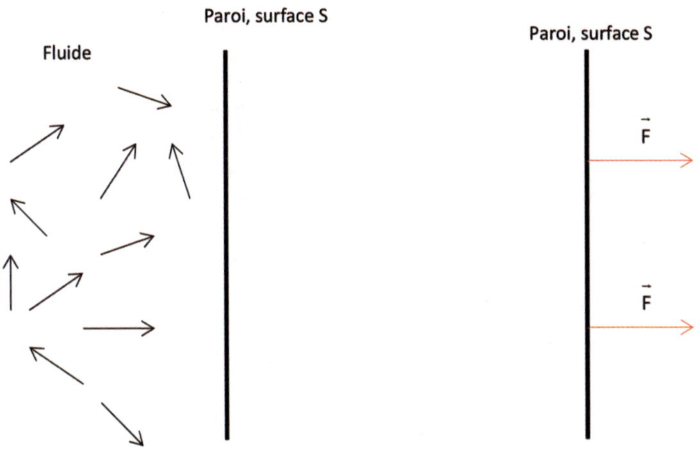

La pression est liée à la valeur de la force pressante par la relation :

$$P = \frac{F}{S}$$

- F la force pressante exprimée en Newton (N) ;
- S la surface de la paroi exprimée en m^2 ;
- P la pression exprimé en Pascal (Pa) ou en $N.m^{-2}$.

4 Loi fondamentale de la statique des fluides incompressibles

Un fluide est dit incompressible lorsque son volume demeure constant sous l'action d'une pression externe.

La différence de pression entre deux points A et B d'un fluide incompressible (exemple : l'eau) ne dépend que de la différence d'altitude, soit :

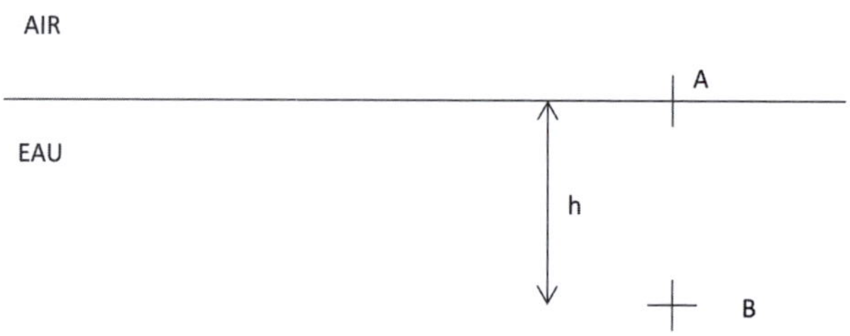

$$P_B - P_A = \rho \times g \times (z_A - z_B)$$

- P la pression en Pascal, Pa ;
- g l'intensité de pesanteur en $N.kg^{-1}$;
- ρ la masse volumique du fluide en $kg.m^{-3}$;
- z la profondeur en mètre, m.

Tous les points situés à une même profondeur subissent la même pression.

Remarque

Dans l'eau, la pression augment de 1 bar tous les 10 m.

Exercices

Compétences *attendues*

- Expliquer qualitativement le lien entre les grandeurs macroscopiques de description d'un fluide et le comportement microscopique des entités qui la constituent.
- Utiliser la loi de Mariotte

Exercice 9.1

S'approprier, analyser, raisonner, réaliser

On dispose d'une bouteille vide en plastique de volume 1,5 L bouchée et rempli d'air sous une pression de 1013 hPa. Elle est dans une pièce dont la température est de 20 °C. La bouteille est écrasée avec les mains pour la ramener à un volume de 1,0 L.

- Déterminer la pression de l'air dans la bouteille écrasée.

Exercice 9.2

S'approprier, analyser, raisonner, réaliser

Une seringue contient 60 mL d'air à pression atmosphérique ($1{,}013.10^5$ Pa). On bouche l'extrémité et on pousse le piston jusqu'à un volume de 25 mL. On attend que l'équilibre thermique soit effectué.

- Calculer la pression dans la seringue.

Exercice 9.3

S'approprier, analyser, raisonner, réaliser

On effectue des mesures de la pression et du volume sur un échantillon gazeux qui est maintenu à température constante. On obtient les valeurs suivantes :

Pression P(hPa)	1200	800
Volume V(L)	2,0	3,0

1. Montrer que le gaz respecte la loi de Mariotte.
2. Déterminer le volume qu'occuperait cette même quantité de gaz sous une pression de 750 hPa.
3. Déterminer la pression si le volume est de 1,0 L.

Compétences attendues

- Exploiter la relation F = P.S pour déterminer la force pressant exercée par un fluide sur une surface plane S soumise à la pression P.

Exercice 9.4

S'approprier, analyser, raisonner, réaliser

Un technicien souhaite planter un clou dans un mur. Il exerce une force d'intensité 20N sur la tête du clou.

1. La surface de la tête du clou est de 85 mm^2. Exprimer puis calculer la pression exercée sur la tête du clou.
2. Le clou transmet intégralement la force qui s'exerce sur lui. La surface de la pointe du clou est de 0,6 mm^2. Calculer la pression qui s'exerce sur la pointe du clou.

Exercice 9.5

S'approprier, analyser, raisonner, réaliser

Un pont de levage est souvent utiliser afin d'effectuer les réparations sur un système de freinage de voiture ancienne. Le diamètre du piston de levage est de 30 cm.

1. Déterminer le poids d'un véhicule ancien de masse 1 400 kg.
2. Calculer la surface du piston en cm^2 puis en m^2.
3. Calculer la pression exercée par le piston élévateur sur le liquide du système hydraulique.

Données

- $g = 9{,}81\ N.kg^{-1}$
- $1\ bar = 1.10^5\ Pa$

Exercice 9.6

S'approprier, analyser, raisonner, réaliser

Lors de la mise en bouteille du champagne, il se forme un gaz qui exerce une pression d'environ 6,0 bars à l'intérieur d'une bouteille.

1. Déterminer la pression en pascals dans la bouteille de champagne.
2. En général, le bouchon à un diamètre d'environ 20 mm. Déterminer la surface du bouchon.
3. En déduire la force pressante qui s'exerce sur le bouchon.

Donnée $1\ bar = 1.10^5\ Pa$

Exercice 9.7

S'approprier, analyser, raisonner, réaliser

Dans un sous-marin de l'armée, les portes d'un sas sont des disques de 1,1 m de diamètre.

1. Déterminer la surface d'une porte d'un sas.
2. Déterminer la force pressante exercée sur la porte quand la pression exercée est de 21 bars.

Donnée 1 bar = 1.10^5 Pa

Compétences attendues

- Dans le cas d'un fluide incompressible au repos, utiliser la relation fournie exprimant la loi fondamentale de la statique des fluides $P_2 - P_1 = \rho g(z_1 - z_2)$.

Exercice 9.8

S'approprier, analyser, raisonner, réaliser

Lors d'une plongée, une biologiste équipée d'une GoPro s'immobilise à 35,0 m de profondeur pour filmer une murène et prélever 50 mL d'eau de mer dans une bouteille afin de l'analyser.

1. Déterminer la pression à 35,0 m de profondeur.
2. Déterminer la force pressante exercée sur son masque de diamètre 18 cm à 35,0 m de profondeur.

Données

- $g = 9{,}81$ N.kg^{-1}
- ρ(eau de mer) = $1{,}03.10^3$ kg.m^{-3}
- Patm = $1{,}013.10^5$ Pa

Exercice 9.9

S'approprier, analyser, raisonner, réaliser

1. Une bouteille d'acier, dont le fond est un disque plat de rayon R = 20 cm, contient un gaz sous la pression P = 5,0 bar. Calculer la valeur de la force pressante exercée par le gaz sur le fond de la bouteille.
2. Un plongeur prévoit une plongée à 28 m de profondeur.
   a. Quelle pression maximale va-t-il subir ?
   b. Sera-t-il soumis, au cours de sa plongée, à une pression absolue de 2,5 bar ?

Exercices

c. Son profondimètre indique 0 en surface. Quelle mesure de pression traduit-il ?

3. Au cours de sa remontée, un plongeur doit réaliser un premier palier de décompression à 6 m, puis un second à 3 m.
   a. Un plongeur atteint une pression absolue de 1,3 bar. À quelle profondeur se trouve-t-il ?
   b. Quelle sera la pression lorsqu'il aura atteint le premier palier ?

4. Un plongeur s'immerge avec 5,0 L d'air dans ses poumons. Quel sera le volume de cette même quantité d'air à 20 m de profondeur où P = 3,0 bar ?

5. Un plongeur s'immerge par 30 m de fond avec une bouteille contenant 12 L d'air comprimé à 200 bar. A la sortie, un détendeur réduit et ajuste cette pression à la valeur ambiante. Le plongeur consomme 20 $L.min^{-1}$ d'air.
   a. Quel serait le volume d'air disponible en surface où la pression P est égale à 1 bar ?
   b. En déduire l'autonomie du plongeur en surface (durée maximale de respiration avec la bouteille).
   c. Quelle pression subit-il à 30 m de fond ?
   d. Calculer le volume d'air disponible à cette pression.
   e. En déduire l'autonomie du plongeur à cette profondeur.
   f. La profondeur a-t-elle une influence sur l'autonomie d'un plongeur ?

Données

- $g = 9{,}81\ N.kg^{-1}$
- ρ(eau de mer) $= 1{,}03.10^3\ kg.m^{-3}$
- $Patm = 1{,}013.10^5\ Pa$

Corrigé des exercices

Exercice 9.1

D'après la loi de Marotte P × V = constante soit $P_1 \times V_1 = P2 \times V_2$ d'où :

$$P_2 = \frac{P_1 \times V_1}{V_2} = \frac{1013 \times 10^2 \times 1{,}5}{1{,}0} = 1519{,}50 \times 10^2$$

$Pa = 1{,}5 \times 10^3 hPa$.

Exercice 9.2

$P_1 \times V_1 = P_2 \times V_2$ soit $P_2 = \frac{P_1 \times V_1}{V_2} = \frac{1{,}013 \times 10^5 \times 60}{25} = 2{,}4 \times 10^5$ Pa.

Exercice 9.3

1. $P_1 \times V_1 = 1\,200 \times 2{,}0 = 2{,}4 \times 10^5$ et $P_2 \times V_2 = 800 \times 3{,}0 = 2{,}4 \times 10^5$

   On a bien $P_1 \times V_1 = P_2 \times V_2$ = constante.

2. P3 × V3 = constante soit $V_3 = \frac{constante}{P_3} = \frac{2{,}4 \times 10^5}{750 \times 10^2} = 3{,}2$ L.

3. P4 × V4 = constante soit $P_4 = \frac{constante}{V_4} = \frac{2{,}4 \times 10^5}{1{,}0} = 2{,}4 \times 10^5$ Pa.

Exercice 9.4

1. $P = \frac{F}{S} = \frac{20}{85 \times 10^{-6}} = 2{,}4 \times 10^5$ Pa.

2. $P = \frac{F}{S} = \frac{20}{0{,}6 \times 10^{-6}} = 3{,}3 \times 10^7$ Pa.

Exercice 9.5

1. $P = m \times g = 1\,400 \times 9{,}81 = 1{,}4 \times 10^4$ N.

2. $S = \pi \times R^2 = \pi \times 15^2 = 707\ cm^2 = 707 \times 10^{-4}\ m^2$.

3. $P = \frac{F}{S} = \frac{1{,}4 \times 10^4}{707 \times 10^{-4}} = 2{,}0 \times 10^5$ Pa.

Exercice 9.6

1. $P = 6{,}0 \times 10^5$ Pa.
2. $S = \pi \times R^2 = \pi \times (10 \times 10^{-3})^2 = 3{,}1 \times 10^{-4}\ m^2$.
3. $F = P \times S = 6{,}0.10^5 \times 3{,}1.10^{-4} = 186$ N.

Exercice 9.7

1. $S = \pi \times R^2 = \pi \times (0{,}55)^2 = 0{,}95\ m^2$.
2. P = 21 bars = 21.10^5 Pa.
3. Soit F = P × S = $21.10^5 \times 0{,}95$ = 2,0.106 N.

Exercice 9.8

1. $P_2 - P_1 = \rho \times g \times (z_2 - z_1)$ donc $P_2 = P_1 + \rho \times g \times (z_2 - z_1) = P_{atm} + \rho \times g \times (z_2 - z_1)$
2. Soit $P_2 = 1{,}013 \times 10^5 + 1{,}03 \times 10^3 \times 9{,}81 \times (35 - 0) = 4{,}5 \times 10^5$ Pa.
3. F = P × S or $S = \pi \times R^2 = \pi \times (9{,}0 \times 10^{-2})^2 = 2{,}5 \times 10^{-2}\ m^2$.
   Donc F = P × S = $4{,}5 \times 10^5 \times 2{,}5 \times 10^{-2}$ = 1,1 × 104 N.

Exercice 9.9

1. P = $5{,}0 \times 1{,}013 \times 10^5 = 5{,}1 \times 10^5$ Pa.
   Or $S = \pi \times R^2 = \pi \times (0{,}10)^2 = 3{,}14 \times 10^{-2}\ m^2$.
   Donc F = P × S = $5{,}1 \times 10^5 \times 3{,}14 \times 10^{-2}$ = 1,6 × 104 N.
2. a. $P_2 - P_1 = \rho \times g \times (z_2 - z_1)$ donc $P_2 = P_1 + \rho \times g \times (z_2 - z_1)$
   Soit $P_2 = 1{,}013 \times 10^5 + 1{,}03 \times 10^3 \times 9{,}81 \times (28 - 0) = 3{,}5 \times 10^5$ Pa.
   b. P = 2,5 bar = $2{,}5 \times 1{,}013 \times 10^5 = 2{,}5 \times 10^5$ Pa.
   Donc $2{,}5 \times 10^5$ Pa < P_{max} donc oui.
   c. Il traduit la pression de l'eau.
3. a. $P_2 - P_1 = \rho \times g \times (z_2 - z_1)$
   $$\text{donc } z_2 - z_1 = \frac{P_2 - P_1}{\rho \times g} = \frac{1{,}3 \times 1{,}013 \times 10^5 - 1{,}013 \times 10^5}{1{,}03 \times 10^3 - 9{,}81} = 3{,}0 \text{ m.}$$
   b. Calcul de P à 6,0 m de profondeur.
   $P_2 - P_1 = \rho \times g \times (z_2 - z_1)$ donc $P_2 = P_1 + \rho \times g \times (z_2 - z_1)$
   Soit $P_2 = 1{,}013 \times 10^5 + 1{,}03 \times 10^3 \times 9{,}81 \times (6{,}0 - 0) = 1{,}6 \times 10^5$ Pa.

4. $P_1 \times V_1 = P_2 \times V_2$ soit $V_2 = \dfrac{P_1 \times V_1}{P_2} = \dfrac{1{,}013 \times 10^5 \times 5{,}0}{1{,}013 \times 10^5 \times 3{,}0} = 1{,}7$ L.

5. a. $P_1 \times V_1 = P_2 \times V_2$ soit $V_2 = \dfrac{P_1 \times V_1}{P_2} = \dfrac{200 \times 12}{1{,}0} = 2400$ L.

b. $\Delta t = \dfrac{2400 \times 1}{20} = 120$ min.

c. $P_2 - P_1 = \rho \times g \times (z_2 - z_1)$ donc $P_2 = P_1 + \rho \times g \times (z_2 - z_1)$

Soit $P_2 = 1{,}013 \times 10^5 + 1{,}03 \times 10^3 \times 9{,}81 \times (30 - 0) = 4{,}0 \times 10^5$

$\text{Pa} = \dfrac{4{,}0 \times 10^4}{1{,}013 \times 10^5} = 4{,}0$ bars.

d. $P_1 \times V_1 = P_2 \times V_2$ soit $V_2 = \dfrac{P_1 \times V_1}{P_2} = \dfrac{200 \times 12}{4{,}0} = 600$ L.

e. $\Delta t = \dfrac{600 \times 1}{20} = 30$ min.

f. Oui, quand la profondeur augmente, l'autonomie diminue.

Chapitre 10

Mouvements d'un système

Cours

1 Notion de vecteur vitesse

A Vecteur position

Dans un référentiel donné, à toute date t, un point M est repéré par sa position dans le repère $(o, \vec{i}, \vec{j}, \vec{k})$: $\overrightarrow{OM} = x(t)\vec{i} + y(t)\vec{j} + z(t)\vec{k}$ avec x(t), y(t) et z(t) appelées équations horaires du point M. La distance OM se détermine à l'aide de la relation :
$OM = \sqrt{x^2(t) + y^2(t) + z^2(t)}$. L'ensemble des positions occupées par un point constituent la trajectoire.

B Vecteur vitesse

On définit le vecteur vitesse $\vec{v}$ comme la dérivée du vecteur position en fonction du temps.

Soit $\vec{v} = \frac{d\overrightarrow{OM}}{dt}$ soit $\vec{v} = \frac{dx}{dt}\vec{i} + \frac{dy}{dt}\vec{j} + \frac{dz}{dt}\vec{k}$.

La valeur de la vitesse de détermine à l'aide de la relation : $v = \sqrt{\left(\frac{dx}{dt}\right)^2 + \left(\frac{dy}{dt}\right)^2 + \left(\frac{dz}{dt}\right)^2}$

C Application

Un point M a pour équations horaire dans le référentiel terrestre :

$$\begin{cases} x(t) = 2t^2 - 3t + 1 \\ y(t) = 3t - 2 \\ z(t) = 2 \end{cases}$$

1. **Déterminer les coordonnées du vecteur vitesse au cours du temps.**
2. **Déterminer la vitesse du point M à l'instant t = 5,0 s.**

Soit :

1. $\vec{v}\begin{cases} v_x(t) = 4t - 3 \\ v_y(t) = 3 \\ v_z(t) = 0 \end{cases}$

2. $v(5) = \sqrt{(4 \times 5 - 3)^2 + 3^2 + 0^2} = 17{,}3\ \text{m.s}^{-1}$.

2 Construction d'un vecteur vitesse

Le vecteur vitesse moyen $\vec{v}(t_2)$ au point M_2 à la date t_2 s'écrit : $\vec{v}(t_2) = \dfrac{\overrightarrow{M_1M_3}}{t_3 - t_1}$

Le vecteur vitesse $\vec{v}(t_2)$ possède les caractéristiques suivantes :

- point d'application : M_2
- direction : tangente à la trajectoire au point M_2. Il faut donc tracer la droite M_1M_3. Puis tracer la parallèle à la droite M_1M_3 passant par M_2.
- sens : celui du mouvement.
- valeur : $v_2 = \dfrac{M_1M_3}{t_3 - t_1} = \dfrac{M_1M_3}{2\tau}$
  - v_2 s'exprime en m.s^{-1}
  - La longueur du vecteur t respecter une échelle.
  - Par exemple $1\ \text{cm} \leftrightarrow 0{,}1\ \text{m.s}^{-1}$
  - τ représente l'intervalle de temps entre deux photos. On utilisera donc des chronophotographies, c'est-à-dire des prises de photos régulières à intervalle de temps réguliers.

3 Vecteur variation de vitesse

On peut également construire le vecteur variation de vitesse, noté $\Delta\vec{v}$ au point M_3, en utilisant la relation $\Delta\vec{v} = \vec{v}_4 - \vec{v}_2$.

D'où la construction suivante :

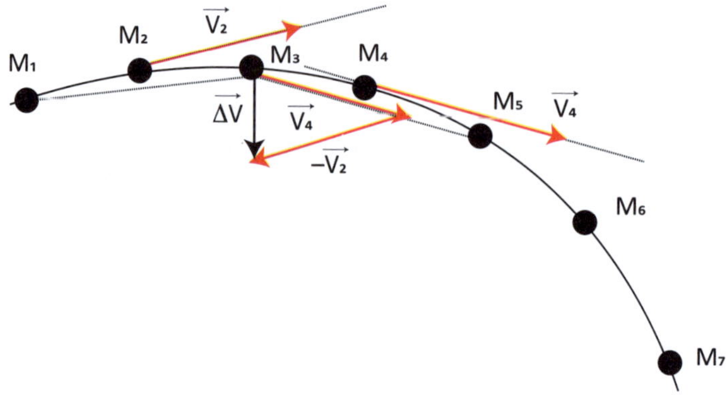

4 Lien entre vecteur variation de vitesse et somme des forces

Les caractéristiques du vecteur variation de vitesse correspondent aux caractéristiques de la résultantes des forces appliquées au système.

Exercices

Compétences attendues

- Utiliser la relation approchée entre la variation du vecteur vitesse d'un système modélisée par un point matériel entre deux instants voisins et la somme des forces appliquées sur celui-ci :
  - pour en déduire une estimation de la variation de vitesse entre deux instants voisins, les forces appliquées au système étant connues ;
  - pour en déduire une estimation des forces appliquées au système, le comportement cinématique étant connu.

Exercice 10.1

S'approprier, analyser, raisonner, réaliser

D'après Bac S, Réunion, Le dauphin à flanc blancs, 2011

Le dauphin à flancs blancs du Pacifique est peut-être l'espèce la plus abondante du Pacifique Nord. C'est un dauphin très sociable et qui voyage généralement en groupe ; il est rapide, puissant et bon surfeur. Il est capable de délaisser un repas pour attraper la vague provoquée par le passage d'un navire. Un jour, un dauphin a fait un saut de 3 mètres pour se retrouver sur le pont d'un navire de recherche arrêté en mer ! Quand il a atteint sa taille adulte, il mesure environ 2,50 mètres et pèse jusqu'à 180 kg.

Issu du site « Pêches et océans Canada »

On négligera les actions de l'air (frottements et poussée d'Archimède) sur le dauphin. Au cours du saut hors de l'eau, le dauphin n'est soumis qu'à son poids.

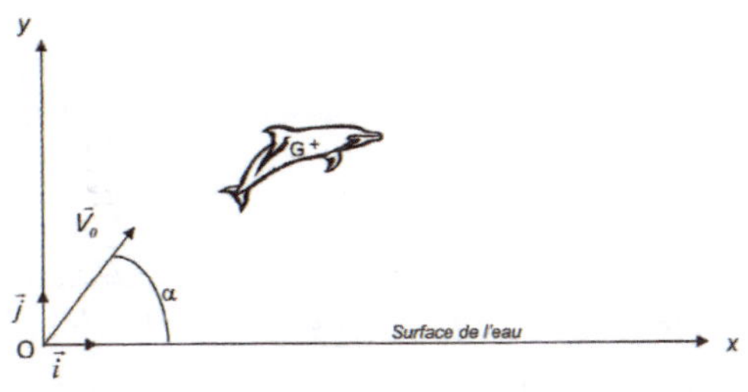

On souhaite étudier la trajectoire du centre d'inertie G du dauphin pendant son saut hors de l'eau. Le repère d'étude est $(O, \vec{i}, \vec{j})$. On choisit comme origine des dates l'instant où le centre d'inertie G du dauphin est confondu avec le point O. Le vecteur vitesse initiale $\vec{V}_0$ est dans le plan (Oxy) et est incliné d'un angle α par rapport à l'axe Ox.

Les positions du centre d'inertie du dauphin sont données à intervalles de temps réguliers. L'échelle du document est 1 cm pour 0,50 m, la durée entre deux positions est $\Delta t = 0{,}10$ s.

1. Exprimer puis déterminer la valeur de la vitesse du centre d'inertie du dauphin aux points 4 et 6. On les notera V_4 et V_6.
2. Tracer les vecteurs $\vec{V}_4$ et $\vec{V}_6$ sur le document en utilisant l'échelle : 1 cm pour 2 m.s^{-1}.
3. Construire sur le document le vecteur $\Delta\vec{V} = \vec{V}_6 - \vec{V}_4$ au point 5 et déterminer sa valeur en m.s^{-1} en utilisant l'échelle précédente.

Document. Positions du dauphin

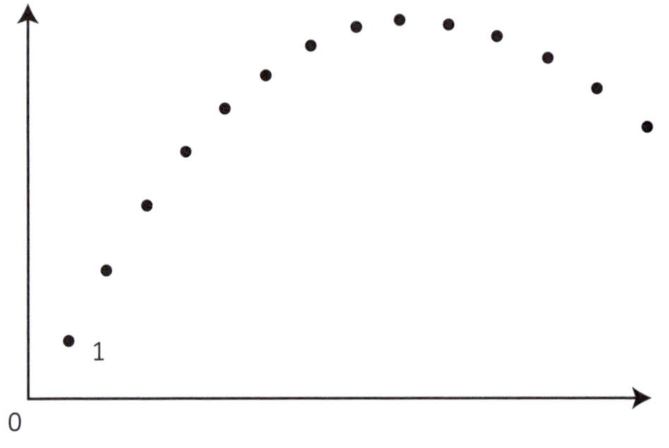

- Échelle du document : 1 cm pour 0,50 m
- Durée entre 2 positions : 0,10 s

Exercice 10.2

S'approprier, analyser, raisonner, réaliser

D'après Bac S, Un étonnant ascenseur à bateau, 2016

Le système d'enregistrement permet de prendre une succession de photographies à intervalles de temps égaux, puis de les superposer afin d'étudier un mouvement.

La superposition des photographies d'une roue prises par un photographe amateur depuis la rive et un dispositif de pointage ont permis de repérer l'évolution de la position du point G lors de l'ascension d'un bateau.

Échelles

- Distance : 1 cm sur le schéma représente 2,0 m dans la réalité
- Δt : durée entre deux photographies successives : 30 s

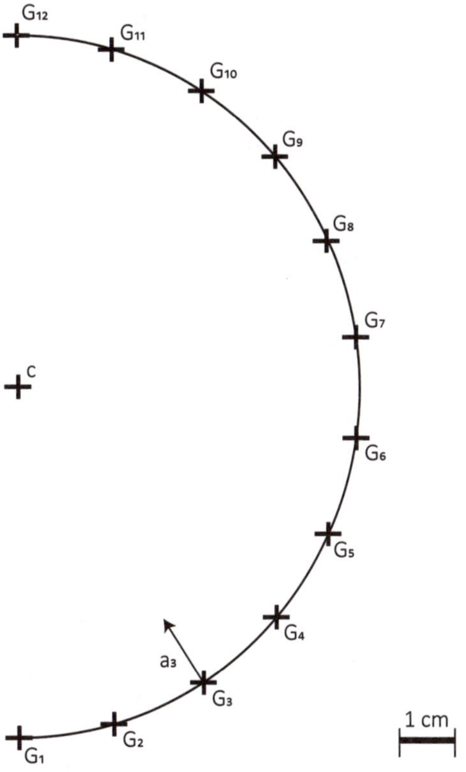

Position du centre de gravité G lors de l'ascension

Le référentiel d'étude est un référentiel terrestre lié au sol.

1. Exprimer puis calculer v_2, v_4, v_7 et v_9. Que peut on en conclure sur la nature du mouvement ? Justifier votre réponse.
2. Représenter en précisant l'échelle choisie $\overrightarrow{v_2}$, $\overrightarrow{v_4}$, $\overrightarrow{v_7}$ et $\overrightarrow{v_9}$.
3. Exprimer puis construire soigneusement $\overrightarrow{\Delta v_3}$ et $\overrightarrow{\Delta v_8}$.
4. En déduire la valeur de a_3 et a_8.
5. Construire en précisant l'échelle choisie $\overrightarrow{a_3}$ et $\overrightarrow{a_8}$. Donner les caractéristiques de ce vecteur.

Exercice 10.3

S'approprier, analyser, raisonner, réaliser

D'après Bac S, Amérique du nord, Le saut de la grenouille, 2004

Etienne Jules Marey (Beaune 1830 – Paris 1904) physiologiste français, est connu pour ses études sur la démarche humaine. Il est l'inventeur de la chronophotographie. Cette technique permet d'étudier les mouvements rapides en réalisant à l'aide d'éclairs périodiques l'enregistrement, sur une même image, des positions et des attitudes d'un animal à intervalles de temps réguliers.

1. On étudie le mouvement associé au saut de la grenouille, celui-ci est définie par la position de son centre d'inertie G qui évolue au cours du temps. Le vecteur position est défini par :

$$\overrightarrow{OG}(t)\begin{cases} x(t) = 2t - 1 \\ y(t) = -5t^2 + 10t + 2 \\ z(t) = 0 \end{cases}$$

   a. Déterminer les coordonnées du vecteurs vitesse de la grenouille en fonction du temps.

   b. Déterminer la valeur de la vitesse de la grenouille à la date $t = 2{,}0$s.

Pour atteindre un nénuphar situé à 40 cm une grenouille effectue un saut avec une vitesse initiale $v_0 = 2$ m.s^{-1}. Le vecteur vitesse initial fait un angle $\alpha_0 = 45°$ avec la direction horizontale.

L'analyse d'un des clichés à l'aide d'un logiciel informatique, permet d'obtenir l'enregistrement des positions successives du centre d'inertie de la grenouille. La figure 9 reproduit ces positions à l'échelle ½.

La première position du centre d'inertie de la grenouille (G_0) sur le document correspond à l'origine du repère (point O), à la date choisie comme origine des temps. La durée entre deux positions successives est $\tau = 20$ ms.

2. Exploitation du document

   a. Déterminer les valeurs v_9 et v_{11} des vecteurs vitesse instantanée du centre d'inertie de la grenouille aux points G_9 et G_{11}.

   b. Tracer sur la figure 9 les vecteurs $\overrightarrow{v_9}$ et $\overrightarrow{v_{11}}$ (échelle 1 cm pour 0,5 m.s^{-1}).

c. Construire sur la figure 9 le vecteur $\Delta\vec{v} = \overrightarrow{v_{11}} - \overrightarrow{v_9}$ avec pour origine le point G_{10}. Déterminer sa valeur en utilisant l'échelle précédente.

d. En déduire les caractéristiques de la somme des forces appliquées au système.

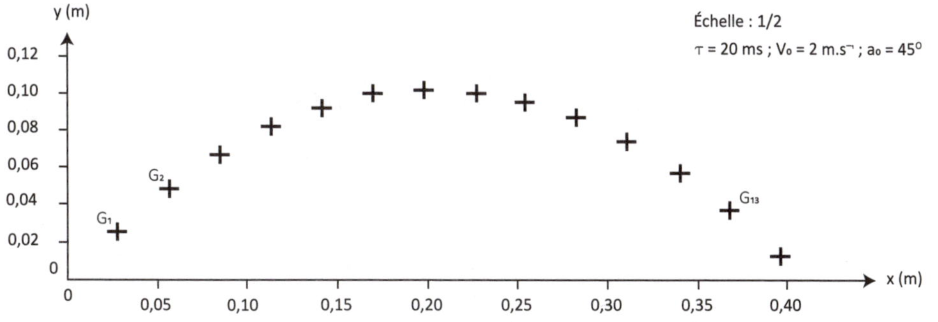

Exercice 10.4

S'approprier, analyser, raisonner, réaliser

D 'après Bac S, Liban, La logan au banc d'essai, 2006

La Dacia Logan, conçue par le constructeur français Renault est produite au départ en Roumanie. Elle a fait la une de l'actualité lors de son lancement commercial : elle était en effet présentée comme « la voiture à 5 000 euros ». Même si son prix fut finalement plus élevé que prévu, les journalistes automobiles étaient impatients d'évaluer cette voiture d'un nouveau genre.

L'exercice propose d'étudier le virage sur une trajectoire circulaire par les essayeurs d'un magazine automobile.

Le test consiste à faire décrire à la voiture une trajectoire circulaire de rayon $R = 50$ m. Ce test donne une bonne indication de la tenue de route du véhicule.

Une chronophotographie (en vue de dessus) représentant les positions successives du centre d'inertie G de la Logan pendant ce test est donnée ci-dessous.

La durée $\tau = 1{,}00$ s sépare deux positions successives du centre de masse G.

1. Exprimer les normes des vitesses v_3 et v_5 du centre d'inertie G aux points G_3 et G_5 en fonction des distances G_2G_4, G_4G_6 et de la durée τ.

2. En utilisant la figure, montrer que ces vitesses v_3 et v_5 ont la même valeur d'environ 40 km.h^{-1}.

3. Représenter les vecteurs vitesse $\vec{v}_3$ et $\vec{v}_5$ (échelle : 1 cm pour 2 m.s^{-1}).

4. Représenter le vecteur $\Delta\vec{v}_4 = \vec{v}_5 - \vec{v}_3$.
   Conclure.

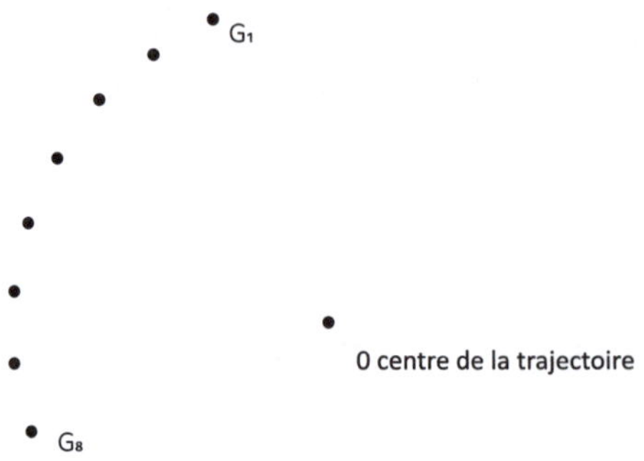

Échelle : 1,0 cm pour 10 m

Exercice 10.5

S'approprier, analyser, raisonner, réaliser

D 'après Bac S, Polynésie, record de saut en longueur à moto, 2009

Le 31 mars 2008, l'Australien Robbie Maddison a battu son propre record de saut en longueur à moto à Melbourne. La Honda CR 500, après une phase d'accélération, a abordé le tremplin avec une vitesse de 160 km.h^{-1} et s'est envolée pour un saut d'une portée égale à 107 m.

Dans cet exercice, nous allons nous limiter à l'étude de la phase d'accélération du motard.

On considère que le motard s'élance, avec une vitesse initiale nulle, sur une piste rectiligne en maintenant une accélération constante.

Une chronophotographie (en vue de dessus) représentant les premières positions successives du centre d'inertie G du système est donnée ci-dessous.

La durée $\tau = 0{,}800$ s sépare deux positions successives du centre d'inertie G.

À $t = 0$, le premier point du centre d'inertie du système est noté G_0 sur la chronophotographie.

1. Exprimer les valeurs des vitesses $\vec{v}_2$ et $\vec{v}_4$ du centre d'inertie G aux points G_2 et G_4 puis les calculer.
2. Représenter les vecteurs vitesses $\vec{v}_2$ et $\vec{v}_4$ après avoir reproduit la chronophotographie sur votre feuille en respectant l'échelle suivante : 1 cm pour 2 m.s^{-1}.
3. Représenter sur le schéma, le vecteur $\Delta\vec{v}_3 = \vec{v}_4 - \vec{v}_2$.

Corrigé des exercices

Exercice 10.1

1. $v_4 = \frac{G_3G_5}{2\Delta t}$ or $G_3G_5 = 1{,}9$ cm sur la feuille soit G_3G_5(réel) $= 1{,}9 \times 0{,}50 = 0{,}95$ m.
Donc $v_4 = \frac{0{,}95}{2 \times 0{,}10} = 4{,}8\ m.s^{-1}$.
$v_6 = \frac{G_5G_7}{2\Delta t}$ or $G_5G_7 = 1{,}6$ cm sur la feuille soit G_5G_7(réel) $= 1{,}6 \times 0{,}50 = 0{,}80$ m.
Donc $v_6 = \frac{0{,}80}{2 \times 0{,}10} = 4{,}0\ m.s^{-1}$.
2. D'après l'échelle, on a : $\overrightarrow{v_4} : \frac{4{,}8}{2} : 2{,}4$ cm et $\overrightarrow{v_6} : \frac{4{,}0}{2} : 2{,}0$ cm.

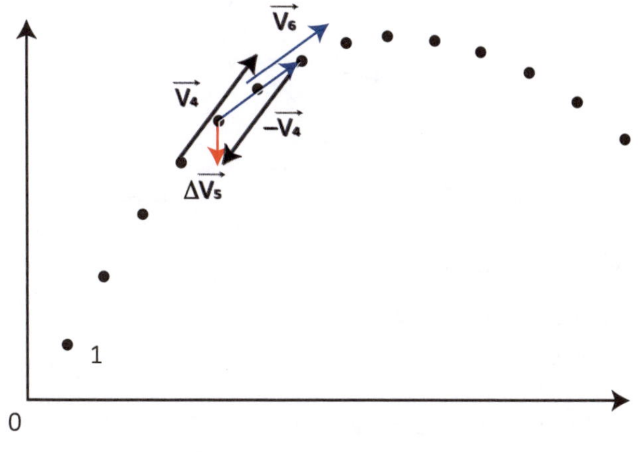

3. $\Delta\overrightarrow{v_5} : 1{,}0$ cm donc $\Delta v_5 = 2{,}0\ m.s^{-1}$.

Exercice 10.2

1. $v_2 = \frac{G_1G_3}{2\Delta t}$, $v_4 = \frac{G_3G_5}{2\Delta t}$, $v_7 = \frac{G_6G_8}{2\Delta t}$ et $v_9 = \frac{G_8G_{10}}{2\Delta t}$
or $G_1G_3 = G_3G_5 = G_6G_8 = G_8G_{10} = 4{,}3$ cm sur la feuille soit
$G_1G_3 = G_3G_5 = G_6G_8 = G_8G_{10}$ (réel) $= 4{,}3 \times 2{,}0 = 8{,}6$ m.
Doù : $v_2 = v_4 = v_7 = v_9 = \frac{8{,}6}{2 \times 30} = 0{,}14\ m.s^{-1}$.

On constate que la vitesse est constante donc on peut parler de mouvement circulaire uniforme.

2.

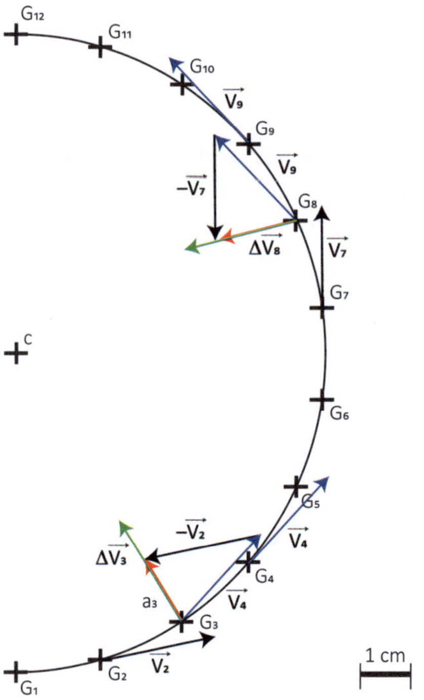

Échelle des vitesses : 1,0 cm : 0,050 m.s^{-1}.

3. $\Delta\overrightarrow{v_3} = \overrightarrow{v_4} - \overrightarrow{v_2}$ et $\Delta\overrightarrow{v_8} = \overrightarrow{v_9} - \overrightarrow{v_7}$

Voir figure ci-dessus.

4. $a_3 = \frac{\overrightarrow{\Delta v_3}}{2\Delta t}$ or $\Delta\overrightarrow{v_3}$: 1,4 cm donc $\Delta v_3 = 1{,}4 \times 0{,}05 = 0{,}070$ m.s^{-1} et on a

$$a_3 = \frac{\Delta v_3}{2\Delta t} = \frac{0{,}070}{2 \times 30} = 1{,}2 \times 10^{-3} \text{ m.s}^{-2}.$$

$a_8 = \frac{\overrightarrow{\Delta v_8}}{2\Delta t}$ or $\Delta\overrightarrow{v_8}$: 1,4 cm donc $\Delta v8 = 1{,}4 \times 0{,}05 = 0{,}070$ m.s^{-1} et on a

$$a_8 = \frac{\Delta v_8}{2\Delta t} = \frac{0{,}070}{2 \times 30} = 1{,}2 \times 10^{-3} \text{ m.s}^{-2}.$$

5. Échelle de l'accélération : 1 cm : 0,4 × 10^{-3} m.s^{-2}. Donc les vecteurs mesurent environ 3 cm. Voir figure ci-dessus.

Le vecteur accélération est radiale (suivant le rayon du cercle) et centripète (dirigée vers le centre du cercle).

Exercice 10.3

1. *a.* On sait que $\vec{v} = \frac{d\overrightarrow{OM}}{dt}$ donc on obtient :

$$\vec{v}\begin{cases} v_x(t) = 2 \\ v_y(t) = -10t + 10 \\ v_z(t) = 0 \end{cases}$$

b. $v(2) = \sqrt{(2)^2 + (-10\times 2 + 10)^2 + 0^2} = 10{,}2 \text{ m.s}^{-1}$.

2. *a.* $v_9 = \frac{G_8G_{10}}{2\tau}$ et $v_{11} = \frac{G_{10}G_{12}}{2\tau}$

Or $G_8G_{10} = 2{,}5$ cm sur la feuille soit en réel, on multiplie par 2 car l'échelle est ½.

Soit $G_8G_{10} = 2{,}5 \times 2 = 5{,}0$ cm.

De même on obtient : $G_{10}G_{12} = 2{,}8 \times 2 = 5{,}6$ cm.

D'où $v_9 = \frac{5{,}0\times 10^{-2}}{2\times 0{,}020} = 1{,}3 \text{ m.s}^{-1}$ et $v_{11} = \frac{5{,}6\times 10^{-2}}{2\times 0{,}020} = 1{,}4 \text{ m.s}^{-1}$.

b. Construction de $\overrightarrow{v_9}$ et $\overrightarrow{v_{11}}$

Avec l'échelle imposée, on a : $\overrightarrow{v_9}$: 1,3/0,5 : 2,6 cm.

Et $\overrightarrow{v_{11}}$: 1,4/0,5 : 2,8cm.

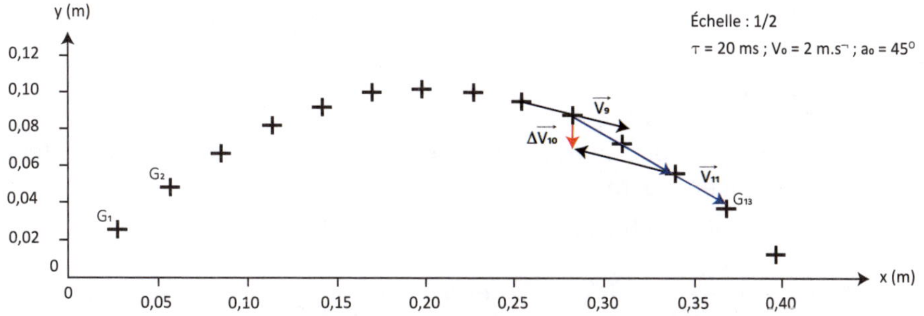

c. On a $\Delta\overrightarrow{v_{10}}$: 0,7 cm donc $\Delta v10 = 0{,}7 \times 0{,}5 = 0{,}35 \text{ m.s}^{-1}$.

d. Caractéristiques : verticale et vers le bas.

Exercice 10.4

1. $v_3 = \frac{G_2G_4}{2\tau}$ et $v_5 = \frac{G_4G_6}{2\tau}$

2. Or $G_2G_4 = G_4G_6 = 2{,}1$ cm sur la feuille soit en réel, on multiplie par 10.

Soit $G_2G_4 = G_4G_6 = 2{,}1 \times 10 = 21{,}0$ m.

D'où $v_3 = v_5 = \dfrac{21,0}{2\times 1,00} = 10,5$ m.s^{-1}. Soit $v_3 = v_5 = 10,5 \times 3,6 = 38$ km.h^{-1}.

Cette valeur est bien proche de 40 km.h^{-1}.

3. $\overrightarrow{v_3}$: $\overrightarrow{v_5}$: 10,5/2 : 5,3 cm

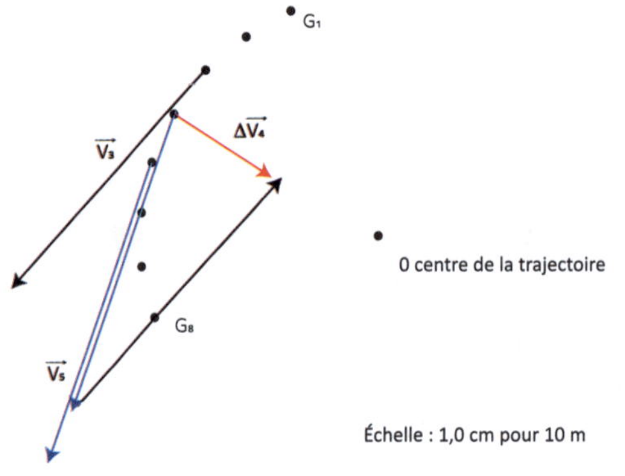

4. La somme des forces appliquées a pour direction le rayon du cercle et le sens vers le centre du cercle.

Exercice 10.5

1. $v_2 = \dfrac{G_1G_3}{2\tau}$ et $v_4 = \dfrac{G_3G_5}{2\tau}$

Or $G_1G_3 = 6,4$ cm donc en réel $G_1G_3 = 6,4 \times 2 = 12,8$ m car 1 cm sur la feuille représente 2 m en réalité.

$G_3G_5 = 12,9$ cm sur la feuille soit en réel $G_3G_5 = 12,9 \times 2 = 25,8$ m.

Donc $v_2 = \dfrac{12,8}{2\times 0,800} = 8,00$ m.s^{-1}; et $v_4 = \dfrac{25,8}{2\times 0,800} = 16,1$ m.s^{-1}.

2. Construction de $\overrightarrow{v_2}$ et $\overrightarrow{v_4}$

Avec l'échelle imposée, on a : $\overrightarrow{v_2}$: 8/2 : 4,0 cm. Et $\overrightarrow{v_4}$: 16,1/2 : 8,05 cm.

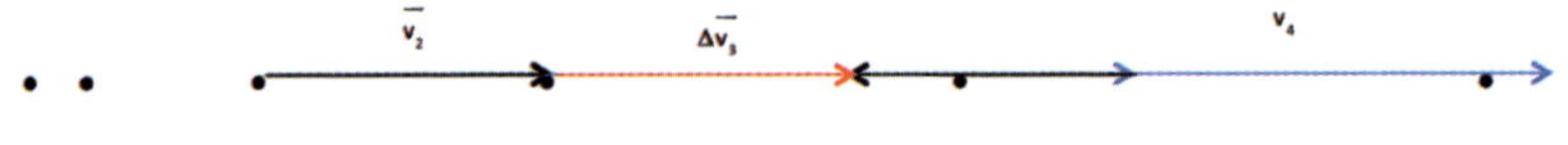

3. Voir sur la figure ci-dessus.

Chapitre 11

Aspects énergétiques des phénomènes électriques

Cours

1 L'intensité du courant

L'intensité du courant représente le débit de charge électrique soit le nombre d'électrons en un point d'un circuit électrique. L'intensité se note I et s'exprime en Ampère, notée A. Un ampère correspond à un débit de charges électriques de 1 coulomb par seconde soit au passage de $6{,}24.10^{18}$ électrons par seconde. L'intensité du courant est la quantité d'électricité qui traverse la section du conducteur par unité de temps.

Soit $I = \frac{Q}{t}$.

- Q : la quantité d'électricité en coulomb (C)
- t : temps en seconde (s)
- I : l'intensité en Ampère (A)

L'appareil de mesure d'une intensité est l'ampèremètre.

Remarque

Si t est exprimé en heure, Q est obtenu en Ampère-heure. 1 Ah = 3 600 C. L'ampère-heure est l'unité utilisée pour indiquer la capacité d'une batterie d'accumulateurs, c'est-à-dire la quantité d'électricité qu'elle peut fournir.

2 Modèle d'une source réelle de tension continue comme association en série d'une source idéale de tension continue et d'une résistance

Une source de tension idéale fournit une tension U constante entre ses bornes, quel que soit le courant I débité dans le circuit. Le symbole d'une source de tension idéale est donné par la figure ci-dessous :

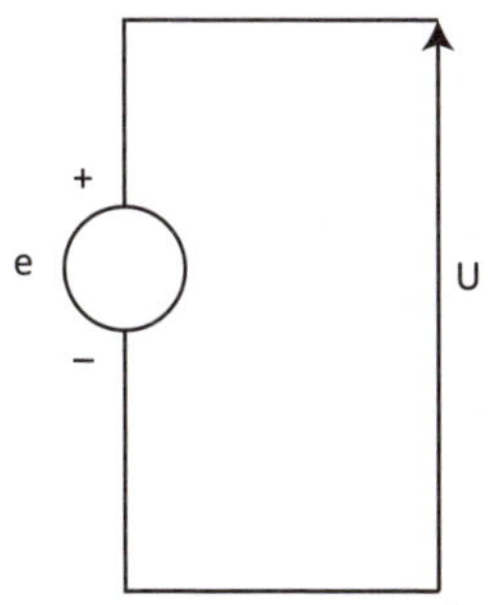

Donc U = e avec e la fem du générateur.

Une source de tension réelle peut se représenter comme une source de tension idéale en série avec une résistance r représentant la résistance interne des éléments constituant la source.

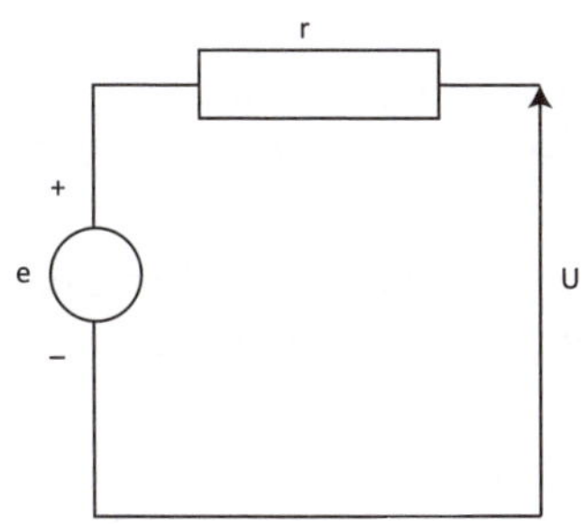

Donc $U = e - rI$.

3 Puissance et énergie

A Puissance

Un récepteur est un appareil qui convertit l'énergie électrique qu'il reçoit en une autre forme d'énergie lors de son fonctionnement. On peut donc définir la puissance d'un récepteur qui traduit la rapidité de transfert de l'énergie qu'il reçoit par la relation suivante :

$$P = \frac{E}{\Delta t}$$

- P : puissance en watt (W)
- E : énergie en Joule (J)
- Δt : durée de fonctionnement en seconde (s)

B Conversion d'énergie

- Un générateur électrique de force électromotrice (fem) notée E et de résistance interne notée r a une tension d'expression : $U_G = E - r \times I$.

  Avec U en volt (V), E en volt (V), r en ohm (Ω) et I en ampère (A).

- Un récepteur de force contre-électromotrice E' et de résistance interne r' a une tension d'expression :

  $U_R = E' + r' \times I$.

  Avec U en volt (V), E' en volt (V), r' en ohm (Ω) et I en ampère (A).

- Un générateur fournit une puissance dont l'expression est : $P_f = U_G \times I$.

  Un récepteur reçoit une puissance dont l'expression est : $P_r = U_R \times I$.

  Si le récepteur est branché directement sur le générateur alors $P_f = P_r$.

  La totalité de l'énergie électrique fournie par le générateur est transférée au récepteur. L'énergie électrique fournie par le générateur provient de la conversion d'une énergie chimique ou mécanique.

- Un conducteur ohmique est un dipôle que l'on caractérise par une résistance R. L'énergie électrique reçue est convertie en énergie thermique et en rayonnement par effet Joule.

  Un conducteur ohmique vérifie la loi d'ohm, c'est-à-dire que la tension à ses bornes est proportionnelle à l'intensité du courant qui le traverse.

  $$\boxed{U = R \times I}$$

  – U : tension électrique aux bornes du conducteur ohmique en volt (V)
  – R : résistance du conducteur ohmique en ohm (Ω)
  – I : intensité du courant traversant le conducteur ohmique en ampère (A)

- Au passage du courant électrique dans un conducteur ohmique, il se produit une dissipation d'énergie appelée effet Joule. On peut donc calculer l'énergie dissipée par effet Joule :

  $E = P \times \Delta t$ or $P = U \times I$ donc $E = U \times I \times \Delta t$ et $U = R \times I$

  d'où $E = R \times I \times I \times \Delta t$ soit $E = R \times I^2 \times \Delta t$

C Rendement d'un convertisseur

On définit le rendement d'un convertisseur, noté ρ, à l'aide de la relation suivante :

$$\boxed{\rho = \frac{E_{utile}}{E_{reçue}} = \frac{P_{utile}}{P_{reçue}}}$$

- Les énergies et les puissances doivent être exprimées dans la même unité.
- ρ est une grandeur sans unité comprise entre 0 et 1.

Exercices

Compétences attendues

- Relier intensité d'un courant continu et débit de charges

Exercice 11.1

S'approprier, analyser, réaliser

La batterie d'une perceuse-visseuse se recharge en 10 heures et sa capacité est de 8 ampères-heures.

- Calculer le courant de charge et la quantité d'électricité en Coulomb que l'on doit fournir à la batterie pour sa charge complète.

Exercice 11.2

S'approprier, analyser, réaliser

Une batterie d'accumulateurs a fournie une quantité d'électricité de 60 000 Coulombs pendant une minute.

- Calculer l'intensité du courant débité par la batterie.

Exercice 11.3

S'approprier, analyser, réaliser

Une batterie d'accumulateurs se décharge complètement en trois heures lorsqu'elle débite 10 Ampères.

- Calculer la capacité de la batterie en ampères-heures.

Exercice 11.4

S'approprier, analyser, réaliser

Une lampe à incandescence fonctionne 10 heures par jour et est traversée par un courant de 0,8 A.

- Calculer en Ampères-heures et en Coulombs la quantité d'électricité consommée en un mois de trente jours.

Compétences attendues

- Expliquer quelques conséquences pratiques de la présence d'une résistance dans le modèle d'une source réelle de tension continue

Exercice 11.5

S'approprier, analyser, raisonner, réaliser

Une ampoule de puissance 24 W fonctionne normalement lorsqu'une tension de 12 V est appliquée à ses bornes.

1. Calculer l'intensité I du courant qui traverse la lampe.
2. La force électromotrice e du générateur qui l'alimente est de 14 V. En déduire la résistance interne du générateur.
3. Pour ce régime de fonctionnement, la lampe est assimilée à un conducteur ohmique de résistance r. Calculer cette résistance.
4. Quelle est l'énergie consommée pendant 12 heures ? (donner la réponse en Watt heure et en joule)
5. En supposant que le prix du kilowattheure est de 0,14 €, quel est le coût de fonctionnement pour cette durée ?

Compétences attendues

- Citer quelques ordres de grandeurs de puissances fournies ou consommés par des dispositifs courants

Exercice 11.6

S'approprier

Associer à chaque photo une puissance de fonctionnement dans la liste suivante : 1 W ; 1 kW ; 1 MW ; 10 W.

Compétences *attendues*

- Définir le rendement d'un convertisseur

Exercice 11.7

S'approprier, analyser, raisonner, réaliser

La police utilise pour se déplacer en ville un nouveau moyen de déplacement : le segway. Il s'agit d'un hoverboard électrique pouvant atteindre une vitesse maximum de 20 km.h^{-1} possédant un moteur électrique de 3 000 W et 4 CV.

1. Quelle est la puissance du moteur ?
2. Déterminer l'énergie électrique consommée par le segway au cours d'un trajet de 30 min à pleine puissance.

Exercice 11.8

S'approprier, analyser, raisonner, réaliser

L'écran d'une tablette tactile de 10 pouces consomme 42,5 W.h en 2 h de fonctionnement.

1. Calculer la puissance de l'écran de cette tablette.
2. Sur l'étiquette au dos de la tablette est inscrit : « puissance de 0,75 W en veille ». Déterminer l'énergie consommée par l'écran si son utilisateur le laisse en veille une journée complète.

Exercice 11.9

S'approprier, analyser, raisonner, réaliser

Afin de transporter l'électricité, on utilise des câbles qui possèdent une résistance électrique. Il se produit dans ces câbles un phénomène appelé l'effet Joule au cours duquel une partie de l'énergie est dégradée. Le transport de cette énergie s'effectue à tension élevée grâce à un transformateur. Un câble sous haute tension de 100 km possède une résistance électrique de 5,00 Ω. La tension mesurée aux bornes du transformateur est d'environ 400 kV quand l'intensité électrique vaut 50,0 A.

1. Définir le phénomène d'effet Joule.
2. Sous quelle forme d'énergie est convertie l'électricité qui se dégrade par effet Joule ?
3. Comment calcule-t-on la puissance dissipée par effet Joule ?
4. Déterminer la puissance électrique fournie par le transformateur.
5. Déterminer la puissance électrique obtenue au bout de la ligne.
6. Déterminer le rendement du transport au cours des 100 km. Commenter.

Corrigé des exercices

Exercice 11.1

1. $I = \frac{Q}{t} = \frac{8}{10} = 0{,}8$ A.
2. $Q = 8 \times 3600 = 28\ 800$ C.

Exercice 11.2

$I = \frac{Q}{t} = \frac{60000}{60} = 1\ 000$ A.

Exercice 11.3

$Q = I \times t = 10 \times 3 \times 60 \times 60 = 108\ 000$ C soit $Q = \frac{108000}{3600} = 30$ A.h.

Exercice 11.4

$Q = I \times t = 10 \times 0{,}8 = 8$ A.h.

Donc $Q = 8 \times 3\ 600 = 28\ 800$C.

Exercice 11.5

1. $P = U \times I$ donc $I = \frac{P}{U} = \frac{24}{12} = 2$ A.
2. $U = E - r \times I$ donc $r \times I = E - U$ soit $r = \frac{E - U}{I} = \frac{14 - 12}{2} = 1{,}0\ \Omega$.
3. $P = U \times I = R \times I \times I = R \times I^2$ donc $R = \frac{P}{I^2} = \frac{24}{1{,}0^2} = 24\ \Omega$.
4. $E = P \times \Delta t = 24 \times 12 = 288$ W.h $= 288 \times 3600 = 1{,}04 \times 10^6$ J.
5. Coût $= 288 \times 0{,}14 = 40{,}32$ euros.

Corrigés

Exercice 11.6

1 W : écran téléphone

10 W : ampoule

1 kW : Scooter

1 MW : TGV

Exercice 11.7

1. P = 3 000 W.
2. $E = P \times \Delta t = 3000 \times 30 \times 60 = 5{,}4 \times 10^6$ J.
   Attention Δt s'exprime en seconde.

Exercice 11.8

1. $P = \frac{E}{\Delta t} = \frac{42{,}5}{2} = 21{,}3$ W.
2. $E = P \times \Delta t = 0{,}75 \times 24 = 18$ W.h.

Exercice 11.9

1. Au passage du courant électrique dans un conducteur ohmique, il se produit une dissipation d'énergie appelée effet Joule.
2. Par effet Joule, l'électricité se dégrade en chaleur.
3. P(joule) = U×I or U = R×I donc P(joule) = R×I×I = $R \times I_2$.
4. P(fournit) = U(transformateur)× I = 400 × 103 × 50,0 = 2,00 × 107 W = 20,0 MW.
5. P(obtenue) = P(fournit) – P(joule) = 2,00 × 107 – 5,00 × (50,0)2 = 19,9 MW
6. $\rho = \frac{P_{obtenue}}{P_{fournit}} = \frac{19{,}99}{20{,}0} \times 100 = 99{,}95$ %. Les pertes sont minimes.

Chapitre 12

Aspects énergétiques des phénomènes mécaniques

Cours

1 Énergie cinétique d'un système modélisé par un point matériel

L'énergie cinétique d'un solide est l'énergie qu'il possède du fait de son mouvement. L'énergie cinétique d'un solide de masse m, en mouvement de translation dans un référentiel galiléen, dont le centre d'inertie et animé d'une vitesse $\overrightarrow{V_G}$ est donnée à tout instants par la relation :

$$E_c = \frac{1}{2} \times m \times V_G^2$$

- Ec : énergie cinétique du solide en Joule (J) ;
- m : masse du solide en (kg) ;
- v : vitesse du centre d'inertie du solide en $m.s^{-1}$.

Erreurs à éviter

- Penser à convertir la vitesse si celle-ci est exprimée en $km.h^{-1}$.
- Attention à l'unité de la masse.

2 Travail d'une force constante

A Définition

Soit une force $\vec{F}$ constante (direction, sens et valeur constante au cours du mouvement) dont le point d'application a un déplacement rectiligne AB.

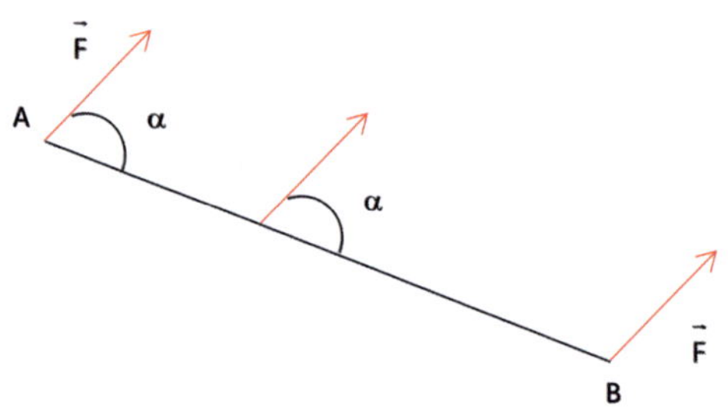

$$W_{AB}(\vec{F}) = \vec{F}.\overrightarrow{AB} = F \times AB \times \cos(\alpha)$$

- α correspond à l'angle entre le déplacement AB et la force $\vec{F}$ exprimé en degré ;
- F la force exprimée en Newton (N) ;
- AB le déplacement rectiligne exprimé en mètre (m) ;
- W le travail de la force exprimé en Joule (J).

B signe du travail

$\alpha = 0°$	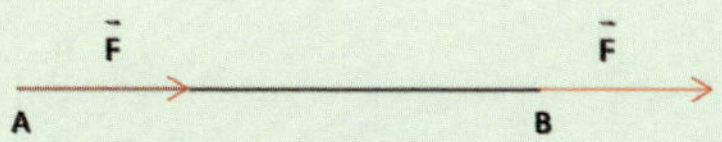	$W_{AB}(\vec{F}) = F \times AB > 0$ travail moteur
$0° < \alpha < 90°$	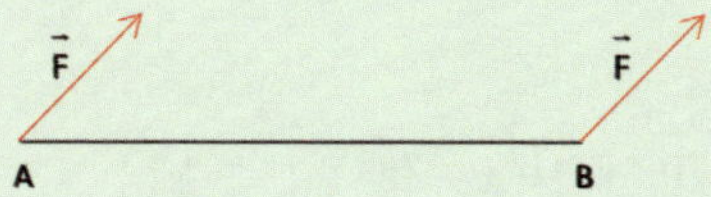	$W_{AB}(\vec{F}) = F \times AB \times \cos(\alpha) > 0$ travail moteur
$\alpha = 90°$	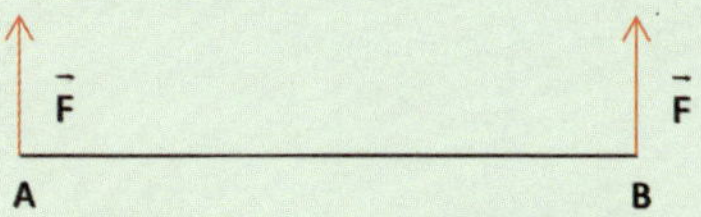	$W_{AB}(\vec{F}) = 0$ travail nul
$90 < \alpha < 180°$	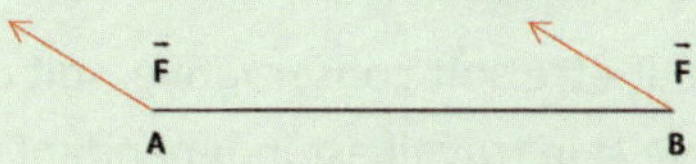	$W_{AB}(\vec{F}) = F \times AB \times \cos(\alpha) < 0$ travail résistant
$\alpha = 180°$		$W_{AB}(\vec{F}) = -F \times AB < 0$ travail résistant

Le travail d'une force est une grandeur algébrique :

- Il est **moteur** si l'angle entre la force et le vecteur déplacement est inférieur à 90° : la force participe à la mise en mouvement du solide.
- Il est **résistant** si l'angle entre la force et le vecteur déplacement est supérieur à 90° : la force s'oppose au mouvement du solide.

Le travail est maximal pour un angle de 0° et nul pour un angle de 90°.

C cas particulier : travail du poids

Le poids est une force constante, donc on peut appliquer l'expression précédente :
$W_{AB}(\vec{P}) = \vec{P}.\overrightarrow{AB}$

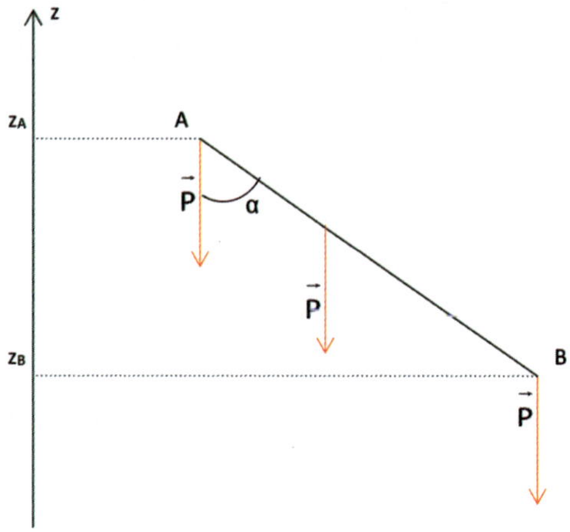

Soit : $W_{AB}(\vec{P}) = P \times AB \times \cos(\alpha) = m \times g \times (z_A - z_B)$

Donc si A est plus haut que B : le travail du poids est moteur. Si B est plus haut que A : le travail du poids est résistant.

3 Forces conservatives et non conservatives

Lorsqu'une force travaille, elle peut être soit conservative, soit non conservative.

- Une force est dite **conservative** si le travail est indépendant du chemin suivi.

Exemple

Le poids : on a démontré précédemment que $W_{AB}(\vec{P}) = P \times AB \times \cos(\alpha) = m \times g \times (z_A - z_B)$

Donc le travail du poids dépend uniquement de l'altitude du point de départ et l'altitude du point B, d'où le travail est indépendant du chemin suivi pour aller de A à B. On dit que le poids est une force conservative.

- Une force est dite non conservative si le travail dépend du chemin suivi.

Exemple

Une force de frottement : Soit un palet qui glisse sur un plan horizontal de A vers B. Le palet est soumis à des forces de frottements, notées $\vec{f}$, qui s'oppose au mouvement.

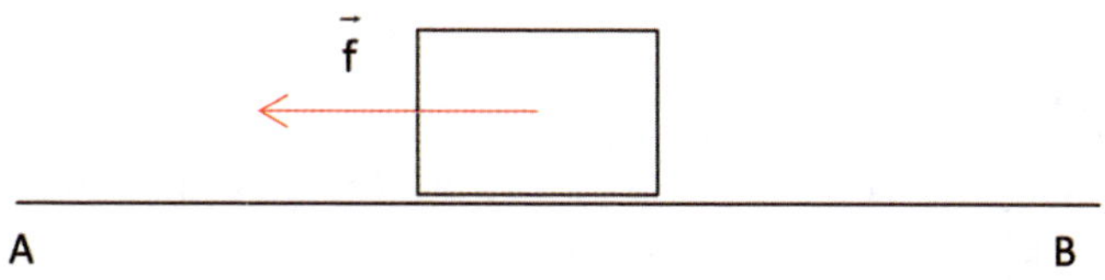

Le travail de la force de frottements est : $W_{AB}(\vec{f}) = \vec{f}.\overrightarrow{AB} = f \times AB \times \cos(180) = -f \times AB$

Le travail dépend du chemin suivi, soit AB, donc la force de frottement est une force conservative.

4 Énergie potentielle

Une énergie potentielle est associée à chaque force conservative. Elle est définie par sa variation lors du déplacement du système.

La variation d'énergie potentielle est égale au travail des forces conservatives, soit :

$$\Delta E_p = E_p(B) - E_p(A) = -W_{AB}(\vec{F}_{conservative})$$

Application à l'énergie potentielle de pesanteur

L'énergie potentielle de pesanteur est associée à la force de pesanteur c'est-à-dire le poids, soit :

$$\Delta E_{pp} = E_{pp}(B) - E_{pp}(A) = -W_{AB}(\vec{P}) = -m \times g \times (z_A - z_B) = m \times g \times (z_B - z_A)$$

Donc par identification $E_{pp} = m \times g \times z$

- E_{pp} : énergie potentielle de pesanteur en joule (J) ;
- m : masse en kg ;
- g : intensité de la pesanteur en $N.kg^{-1}$;
- z : altitude en mètre (m).

5 Théorème de l'énergie cinétique

La variation de l'énergie cinétique d'un solide de masse m en mouvement de translation est égale à la somme des travaux des forces extérieures appliquées au solide lors de son déplacement. Au cours d'un déplacement AB :

$$\Delta E_c(AB) = E_c(B) - E_c(A) = \frac{1}{2} \times m \times v_B^2 - \frac{1}{2} \times m \times v_A^2 = \sum W_{AB}(\overrightarrow{F_{ext}})$$

6 Énergie mécanique

A Définition

L'énergie mécanique est définie par la somme des énergies cinétique et potentielle, soit : $E_m = E_c + E_p$

B Conservation ou non conservation de l'énergie mécanique

Si le système ne subit que des forces conservatives, l'énergie mécanique du système reste constante, soit $E_m(A) = E_m(B)$, donc $\Delta E_m = 0$. Concrètement, cela signifie qu'il n'y a aucune perte d'énergie au cours du déplacement. On dit que l'énergie mécanique se conserve.

Si le système subit des forces non conservatives, alors l'énergie mécanique varie, il y a un gain ou une dissipation d'énergie, que l'on peut déterminer à l'aide du théorème de l'énergie mécanique suivant :

La variation de l'énergie mécanique d'un système, en mouvement entre A et B, est égale à la somme des travaux des forces non conservatives qu'il subit au cours du mouvement :

$$\Delta E_m(AB) = E_m(B) - E_m(A) = \sum W_{AB}(\overrightarrow{F_{nonconservative}})$$

Exercices

Compétences attendues

- Utiliser l'expression de l'énergie cinétique d'un système modélisé par un point matériel

Exercice 12.1

S'approprier, analyser, raisonner, réaliser

Un avion de ligne de type Airbus A320 contenant 170 passagers de 62 t vole à une altitude de 8 000 m pour effectuer un trajet Paris-Marseille. Sa vitesse est constante d'une valeur de 850 km.h^{-1}.

- Exprimer l'énergie cinétique de l'Airbus.

Compétences attendues

- Utiliser l'expression du travail WAB(F) dans le cas de forces constantes

Exercice 12.2

S'approprier, analyser, raisonner, réaliser

Un skieur de masse m = 70,0 kg est tracté à vitesse constante par un remonte-pente sur une portion de piste AB supposée rectiligne. On se propose d'étudier le travail des forces exercées sur le skieur tout au long du trajet AB.

On prendra g = 9,81 N.kg^{-1}, AB = 500 m, α = 30,0° et β = 45,0°.

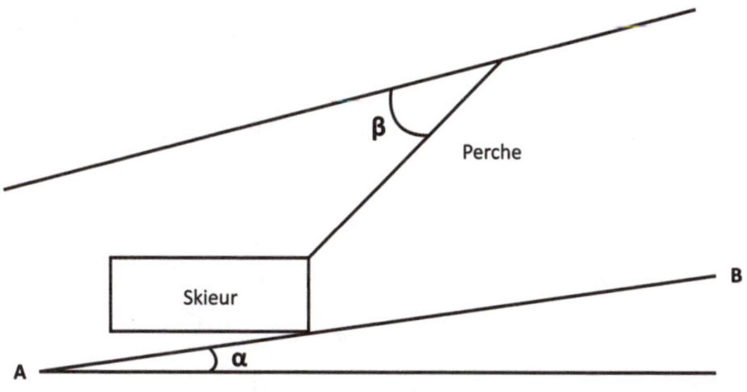

1. Faire un bilan des forces qui s'appliquent sur l'ensemble {skieur + ski} tout au long de AB.
2. Les frottements aux sols tout au long du mouvement seront considérés comme constant et égaux à une force f = 100 N.
3. Donner l'expression du travail de chacune des forces qui s'appliquent sur le système {skieur + ski} sur le déplacement AB et calculer sa valeur lorsque c'est possible. Préciser dans chaque cas s'il s'agit d'un travail moteur ou résistant et justifier.

Donnée $g = 9{,}81\ N.kg^{-1}$.

Compétences attendues

- Enoncer et exploiter le théorème de l'énergie cinétique

Exercice 12.3

S'approprier, analyser, raisonner, réaliser

Téo monte sur une piste de luge formant un angle $\alpha = 15{,}0°$ avec l'horizontale, en tirant sur une distance de AB = 50,0 m une luge de masse m = 3,50 kg. La corde fait un angle $\beta = 30{,}0°$ avec le sol. Les frottements de l'air sont négligeables.

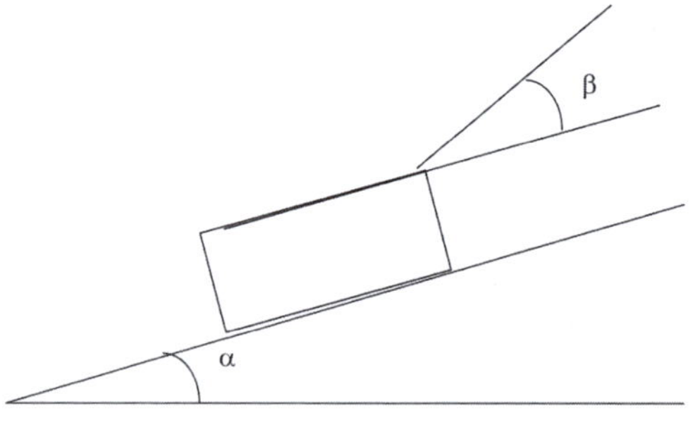

1. Dresser le bilan des forces s'appliquant sur la luge et les représenter sur un schéma, sans soucis d'échelle.
2. Calculer le travail du poids de la luge sur le trajet AB. Préciser s'il s'agit d'un travail moteur ou résistant.
3. Le travail de la force exercée par la corde sur la luge a une valeur de 870 J. Calculer la valeur de la force exercée par la corde sur la luge.
4. La luge atteint le point B avec une vitesse de $1{,}8\ m.s^{-1}$.
   Calculer la valeur de l'énergie cinétique au point B.

5. En appliquant le théorème de l'énergie cinétique, calculer la valeur de la force de frottement due au sol.

Donnée $g = 9{,}81\ N.kg^{-1}$.

Exercice 12.4

S'approprier, analyser, raisonner, réaliser

Un camion de 1,6 t, initialement au repos est soumis à une force F constante, horizontale, de même direction et de même sens que la vitesse. Cette force est celle de l'action du moteur sur le camion. Après avoir parcourue une distance de 1,5 km, le camion a atteint une vitesse de 115 $km.h^{-1}$. On négligera les forces de frottements dans cet exercice.

1. Sur un schéma, représenter le camion à l'aide d'un rectangle, ainsi que l'ensemble des forces appliquées au camion.
2. Exprimer le travail de chacune des forces.
3. Exprimer puis calculer l'énergie cinétique initiale et au bout de 1,5 km du camion.
4. En utilisant le théorème de l'énergie cinétique, exprimer puis calculer l'intensité de la force F.

Donnée $g = 9{,}81\ N.kg^{-1}$.

Exercice 12.5

S'approprier, analyser, raisonner, réaliser

Un TGV de 500 t arrive en gare avec une vitesse voisine de 12,0 $m.s^{-1}$. Le conducteur actionne les freins qui exerce sur le train une force constante de direction et de sens opposée à la vitesse du train d'une intensité $f = 18\,000$ N. Pendant cette manipulation, le moteur n'a plus d'action sur le TGV.

1. Sur un schéma, représenter le TGV à l'aide d'un rectangle, ainsi que l'ensemble des forces appliquées au TGV.
2. Exprimer le travail de chacune des forces.
3. En utilisant le théorème de l'énergie cinétique, exprimer puis calculer la distance de freinage notée d.

Donnée $g = 9{,}81\ N.kg^{-1}$.

Compétences attendues

- Établir et utiliser l'expression de l'énergie potentielle de pesanteur pour un système au voisinage de la Terre.

Exercice 12.6

S'approprier, analyser, raisonner, réaliser

Un escalier est formé de 10 marches d'une hauteur de 20,0 cm chacune. Un objet de masse 5,00 kg est placé sur la 3e marche à partir du bas. Calculer l'énergie potentielle de pesanteur de cet objet :

1. Si on choisit comme altitude de référence pour l'énergie potentielle, le bas de l'escalier.
2. Si on choisit comme altitude de référence pour l'énergie potentielle, le haut de l'escalier.

Donnée $g = 9{,}81\ N.kg^{-1}$.

Exercice 12.7

S'approprier, analyser, raisonner, réaliser

Un enfant a construit un pendule à l'aide d'un fil en nylon dont on négligera la masse. La longueur de son fil est de 42 cm, au bout duquel il a fixé une petite boule d'aluminium de masse $m = 30$ g. Il écarte le fil d'un angle α par rapport à la verticale dans le but de faire osciller son pendule librement.

On donne $g = 9{,}81\ N.kg^{-1}$ et $\alpha = 30°$.

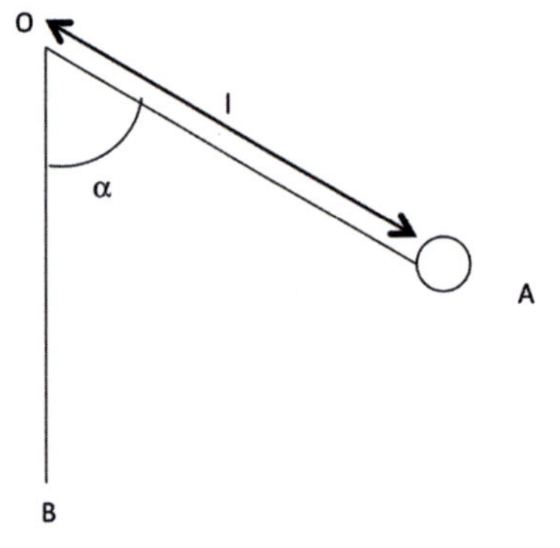

- Exprimer en fonction de α, l, m et g puis calculer l'énergie potentielle de pesanteur du système (bille + fil) au point A sachant que l'on prend le point B comme référence de l'énergie potentielle de pesanteur.

Compétences attendues

- Calculer le travail d'une force de frottement d'intensité constante dans le cas d'une trajectoire rectiligne

Exercice 12.8

S'approprier, analyser, raisonner, réaliser

D'après Bac S, Antilles, 2017

La finale de skateboard du FISE WORLD (Festival International des Sports Extrêmes) s'est déroulée le 5 mai 2016 à Montpellier. Parmi les nombreuses figures réalisées par les skateurs, les enchainements de « ollie » et de « grind » se sont succédés.

Comment faire un « ollie » ?

Un « ollie » est la figure de base du skateboard. Il s'agit d'un saut effectué avec la planche (...) Pour réaliser cette figure, il faut donner un bon coup avec votre pied arrière (dessin ci-contre). Il est important de bien faire claquer l'arrière de la planche ; c'est ce qui vous permet de décoller.

D'après *http://fr.wikihow.com/faire-un-ollie*

Enchainement d'un « ollie » et d'un « grind »

Le skateur avance d'abord en ligne droite à vitesse constante, puis la réalisation d'un « ollie » lui permet d'accéder à un rail et de glisser alors sur les axes de roues et de réaliser ainsi un « grind ». Cet enchaînement peut se décomposer de la manière suivante :

D'après Journal of Applied Biomechanics, University of Massachusetts http://stilab.com/content/papers/kinetics-of-the-ollie–2.pdf

Données

- hauteur du rail : $h = 45$ cm ;
- longueur du trajet sur le rail horizontal : $L = EF = 2{,}0$ m ;
- masse du système S {skateur + planche} : $m = 75$ kg ;
- intensité de la pesanteur : $g = 9{,}8 \text{N.kg}^{-1}$.

L'étude du mouvement du système S {skateur + planche} est faite dans le référentiel terrestre considéré comme galiléen.

Dans tout l'exercice, le système S, considéré comme indéformable, est assimilé à un point matériel G situé à une distance H = 1,0 m du support où se trouve le skateur, quel que soit ce support (sol, rail...).

Pour toutes les phases du mouvement, on pose que l'énergie potentielle de pesanteur est nulle au niveau du sol.

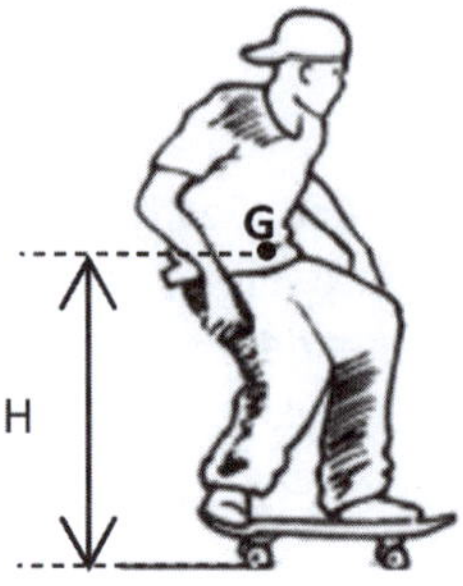

Les quatre parties de l'exercice sont indépendantes.

Première partie. Parcours AB

Quelle est la nature du mouvement du système S sur le parcours AB ?

Deuxième partie. Étude énergétique du « ollie »

On s'intéresse à présent au mouvement du système S sur le parcours C_E.

Le skateur effectue un « ollie » ; il quitte le sol au point C au moment où sa vitesse est $v_C = 3{,}6 \text{ m.s}^{-1}$; il atteint le rail au point E avec la vitesse v_E. On néglige les frottements sur le parcours C_E.

1. Donner les expressions de l'énergie mécanique du système S au point C et au point E.
2. En sachant que l'on néglige toute forme de dissipation d'énergie entre C et F, déterminer l'expression de la vitesse v_E au point E en fonction de g, h et v_C.
3. En déduire la valeur de la vitesse v_E au point E.

Troisième partie. Étude énergétique du « grind »

On étudie à présent le mouvement du système S qui glisse sans rouler sur le rail horizontal, du point E au point F.

Les forces de frottement ne sont pas négligeables, elles sont assimilables à une force $\vec{f}$ unique, constante et opposée au sens du mouvement.

1. Le document ci-après rassemble les représentations graphiques de l'évolution des grandeurs énergie potentielle de pesanteur E_{PP}, énergie cinétique E_c, et énergie mécanique E_m du système S sur le parcours EF.
   Attribuer à chaque courbe l'énergie qui lui correspond en justifiant.

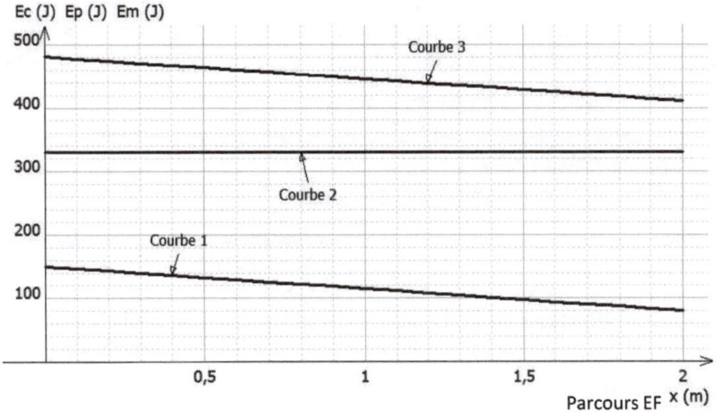

2. Donner l'expression littérale du travail de la force $\vec{f}$ le long du parcours EF.
3. En utilisant la non-conservation de l'énergie en présence de frottements, en déduire la valeur de l'intensité de la force de frottement $\vec{f}$.

▶ **Quatrième partie.** Étude énergétique du mouvement sur la rampe

Le skateur quitte le rail, les roues du skate sont de nouveau en contact avec le sol et roulent sans frottement. Le skateur prend de l'élan jusqu'au point K pour aborder la rampe : la vitesse horizontale atteinte a pour valeur $v_K = 4{,}5\ m.s^{-1}$.

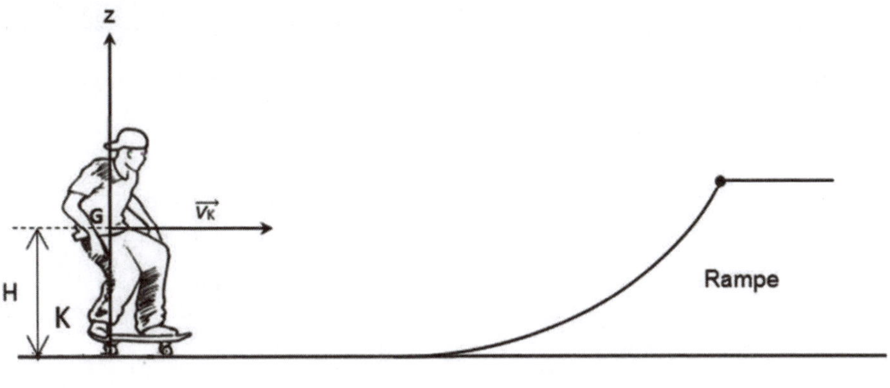

Le skateur arrive en haut de la rampe avec une vitesse nulle. Déterminer la hauteur de la rampe.

Exercices

Compétences attendues

- Identifier des situations de conservation et de non conservation de l'énergie mécanique.
- Exploiter la conservation de l'énergie mécanique dans des cas simples : chute libre en l'absence de frottement, oscillations d'un pendule en l'absence de frottement, etc.
- Utiliser la variation de l'énergie mécanique pour déterminer le travail des forces non conservatives.

Exercice 12.9

S'approprier, analyser, raisonner, réaliser

On lâche un ballon de masse 120 g sans vitesse initiale. Le ballon se trouve donc en mouvement de chute libre. Les forces de frottement sont négligeables pendant toute la durée du mouvement. On donne $g = 9{,}81\ N.kg^{-1}$.

1. Le ballon échange-t-il de l'énergie avec l'extérieur ?
2. En appliquant la conservation de l'énergie mécanique, exprimer puis calculer la vitesse du ballon après 10 m de chute.
3. Exprimer puis calculer la vitesse initiale que l'on doit communiquer au ballon afin qu'il touche le sol se situant à 12,0 m avec une vitesse de $20{,}0\ m.s^{-1}$.

Dans cet exercice, la référence de l'énergie potentielle de pesanteur est au niveau du sol.

Exercice 12.10

S'approprier, analyser, raisonner, réaliser

On lance un palet de masse 750 g sur une piste représentée sur la figure suivante :

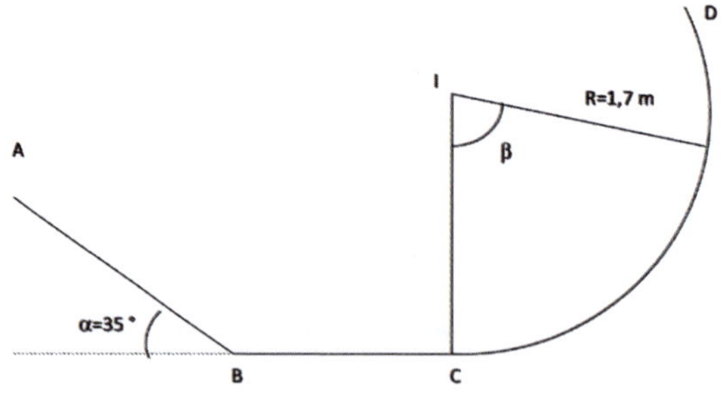

Les frottements sont négligeables tout au long de la piste car celle-ci est tapissée d'une couche de savon. Le palet est lâché du point A sans vitesse initiale. On note

AB = 1,2 m et BC = 60 cm. On donne g = 9,81 $N.kg^{-1}$ et l'énergie potentielle de pesanteur de référence est prise au niveau des points B et C.

1. Exprimer puis calculer la vitesse du palet au point B.
2. Exprimer puis calculer la vitesse du palet au point C.
3. Exprimer puis calculer l'angle maximal β que fera le rayon R lorsque le palet s'arrêtera sur la portion circulaire CD.
4. En déduire la distance maximale parcourue par le palet sur la portion CD.

Exercice 12.11

S'approprier, analyser, raisonner, réaliser

D'après BAC S, Antilles, 2017

Un cours avec Walter H.G. Lewin ressemble à un spectacle vivant. Personne ne sait véritablement à quoi s'attendre. Le professeur met en scène les expériences. Il y a du suspense… et du risque. Ainsi, il lâche une boule très lourde suspendue à une corde, et reste immobile. Par effet de balancier, elle revient à vive allure, se rapproche dangereusement de son visage, et stoppe alors même qu'on était persuadé qu'il se broierait le nez.

D'après le site THOT CURSUS (formation et culture numérique)

Cet exercice utilise des extraits de vidéos afin d'exploiter les expériences réalisées par le professeur Walter H.G. Lewin.

Le professeur utilise un pendule simple constitué d'un câble inextensible de masse négligeable, auquel est reliée une boule d'acier pleine et homogène de masse 15 kg et de diamètre 13 cm. Le pendule est accroché au plafond de l'amphithéâtre ; la longueur L entre le plafond et le centre G de la boule est de 5,21 m.

Donnée Valeur de l'intensité du champ de pesanteur terrestre g = 9,81 $N.kg^{-1}$.

Partie 1. Première expérience

Dans une première expérience, le professeur Walter H.G. Lewin amène la boule contre son menton (photo ci-dessous).

Après avoir lâché la boule sans vitesse initiale, à partir d'un câble de 41° par rapport à la verticale, celle-ci fait un aller et retour et s'approche du menton de Walter H.G. Lewin, sans toutefois le toucher.

La capture d'écran a été réalisée au moment où la boule était dans la position la plus haute (avec un vitesse nulle) après avoir fait un aller-retour. La position de la boule au moment du lâcher se situe contre le menton du professeur.

1. Compléter le schéma, en annexe à rendre avec la copie, en y reportant les mesures connues de la situation initiale au moment du lâcher. En déduire, par un calcul, l'altitude initiale du centre G de la boule en prenant comme origine celle proposée sur le schéma (ce schéma n'est pas à l'échelle).
2. Faire l'inventaire des forces qui s'exercent sur la boule, et les représenter, sans souci d'échelle sur le schéma en annexe. On néglige toutes les forces exercées par l'air.
3. Par convention, on pose que l'énergie potentielle de la boule au point O est nulle. Montrer que l'énergie mécanique initiale de la boule est de $1{,}9 \times 10^2$ J.
4. Quelle est la position du centre G de la boule correspondant à la vitesse maximale de la boule ?
5. Calculer la vitesse maximale, exprimée en km.h^{-1}, atteinte par la boule au cours de cet aller-retour sans frottements.
6. En quoi la 2e photographie contredit-elle l'hypothèse formulée à la question 1.2. ?

▶ **Partie 2.** Deuxième expérience

Dans une deuxième expérience, le professeur Walter H.G. Lewin réalise deux mesures avec ce même pendule.

1. Première mesure : Il écarte le pendule d'un angle de 10° par rapport à la verticale.

   Il déclenche un chronomètre au moment où il lâche la boule sans vitesse initiale. Il compte avec ses étudiants le nombre de fois où la boule revient quasiment à sa position initiale. À la dixième fois, il arrête le chronomètre qui affiche alors la valeur : 45,81 s. Le chronomètre donne un résultat avec une incertitude de $\pm$ 0,2 s.

Puis il note au tableau l'indication : 10 T = 45,8 ± 0,2 s.

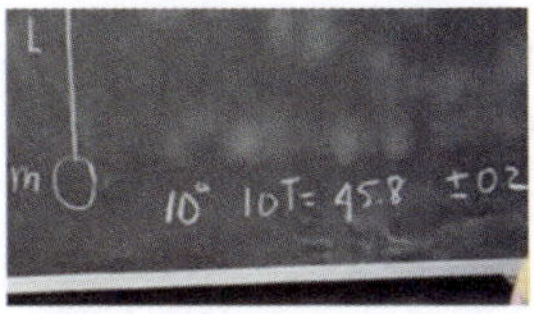

a. En utilisant les résultats inscrits au tableau, donner un encadrement de la valeur de la période de ce pendule simple.

b. Commenter la méthode de mesure utilisée par le professeur.

2. Deuxième mesure : Le professeur s'assied ensuite sur la boule (photo ci-dessous), et précise qu'il doit se mettre en position allongée pour ne pas fausser la démonstration. Puis, de la même manière, il s'écarte afin que le câble fasse un angle de 10° par rapport à la verticale. Il se laisse ensuite balancer avec la boule et il se filme.

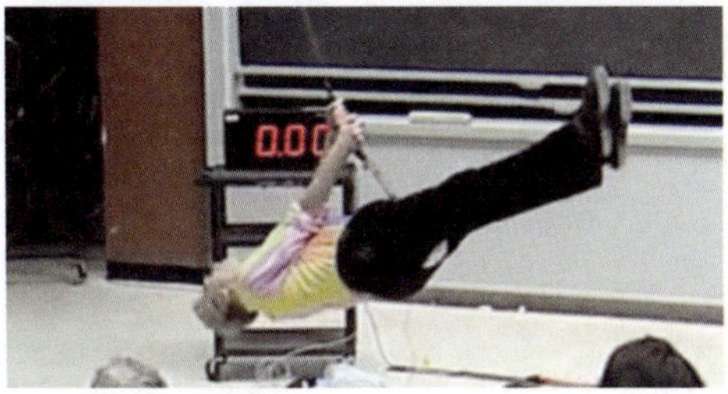

La vidéo a ensuite été exploitée pour donner les courbes d'évolution temporelles représentées sur le document ci-dessous.

Document . Exploitation de la vidéo

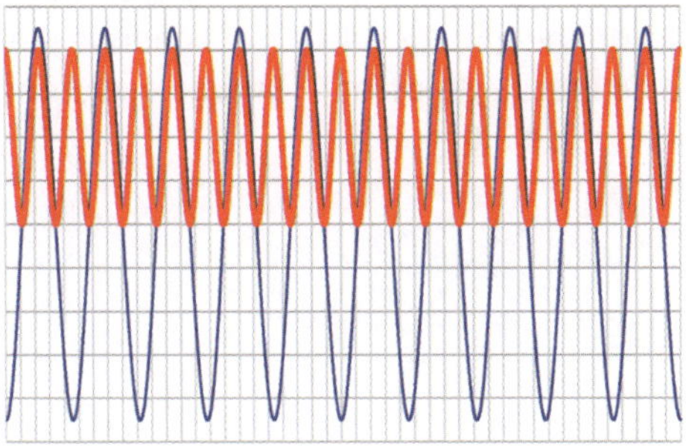

Échelle

– 1 petit carreau en abscisse représente 1s.

a. L'une des courbes représente x(t) et l'autre y(t) ; les axes Ox et Oy sont ceux définis sur le schéma de l'annexe, identifier les courbes correspondantes en commentant leur allure.

b. Déterminer la valeur de la période de ce pendule constitué du câble, de la boule et du professeur.

Annexe. Mécanique avec le professeur Walter H.G. Lewin

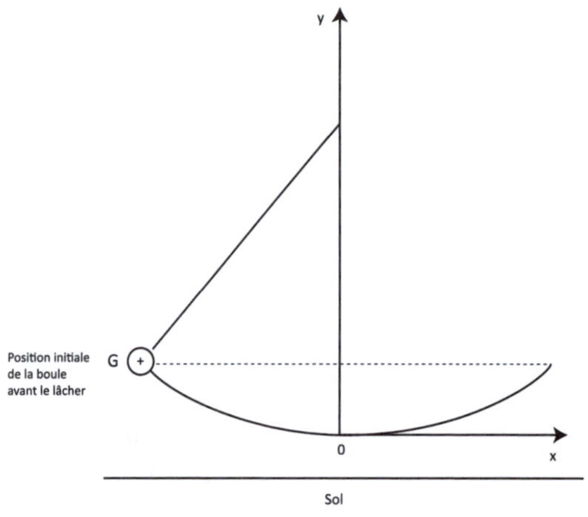

Échelle

– Le schéma n'est pas à l'échelle.

Exercice 12.12

S'approprier, analyser, raisonner, réaliser

Une piste de luge pour enfants se trouve dans un parc de jeu. La luge est en plastique et a une masse de 1,0 kg. Elle glisse le long d'une piste ABCC' sans frottements car celle-ci est graissée. On donne $g = 9{,}81\ N.kg^{-1}$ et l'énergie potentielle de pesanteur de référence est prise au niveau du point C. La luge avec l'enfant de 25 kg s'élance du point A avec une vitesse de $2{,}0\ m.s^{-1}$.

1. Exprimer puis calculer la vitesse de la luge avec l'enfant au point B.
2. Exprimer puis calculer la vitesse de la luge avec l'enfant au point C.
3. Exprimer puis calculer la distance maximale parcourue par la luge avec l'enfant sur le plan incliné CC'.

Exercice 12.13

S'approprier, analyser, raisonner, réaliser

Le 31 mars 2008, l'Australien Robbie Maddison a battu son propre record de saut en longueur à moto à Melbourne. La Honda CR 500, après une phase d'accélération, a abordé le tremplin avec une vitesse de 160 $km.h^{-1}$ et s'est envolée pour un saut d'une portée égale à 107 m.

Dans cet exercice, on étudie deux trois phases du mouvement (voir figure 1), à savoir :

- la montée du tremplin (de B à C)
- le saut (au-delà de C)
- la phase d'accélération du motard (de A à B) a été étudiée dans le chapitre 11.

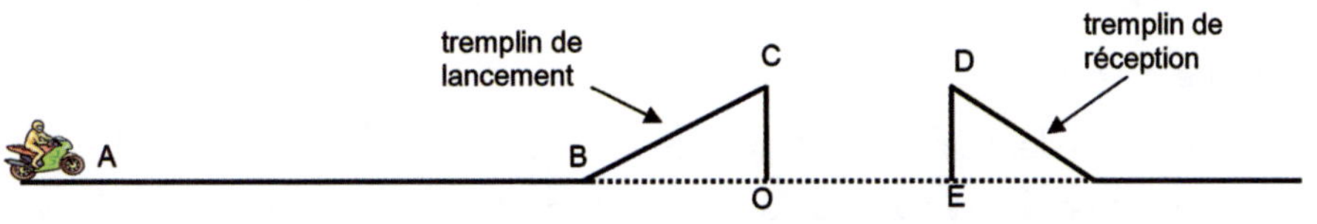

Dans tout l'exercice, le système {motard + moto} est assimilé à son centre d'inertie G.

L'étude est faite dans le référentiel terrestre considéré comme galiléen.

On pose h = OC = ED.

L'origine pour l'énergie potentielle de pesanteur est prise au niveau des point B, O, E et I.

Données

- Intensité de la pesanteur : $g = 9{,}81\ N.kg^{-1}$
- Masse du système : $m = 180\ kg$
- $L = BC = 7{,}86\ m$ et $FI = 20{,}0\ m$

Les trois parties de l'exercice sont indépendantes.

Partie 1. La montée du tremplin

Le motard aborde le tremplin au point B, avec une vitesse de 160 $km.h^{-1}$ et maintient cette vitesse jusqu'au point C. Le repère d'étude $(O, \vec{i}, \vec{k})$ est indiqué sur la figure 2.

Le tremplin est incliné d'un angle $\alpha = 27°$ par rapport à l'horizontale.

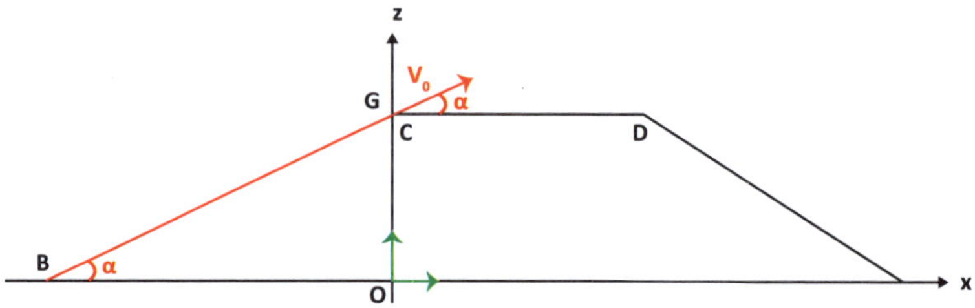

Dans cette partie du mouvement, on choisit l'altitude du point B comme référence pour l'énergie potentielle de pesanteur : $E_{PP} = 0$ pour $z_B = 0$.

1. Exprimer l'énergie mécanique du système en fonction, entre autres, de la valeur de la vitesse instantanée v et de l'altitude z.

2. Exprimer la variation d'énergie potentielle de pesanteur du système, lorsqu'il passe du point B au point C en fonction de m, g, BC et α. La calculer.

3. En déduire en justifiant comment évolue l'énergie mécanique du système lorsqu'il passe de B à C.

▶ **Partie 2.** Le saut

Le motard quitte le tremplin en C avec une vitesse initiale $v_0 = 160$ km.h^{-1}.

Toutes les actions autres que le poids du système sont supposées négligeables. On souhaite étudier la trajectoire du centre G du système dans ces conditions.

La vitesse initiale $\overrightarrow{v_0}$ du centre d'inertie G du système est incliné d'un angle $\alpha = 27°$ par rapport à l'horizontale.

Dans cette partie du mouvement, on choisit l'altitude du point B comme référence pour l'énergie potentielle de pesanteur : $E_{PP} = 0$ pour $z_B = 0$.

1. Exprimer l'énergie cinétique et l'énergie potentielle de pesanteur au point C.

2. Pendant le saut, justifier que l'énergie mécanique se conserve.

3. En utilisant la conservation de l'énergie mécanique, déterminer la hauteur maximale que le motard peut atteindre au cours du saut. Détailler votre raisonnement.

4. Qu'en est-il dans la réalité ? Justifier.

▶ **Partie 3.** La réception

Le motard se réceptionne sur la partie DF du tremplin et atteint le point F avec une vitesse de 52,0 km.h^{-1}.

1. Faire l'inventaire des forces sur la partie DF et les représenter sur un schéma sans soucis d'échelle.

2. Exprimer le travail de ces forces en fonction des données de l'énoncé.
3. Faire l'inventaire des forces sur la partie FI et les représenter sur un schéma sans soucis d'échelle.
4. Le motard souhaite s'arrêter au point I. Déterminer en utilisant la non conservation de l'énergie mécanique, l'intensité des forces de frottements afin que le motard puisse s'arrêter.

Exercice 12.14

S'approprier, analyser, raisonner, réaliser

D'après Bac S , Métropole, 1998

Dans une gare de triage, les wagons sont séparés au sommet d'une butte. Ils descendent un à un la rampe R et ils sont ensuite aiguillés vers une voie de garage, où ils devront arriver au contact d'autres wagons pour former un nouveau train. Cette opération est appelée « tir au but » par les professionnels, utilise des freins de voie notés F_1 et F_2, et des capteurs, notés M_1 et M_2.

Lors de son déplacement, un wagon est soumis à une force de frottements f, de valeur $f = m.r$, opposée au déplacement, où m est la masse du wagon et r un coefficient de résistance à l'avancement supposé constant sur tout le trajet. Le capteur M_1 permet de déterminer le coefficient r du wagon ; M_2 détermine la longueur du rail restant à parcourir : il commande le frein F_2 de sorte que le wagon qui descend arrive juste au bon endroit. L'ensemble de ces dispositifs permet la régulation de la vitesse de chaque wagon. Dans tout l'exercice, les wagons seront assimilés à des points matériels, leurs mouvements seront étudiés dans le référentiel terrestre supposé galiléen. Les forces de frottements liées aux changements de pente seront négligées. Le champ de la pesanteur vaut $g = 9{,}81\ m.s^{-2}$.

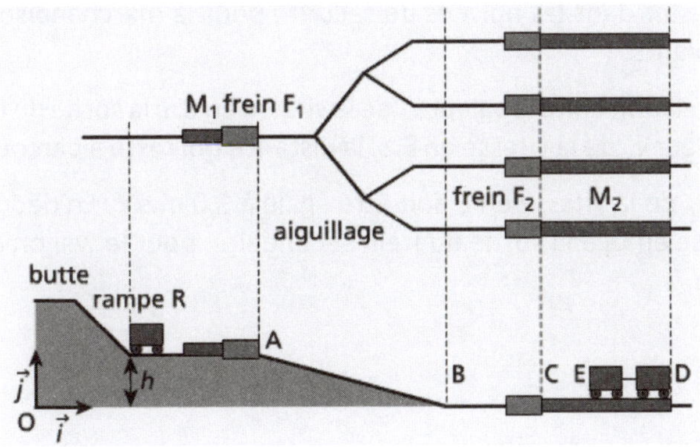

Partie 1. Rôle du frein primaire F_1

Dans cette première partie, on considère un wagon seul sur la voie, le train n'étant pas encore constitué. Situé derrière le capteur M_1, le frein primaire F_1 doit laisser au wagon une vitesse de valeur v_A suffisante, à sa sortie en A, pour qu'il puisse atteindre l'extrémité D des voies de garage avec une vitesse nulle en D : $v_D = 0$. On ne tiendra pas compte dans cette partie du frein secondaire F_2. Pour le wagon considéré dans cette partie, le coefficient r vaut : $r = 0{,}33$ unités S.I.

1. D'après l'énoncé, montrer que la valeur f de la force $\vec{f}$ est constante au cours du mouvement. En réalisant une analyse dimensionnelle, donner l'unité du coefficient r.
2. Exprimer, en fonction des données, le travail de chacune des forces appliquées à un wagon pour le trajet AD. On note h la dénivellation entre les points A et B et on pose $L = AB + BD$.
3. Parmi les forces recensées, lesquelles sont conservatives ? Justifier.
4. En analysant les transferts énergétiques au cours du mouvement du wagon, montrer que la vitesse v_A à la sortie du frein primaire, en A, vérifie l'expression : $v_A^2 = 2(r \times L - g \times h)$.
5. Calculer la valeur v_A de la vitesse à la sortie du frein primaire pour qu'il s'arrête en D lorsque $L = 90{,}0$ m et $h = 1{,}00$ m.

Partie 2. Rôle du frein secondaire F_2

Du fait du remplissage des voies de garage, la distance qui reste à parcourir est variable suivant le nombre de wagons déjà présents. La position du dernier wagon sur la voie est fournie par le capteur M_2. Le frein secondaire F_2 prend en compte ce paramètre pour réaliser le « tir au but ». Pour assurer un accrochage automatique des wagons, il faut que la vitesse v_E au moment du choc ne dépasse pas une certaine valeur pour rester dans les normes de sécurité pour la marchandise en évitant des chocs trop violents.

1. Donner la relation entre la valeur v_C de la vitesse en C, à la sortie du frein secondaire F_2, et la valeur v_E de la vitesse en E, si la distance qui reste à parcourir est : $L' = C_E$.
2. La valeur v_E de la vitesse en E doit être égale à 1,0 $m.s^{-1}$. En déduire la valeur v_C de la vitesse en C, à la sortie du frein secondaire, pour le wagon dans le cas où : $L' = 28{,}5$m.

Corrigé des exercices

Exercice 12.1

$$Ec=\frac{1}{2}m\times v^2=0{,}5\times 62.10^3\times\left(\frac{850}{3{,}6}\right)^2=1{,}7\times 10^9\ \text{J}.$$

Exercice 12.2

1. Bilan des forces :
   - Force exercée par la Terre sur le skieur : le poids notée $\vec{P}$.
   - Force exercée par la piste sur le skieur : la réaction du support notée $\vec{R}$.
   - Force exercée par la perche sur le skieur : $\vec{F}$.
   - Force de frottements exercées par la neige sur le skieur : $\vec{f}$.
2. $W_{AB}(\vec{R})=0$ car $\vec{R}$ est perpendiculaire au déplacement. $\vec{R}$ est une force qui ne travaille pas.

   $W_{AB}(\vec{P})=m\times g\times(z_A-z_B)=-m\times g\times AB\times\sin\alpha$

   $=-70{,}0\times 9{,}81\times 500\times\sin(30{,}0)=-1{,}72\times 10^5$ J.

   Le travail du poids est négatif donc il est résistant.

   $W_{AB}(\vec{f})=\vec{f}.\overrightarrow{AB}=f\times AB\times\cos(180)=-f\times AB=-100\times 500=-5{,}00\times 10^4$ J

   Le travail de la force de frottements est négatif donc il est **résistant**.

   $W_{AB}(\vec{F})=\vec{F}.\overrightarrow{AB}=F\times AB\times\cos(\beta)$

   Le travail de la force de la perche est positif donc il est **moteur**.

Exercice 12.3

1. Bilan des forces :
   - Force exercée par la Terre sur la luge : le poids notée $\vec{P}$.
   - Force exercée par la piste sur la luge : la réaction du support notée $\vec{R}$.
   - Force exercée par la corde sur la luge : $\vec{F}$.
   - Force de frottements exercées par la neige sur la luge : $\vec{f}$.

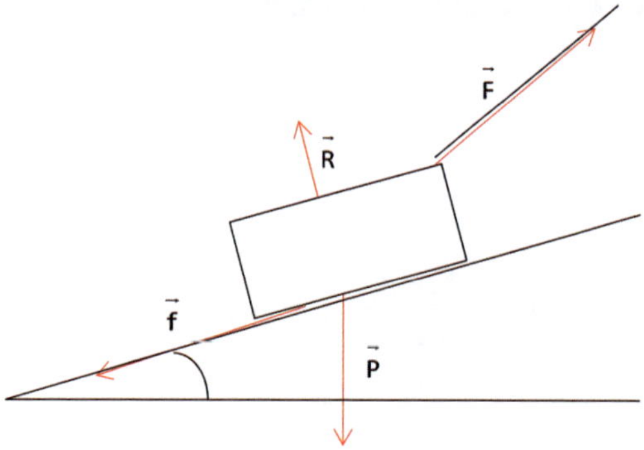

2. $W_{AB}(\vec{R}) = 0$ car $\vec{R}$ est perpendiculaire au déplacement. $\vec{R}$ est une force qui ne travaille pas.

$W_{AB}(\vec{P}) = m \times g \times (z_A - z_B) = -m \times g \times AB \times \sin\alpha$

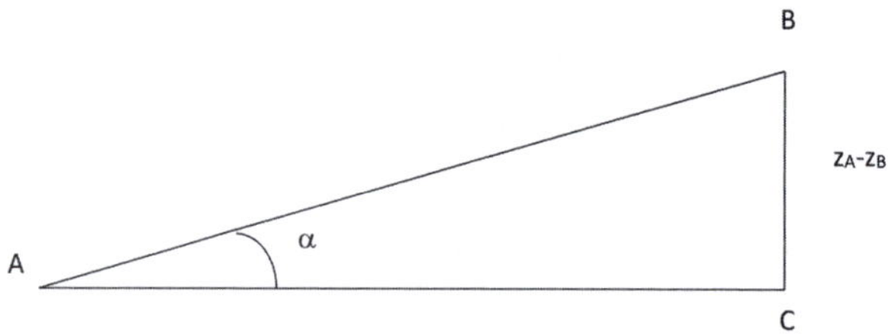

Dans le triangle ABC rectangle en C, $\sin\alpha = \dfrac{z_A - z_B}{AB}$ donc $z_A - z_B = AB \times \sin\alpha$.

De plus la luge monte donc $z_A - z_B$ est négative.

Le travail du poids est négatif donc il est résistant.

$W_{AB}(\vec{f}) = \vec{f}.\overrightarrow{AB} = f \times AB \times \cos(180) = -f \times AB$

Le travail de la force de frottements est négatif donc il est **résistant**.

$W_{AB}(\vec{F}) = \vec{F}.\overrightarrow{AB} = F \times AB \times \cos(\beta)$

Le travail de la force de la corde est positif donc il est **moteur**.

3. On a : $W_{AB}(\vec{F}) = \vec{F}.\overrightarrow{AB} = F \times AB \times \cos(\beta)$

Donc : $F = \dfrac{W_{AB}(\vec{F})}{AB \times \cos(\beta)} = \dfrac{870}{50{,}0 \times \cos(30{,}0)} = 20{,}1\ \text{N}$

4. $E_c(B) = \dfrac{1}{2} m \times v_B^2 = \dfrac{1}{2} \times 3{,}50 \times 1{,}8^2 = 5{,}67\ \text{J}$.

5. Appliquons le théorème de l'énergie cinétique dans le référentiel terrestre à la luge :

$\Delta E_c(AB) = E_c(B) - E_c(A) = \dfrac{1}{2} \times m \times v_B^2 - \dfrac{1}{2} \times m \times v_A^2 = \sum W_{AB}(\overrightarrow{F_{ext}})$

Or $E_c(A) = 0$ car $V_A = 0$ soit $\frac{1}{2} \times m \times v_B^2 = W_{AB}(\vec{P}) + W_{AB}(\vec{R}) + W_{AB}(\vec{f}) + W_{AB}(\vec{F})$

D'après la question précédente, on a :

$$\frac{1}{2} \times m \times v_B^2 = -m \times g \times \sin\alpha + W_{AB}(\vec{F}) - f \times AB$$

donc $-f \times AB = \frac{1}{2} m \times v_B^2 + m \times g \times \sin\alpha - W_{AB}(\vec{F})$

$$f \times AB = -\frac{1}{2} m \times v_B^2 - m \times g \times \sin\alpha + W_{AB}(\vec{F})$$

$$f = \frac{-\frac{1}{2} m \times v_B^2 - m \times g \times \sin\alpha + W_{AB}(\vec{F})}{AB}$$

$$= \frac{-\frac{1}{2} \times 3{,}50 \times 1{,}8^2 - 3{,}50 \times 9{,}81 \times \sin(15{,}0) + 870}{50{,}0}$$

$f = 17{,}1$ N

Exercice 12.4

1.

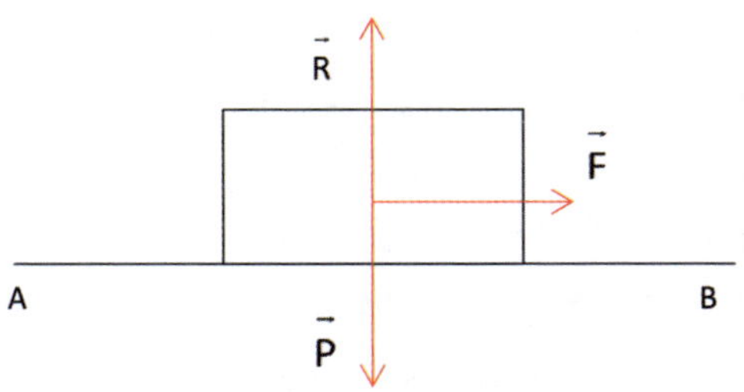

2. $W_{AB}(\vec{R}) = W_{AB}(\vec{P}) = 0$ car $\vec{R}$ et $\vec{P}$ sont perpendiculaire au déplacement.

$\vec{R}$ et $\vec{P}$ sont des forces qui ne travaillent pas.

$W_{AB}(\vec{F}) = \vec{F}.\overrightarrow{AB} = F \times AB \times \cos(0) = F \times AB$

3. $E_C(A) = \frac{1}{2} m \times V_A^2 = 0$ car $V_A = 0$.

$$E_C(B) = \frac{1}{2} m \times V_B^2 = \frac{1}{2} \times 1{,}6 \times 10^3 \times \left(\frac{115}{3{,}6}\right)^2 = 8{,}2 \times 10^5 \text{ J.}$$

4. Appliquons le théorème de l'énergie cinétique dans le référentiel terrestre au camion :

$$\Delta E_c(AB) = E_c(B) - E_c(A) = \frac{1}{2} \times m \times v_B^2 - \frac{1}{2} \times m \times v_A^2 = \sum W_{AB}(\overrightarrow{F_{ext}})$$

Or $E_c(A) = 0$ car $V_A = 0$ soit $E_c(B) = W_{AB}(\vec{P}) + W_{AB}(\vec{R}) + W_{AB}(\vec{F})$

Corrigés

D'après la question précédente, on a :

$$E_c(B) = W_{AB}(\vec{F}) = F \times AB \text{ donc } F = \frac{E_c(B)}{AB} = \frac{8,2\times10^5}{1,5\times10^3} = 5,5\times10^2 \text{ N}$$

Exercice 12.5

1.

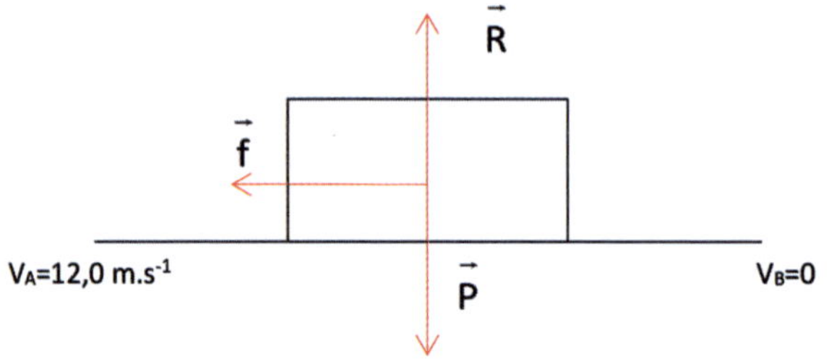

2. $W_{AB}(\vec{R}) = W_{AB}(\vec{P}) = 0$ car $\vec{R}$ et $\vec{P}$ sont perpendiculaire au déplacement.
$\vec{R}$ et $\vec{P}$ sont des forces qui ne travaillent pas.
$W_{AB}(\vec{f}) = \vec{f}.\overrightarrow{AB} = f \times AB \times \cos(180) = -f \times AB$

3. Appliquons le théorème de l'énergie cinétique dans le référentiel terrestre au TGV :
$\Delta E_c(AB) = E_c(B) - E_c(A) = \frac{1}{2} \times m \times v_B^2 - \frac{1}{2} \times m \times v_A^2 = \sum W_{AB}(\overrightarrow{F_{ext}})$
Or $E_c(B) = 0$ car $V_B = 0$ soit $-E_c(A) = W_{AB}(\vec{P}) + W_{AB}(\vec{R}) + W_{AB}(\vec{f})$
D'après la question précédente, on a :
$-E_c(A) = W_{AB}(\vec{f}) = -f \times AB = -f \times d$ donc
$$d = \frac{E_c(A)}{f} = \frac{\frac{1}{2} m \times V_A^2}{f} = \frac{\frac{1}{2} \times 500 \times 10^3 \times 12,0^2}{18000} = 2,0\times10^3 \text{ m} = 2,0 \text{ km.}$$

Exercice 12.6

1. $Epp = m \times g \times z = 5,00 \times 9,81 \times (3 \times 0,200) = 29,4$ J.
2. $Epp = m \times g \times z = 5,00 \times 9,81 \times (-7 \times 0,200) = -\ 68,7$ J.

Exercice 12.7

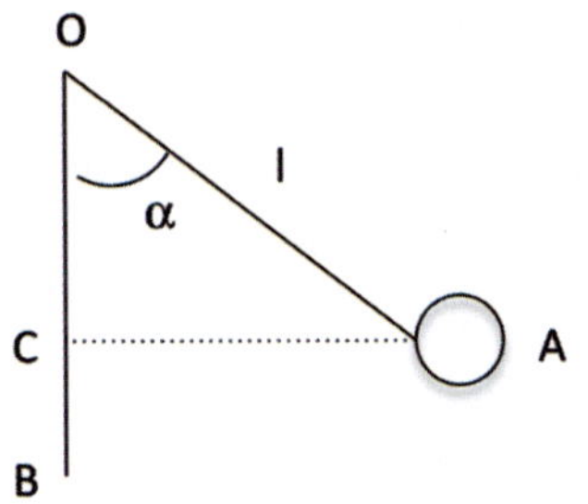

$Epp(A) = m \times g \times z_A$ or $z_A = BC = OB - OC = l - OC$

Or dans le triangle OAC rectangle en C : $\cos\alpha = \frac{OC}{l}$ donc $OC = l \times \cos\alpha$

soit $z_A = l - l \times \cos\alpha$

donc $Epp(A) = m \times g \times (l - l \times \cos\alpha) = m \times g \times l \times (1 - \cos\alpha)$

Soit $Epp(A) = 30 \times 10^{-3} \times 9{,}81 \times 0{,}42 \times (1 - \cos 30) = 0{,}017$ J.

Exercice 12.8

▶ **Première partie.**

Le skateur possède un mouvement rectiligne uniforme car sa trajectoire est une ligne droite et sa vitesse constante.

▶ **Deuxième partie.**

1. On sait que $E_m = E_c + E_{pp} = \frac{1}{2} m \times v^2 + m \times g \times z$

   Donc au point C : $E_m(C) = \frac{1}{2} m \times v_C^2 + m \times g \times H$

   Et au point E : $E_m(E) = \frac{1}{2} m \times v_E^2 + m \times g \times (H + h)$

2. On néglige toute forme de dissipation d'énergie donc il y a conservation de l'énergie mécanique entre le point C et E.

   Soit $E_m(C) = E_m(E)$ donc $\frac{1}{2} m \times v_C^2 + m \times g \times H = \frac{1}{2} m \times v_E^2 + m \times g \times (H + h)$

   D'où : $\frac{1}{2} \times v_C^2 + g \times H = \frac{1}{2} \times v_E^2 + g \times (H + h)$

   $v_C^2 + 2 \times g \times H = v_E^2 + 2 \times g \times (H + h)$ donc $v_E^2 = v_C^2 + 2 \times g \times H - 2 \times g \times (H + h)$

   Soit $v_E^2 = v_C^2 - 2 \times g \times h$ et $v_E = \sqrt{v_C^2 - 2 \times g \times h}$

3. $v_E = \sqrt{v_C^2 - 2 \times g \times h} = v_E = \sqrt{3{,}6^2 - 2 \times 9{,}8 \times 0{,}45} = 2{,}0$ m.s^{-1}.

Corrigés

Troisième partie.

1. Dans cette partie, l'altitude reste constante, donc l'énergie potentielle de pesanteur ne varie pas, il s'agit de la courbe 2 pour E_{pp}.

   Il y a présence de force de frottements donc la vitesse diminue, l'énergie cinétique diminue également, la courbe 1 correspond à E_c. L'énergie mécanique est la somme de ces deux énergies donc la courbe 3 correspond à E_m.

2. $W_{EF}(\vec{f}) = \vec{f}.\overrightarrow{EF} = f \times EF \times \cos(180) = -f \times EF = -f \times L$

3. Il y a présence de force de frottements donc on peut écrire :

   $\Delta E_m(EF) = E_m(F) - E_m(E) = \sum W_{EF}(\overrightarrow{F_{nonconservative}})$

   Sachant qu'il n'y a pas de variation de l'énergie potentielle de pesanteur, on peut écrire : $E_m(F) - E_m(E) = E_C(F) - E_C(E) = W_{EF}(\vec{f}) = -f \times L$

   Donc $f = -\frac{E_C(F) - E_C(E)}{L}$

   Il faut donc déterminer les valeurs des énergies cinétiques sur le graphique et on obtient : $f = -\frac{150 - 80}{2,0} = 35$ N.

Quatrième partie.

Nommons le point J, le point d'arrivée au sommet de la rampe où $v_J = 0$.

Au point J, l'altitude du skateur sera noté h avec h égale à la hauteur de la rampe h' et H la hauteur du centre de gravité du skateur. Donc $h = h' + H$.

Il n'y a pas de frottements donc l'énergie mécanique se conserve entre les points K et J.

Soit $E_m(K) = E_m(J)$ donc $\frac{1}{2} m \times v_K^2 + m \times g \times H = \frac{1}{2} m \times v_J^2 + m \times g \times (H + h')$

D'où : $\frac{1}{2} \times v_K^2 + g \times H = g \times (H + h')$

$\frac{1}{2} \times v_K^2 + g \times H = g \times H + g \times h'$ donc $g \times h' = \frac{1}{2} \times v_K^2$

Soit $h' = \frac{\frac{1}{2} \times v_K^2}{g} = \frac{\frac{1}{2} \times 4,5^2}{9,8} = 1,0$ m.

Exercice 12.9

1. Les forces de frottement sont négligées donc il n'y a pas d'échange d'énergie avec l'extérieur.

2. Soit le point A, le point de départ de la chute et le point B, le point après 10 m de chute. Déterminons v_B.

Appliquons la conservation de l'énergie mécanique entre A et B car il n' y a pas de forces de frottement, soit :

$Em(A) = Em(B)$ soit $Ec(A) + Epp(A) = Ec(B) + Epp(B)$ or $Ec(A) = 0$ car $V_A = 0$ (sans vitesse initiale) d'où : $Epp(A) = Ec(B) + Epp(B)$.

$$m \times g \times z_A = \frac{1}{2} m \times v_B^2 + m \times g \times z_B$$

soit $g \times z_A = \frac{1}{2} v_B^2 + g \times z_B$ donc $\frac{1}{2} v_B^2 = g \times z_A - g \times z_B$

$v_B^2 = 2 \times (g \times z_A - g \times z_B) = 2 \times g \times (z_A - z_B)$ d'où $v_B = \sqrt{2 \times g \times (z_A - z_B)}$

Donc $v_B = \sqrt{2 \times 9{,}81 \times 10} = 14 \text{ m.s}^{-1}$.

3. $Em(A) = Em(B)$ soit $Ec(A) + Epp(A) = Ec(B) + Epp(B)$ or $Epp(B) = 0$ car $z_B = 0$ d'où :

$Ec(A) + Epp(A) = Ec(B)$ soit $\frac{1}{2} m \times v_A^2 + m \times g \times z_A = \frac{1}{2} m \times v_B^2$.

$\frac{1}{2} v_A^2 = \frac{1}{2} v_B^2 - g \times z_A$ donc $v_A^2 = v_B^2 - 2 \times g \times z_A$ soit $v_A = \sqrt{v_B^2 - 2 \times g \times z_A}$.

$v_A = \sqrt{20^2 - 2 \times 9{,}81 \times 12} = 12{,}8 \text{ m.s}^{-1}$.

Exercice 12.10

1. Il n'y a pas de forces de frottement sur l'ensemble de la piste donc l'énergie mécanique se conserve. $E_m(A) = E_m(B)$ donc $E_c(A) + E_{pp}(A) = E_c(B) + E_{pp}(B)$

$E_c(A) = 0$ car $v_A = 0$ (sans vitesse initiale) et $E_{pp}(B) = 0$ car $z_B = 0$

d'où $m \times g \times z_A = \frac{1}{2} m \times v_B^2$ et $g \times z_A = \frac{1}{2} v_B^2$

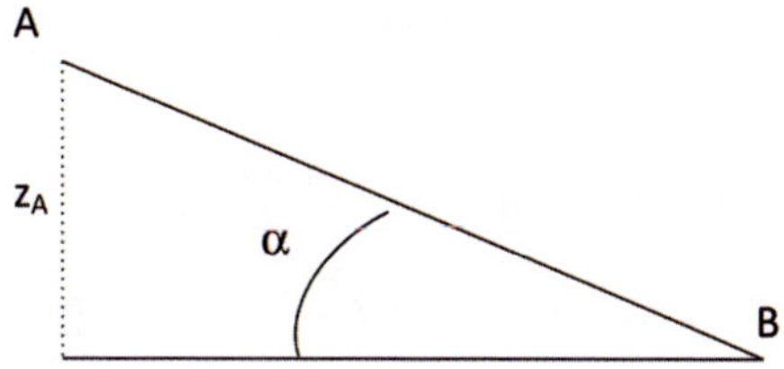

Dans le triangle rectangle on a $\sin\alpha = \frac{z_A}{AB}$ et donc $z_A = AB \times \sin\alpha$

Soit $g \times AB \times \sin\alpha = \frac{1}{2} v_B^2$ donc $v_B^2 = 2 \times g \times AB \times \sin\alpha$ et $v_B = \sqrt{2 \times g \times AB \times \sin\alpha}$

D'où $v_B = \sqrt{2 \times 9{,}81 \times 1{,}2 \times \sin(35)} = 3{,}7 \text{ m.s}^{-1}$.

2. $E_m(B) = E_m(C)$ donc $E_c(B) + E_{pp}(B) = E_c(C) + E_{pp}(C)$ or

$E_{pp}(B) = 0$ car $z_B = 0$ et $E_{pp}(C) = 0$ car $z_C = 0$ d'où : $\frac{1}{2}m \times {v_B}^2 = \frac{1}{2}m \times {v_C}^2$ soit $v_B = v_C = 3{,}7\ m.s^{-1}$.

3. Soit E le point d'arrêt du palet correspondant à βmax. Soit $v_E = 0$.

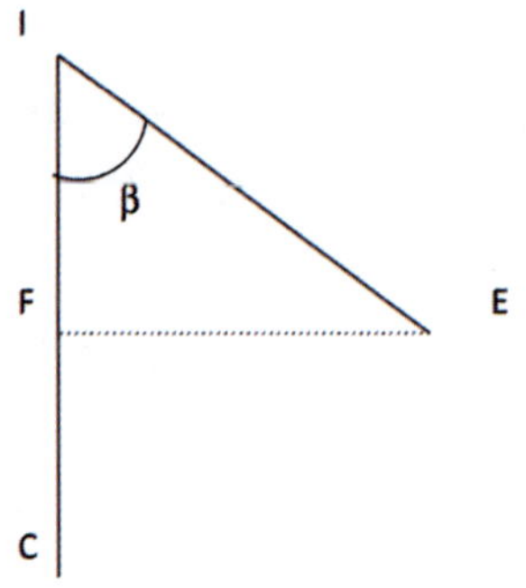

$E_m(C) = E_m(E)$ donc $E_c(C) + E_{pp}(C) = E_c(E) + E_{pp}(E)$ or $E_{pp}(C) = 0$ car $z_C = 0$ et $E_c(E) = 0$ car $v_E = 0$.

D'où $\frac{1}{2}m \times {v_C}^2 = m \times g \times z_E$ et $\frac{1}{2}{v_C}^2 = g \times z_E$

Or $z_E = FC = IC - IF = R - IF$

Dans le triangle IFE rectangle en F, on a : $\cos\beta = \frac{IF}{IE} = \frac{IF}{R}$ et donc $IF = R \times \cos\beta$

Soit $zE = R - R \times \cos\beta$ et $\frac{1}{2}{v_C}^2 = g \times (R - R \times \cos\beta) = g \times R - g \times R \times \cos\beta$

$g \times R \times \cos\beta = g \times R - \frac{1}{2}{v_C}^2$ et donc $\cos\beta = \frac{g \times R - \frac{1}{2}v_C^2}{g \times R} = \frac{9{,}81 \times 1{,}7 - 0{,}5 \times 3{,}7^2}{9{,}81 \times 1{,}7}$

$\cos\beta = 0{,}58955$ soit $\beta = \cos^{-1}(0{,}58955) = 53{,}9° = 54°$.

4. $CE = \beta \times R$ avec β en radian.

2Π radian correspond à 360°. Donc $\beta = \frac{54 \times 2\pi}{360}$

Soit $\beta = 0{,}942$ rad d'où $CE = 0{,}942 \times 1{,}7 = 1{,}6$ m.

Exercice 12.11

1. Soit $z_G = L - L \times \cos\theta = 5{,}21 - 5{,}21 \times \cos(41) = 1{,}3$ m.

2. Inventaire des forces :
   - Force exercée par la Terre sur la boule : le poids $\vec{P}$.
   - Force exercée par le câble sur la boule : la tension du fil $\vec{T}$.

3. $Em(G) = Ec(G) + Epp(G) = Epp(G)$ car $Ec(G) = 0$ $(v_G = 0)$.
Donc $Em(G) = m \times g \times z_G = 15 \times 9{,}81 \times 1{,}3 = 1{,}9 \times 10^2$ J.

4. La vitesse est maximale quand l'énergie cinétique est maximale. C'est le cas quand E_{pp} est minimale soit z = 0. Il s'agit donc du point O quand Y = 0.

5. Il n'y a pas de forces de frottement donc l'énergie mécanique se conserve.

Donc $E_m(G) = E_m(O)$ soit $\frac{1}{2} m {v_0}^2 = Em(G)$ d'où ${v_0}^2 = \frac{2 \times Em(G)}{m}$

Soit $v_0 = \sqrt{\frac{2 \times Em(G)}{m}} = \sqrt{\frac{2 \times 1{,}9 \times 10^2}{15}} = 5{,}0 \text{ m.s}^{-1} = 5{,}0 \times 3{,}6 = 18 \text{ km.h}^{-1}$.

6. Hypothèse 1.2 : on néglige les forces exercées par l'air. De ce fait, au bout d'un aller-retour, la boule doit remonter à la même altitude de départ. L'altitude de départ est la boule collée au menton. Or l'altitude au bout d'un aller-retour est sous le menton, par conséquence, il y a des forces de frottements de l'air qui ne sont pas négligeables et qui ralentissent la boule.

   a. On a : $10 \times T = 45{,}8 \pm 0{,}2$ s donc $T = \frac{45{,}8 \pm 0{,}2}{10} = 4{,}58 \pm 0{,}02$ s
   soit la période T appartient à l'intervalle $[4{,}56 ; 4{,}60]$s.

   b. Le professeur réalise une mesure de 10 périodes afin d'être plus précis.

7. a. Les valeurs de x varient entre des valeurs positives et négatives donc il s'agit de la courbe bleue pour x(t). Les valeurs de y sont toujours positives donc la courbe rouge représente y(t).

   b. La période correspond à la durée au bout de laquelle un motif se répète identique à lui même à intervalle de temps régulier.
   D'après la courbe bleue, on a T = 4,6 carreaux = 4,6 s environ.

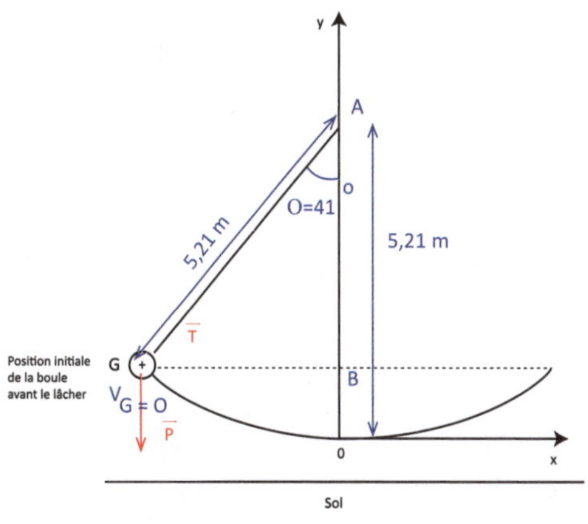

Corrigés

Exercice 12.12

1. Il n'y a pas de forces de frottement donc l'énergie mécanique se conserve sur l'ensemble du parcours. $E_m(A) = E_m(B)$ donc $E_c(A) + E_{pp}(A) = E_c(B) + E_{pp}(B)$ or $E_{pp}(A) = E_{pp}(B)$ car $zA = z_B$ d'où $\frac{1}{2}m \times {v_A}^2 = \frac{1}{2}m \times {v_B}^2$ donc $v_A = v_B = 2{,}0\ m.s^{-1}$.
2. $E_m(B) = E_m(C)$ donc $E_c(B) + E_{pp}(B) = E_c(C) + E_{pp}(C)$ et $E_{pp}(C) = 0$ car $z_C = 0$.
   $\frac{1}{2}m \times {v_B}^2 + m \times g \times z_B = \frac{1}{2}m \times {v_C}^2$ soit ${v_C}^2 = {v_B}^2 + 2 \times g \times z_B$ et $v_C = \sqrt{v_B^2 + 2 \times g \times z_B}$
   D'où $v_C = \sqrt{2{,}0^2 + 2 \times 9{,}81 \times 0{,}80} = 4{,}4\ m.s^{-1}$.
3. Nous cherchons la distance maximale, donc cela signifie que la luge s'arrête.
   Soit C' le point d'arrêt donc $v_C' = 0$. Soit $E_m(C) = E_m(C')$
   donc $E_c(C) + E_{pp}(C) = E_c(C') + E_{pp}(C')$ et $E_{pp}(C) = 0$ car $z_C = 0$, $E(C') = 0$ car $v_C' = 0$.
   D'où $\frac{1}{2}m \times {v_C}^2 = m \times g \times z_C'$ et $\frac{1}{2}{v_C}^2 = g \times z_{C'}$

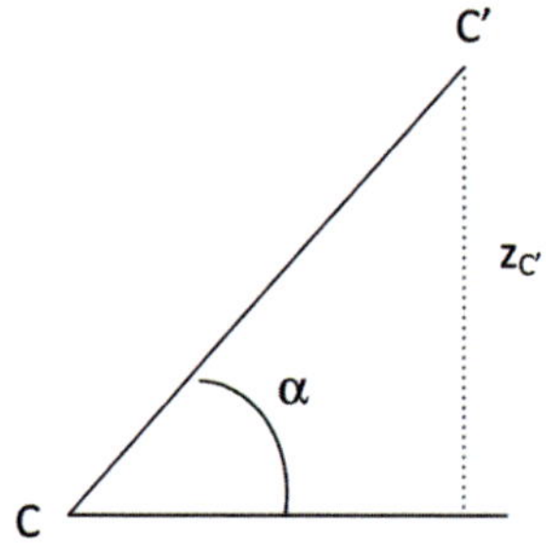

Dans le triangle rectangle : $\sin\alpha = \frac{z_{C'}}{CC'}$ soit $z_{C'} = CC' \times \sin\alpha$ d'où

$$\frac{1}{2}{v_C}^2 = g \times CC' \times \sin\alpha \text{ et } CC' = \frac{\frac{1}{2} \times v_C^2}{g \times \sin\alpha} = \frac{v_C^2}{2 \times g \times \sin\alpha} = \frac{4{,}4^2}{2 \times 9{,}81 \times \sin 65} = 1{,}1\ m.$$

Exercice 12.13

▶ **Partie 1.** La montée du tremplin

1. $E_m = E_C + E_{pp} = \frac{1}{2}m \times v^2 + m \times g \times z$
2. $\Delta E_{pp}(BC) = E_{pp}(C) - E_{pp}(B) = m \times g \times z_C - m \times g \times z_B$
   or $z_B = 0$ donc $\Delta E_{pp}(BC) = m \times g \times z_C$.

Or $z_C = OC$ et dans le triangle OBC rectangle en O : $\sin\alpha = \dfrac{OC}{BC}$ donc $OC = BC \times \sin\alpha$

d'où : $\Delta E_{pp}(BC) = m \times g \times BC \times \sin\alpha = 180 \times 9{,}81 \times 7{,}86 \times \sin(27) = 6{,}3 \times 10^3$ J.

3. Entre B et C, la vitesse est constante donc $\Delta EC = 0$ et $\Delta E_m = \Delta E_{pp} > 0$. L'énergie mécanique augmente entre B et C.

Partie 2. Le saut

1. $E_{pp}(C) = m \times g \times z_C = m \times g \times BC \times \sin\alpha$

$E_C(C) = \dfrac{1}{2} m \times v_C^2$

2. Pendant le saut, le motard n'est soumis qu'à des forces conservatives donc l'énergie mécanique se conserve.

3. Soit J le point le plus haut pendant le saut. Donc $v_J = 0$. Appliquons la conservation de l'énergie mécanique entre C et J.

$E_m(C) = E_m(J)$ donc $E_c(C) + E_{pp}(C) = E_c(J) + E_{pp}(J)$ soit $E_c(C) + E_{pp}(C) = E_{pp}(J)$

on a donc : $\dfrac{1}{2} m \times v_C^2 + m \times g \times BC \times \sin\alpha = m \times g \times H_J$

$\dfrac{1}{2} \times v_C^2 + g \times BC \times \sin\alpha = g \times H_J$

Donc $H_J = \dfrac{\dfrac{1}{2} \times v_C^2 + g \times BC \times \sin\alpha}{g} = \dfrac{\dfrac{1}{2} \times \left(\dfrac{160}{3{,}6}\right)^2 + 9{,}81 \times 7{,}86 \times \sin(27)}{9{,}81} = 104$ m.

Dans la réalité, il y a des forces de frottements, le motard va donc atteindre une hauteur plus faible car l'énergie mécanique ne se conserve pas.

Partie 3. La réception

1. Bilan des forces :
   - Force exercée par la Terre sur le motard : le poids notée $\vec{P}$.
   - Force exercée par le tremplin sur le motard : la réaction du support notée $\vec{R}$.
   - Force de frottements exercées le motard : $\vec{f}$.

Corrigés

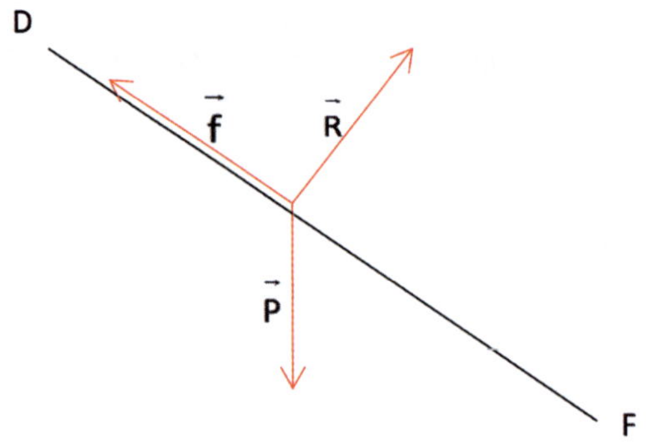

2. $W_{DF}(\vec{R}) = 0$ car $\vec{R}$ est perpendiculaire au déplacement.
$\vec{R}$ est une force qui ne travaille pas.
$W_{DF}(\vec{P}) = m \times g \times (z_D - z_F)$ et $W_{DF}(\vec{f}) = \vec{f}.\overrightarrow{DF} = f \times DF \times \cos(180) = -f \times DF$

3. Poids ($\vec{P}$), réaction du support ($\vec{R}$) et force de frottements ($\vec{f}$).

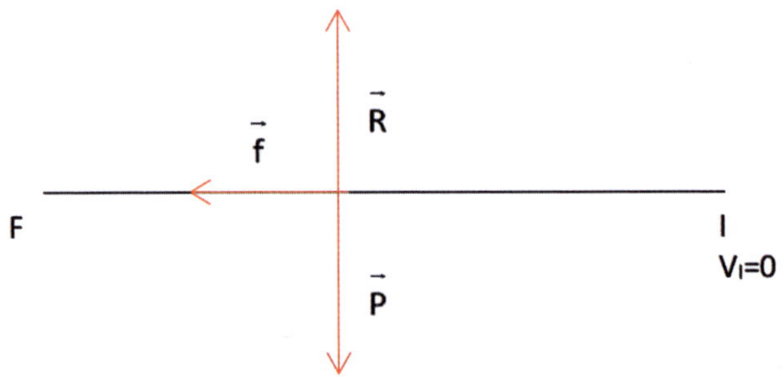

4. Le motard est soumis à des forces de frottements donc on peut écrire :
$\Delta E_m(FI) = E_m(I) - E_m(F) = \sum W_{FI}(\overrightarrow{F_{nonconservative}})$
Donc $E_C(I) + E_{pp}(I) - E_C(F) - E_{pp}(F) = W_{FI}(\vec{f})$ or vI = 0, zI = 0 et zF = 0
Donc $-E_c(F) = -f \times FI$ et $-\frac{1}{2} m \times v_F^2 = -f \times FI$
D'où : $f = \frac{m \times v_F^2}{2 \times FI} = \frac{180 \times \left(\frac{52{,}0}{3{,}6}\right)^2}{2 \times 20{,}0} = 939$ N.

Exercice 12.14

Partie 1. Rôle du frein primaire F_1

1. $F = m \times r$ avec m constant et r constant donc f est constant.

$F = m \times r$ donc $r = \frac{f}{m}$ soit r : $N.kg^{-1}$

2. Sur AD : $WAD(\vec{R}) = 0$ car $\vec{R}$ est perpendiculaire au déplacement.

$W_{AD}(\vec{f}) = \vec{f}.\overrightarrow{AD} = f \times AD \times \cos(180) = -f \times AD = -f \times L$

$W_{AD}(\vec{P}) = W_{AB}(\vec{P}) + W_{BD}(\vec{P})$ or $\vec{P}$ est perpendiculaire à BD

donc $W_{AD}(\vec{P}) = W_{AB}(\vec{P}) = m \times g \times (z_A - z_B) = m \times g \times h$

3. Une force est conservative si le travail de la force est indépendant du chemin suivi. Seule le poids est conservative.

4. $\Delta E_m(AD) = W_{AD}(\vec{f})$ soit $E_m(D) - E_m(A) = -f \times L$

$E_C(D) + E_{pp}(D) - E_C(A) - E_{pp}(A) = -f \times L$ soit $-\frac{1}{2} m \times v_A^2 - m \times g \times h = -f \times L$

Donc $\frac{1}{2} m \times v_A^2 = f \times L - m \times g \times h$ et $m \times v_A^2 = 2f \times L - 2m \times g \times h$

D'où : $m \times v_A^2 = 2 \times m \times r \times L - 2m \times g \times h$

$v_A^2 = 2 \times r \times L - 2 \times g \times h = 2(r \times L - g \times h)$

5. $v_A = \sqrt{2(r \times L - g \times h)} = \sqrt{2(0{,}33 \times 90 + 10 \times 1{,}0)} = 6{,}3\ m.s^{-1}$.

Partie 2. Rôle du frein secondaire F_2

1. $\Delta E_m(CE) = W_{CE}(\vec{f})$ soit $E_m(E) - E_m(C) = -f \times L'$

$E_C(E) + E_{pp}(E) - E_C(C) - E_{pp}(C) = -f \times L'$ soit $\frac{1}{2} m \times v_E^2 - \frac{1}{2} m \times v_C^2 = -f \times L'$

$\frac{1}{2} m \times v_C^2 = f \times L' + \frac{1}{2} m \times v_E^2$ donc $\frac{1}{2} m \times v_C^2 = m \times r \times L' + \frac{1}{2} m \times v_E^2$

$v_C^2 = 2 \times r \times L' + v_E^2$ et $v_C = \sqrt{2r \times L' + v_E^2}$

2. $v_C = \sqrt{2r \times L' + v_E^2} = \sqrt{2 \times 0{,}33 \times 28{,}5 + 1{,}0^2} = 4{,}5\ m.s^{-1}$.

Chapitre 13

Ondes mécaniques

Cours

1 L'onde mécanique progressive

A Définition

On appelle onde mécanique progressive le phénomène de propagation d'une perturbation sans transport de matière mais avec transport d'énergie.

Les ondes mécaniques (sonores, sismiques,...) sont des ondes progressives qui nécessitent un milieu matériel pour se propager.

B Caractéristiques

Une onde progressive peut se propager dans une seule direction (corde, ressort), dans ce cas, on parle d'onde à une dimension. Si l'onde peut se propager dans deux directions (onde à la surface de l'eau), on parle d'onde à deux dimensions. Et une onde pouvant se propager dans toutes les directions (sonores) est appelée onde à trois dimensions.

- Une onde est caractérisée de **transversale** si le déplacement de la perturbation est perpendiculaire à la direction de propagation de l'onde (Exemple : corde).
- Une onde est caractérisée de **longitudinale** si le déplacement de la perturbation est parallèle à la direction de propagation de l'onde (Exemple : ressort).

Point vocabulaire

- **Progressif** signifie que la propagation se fait de proche en proche.

2 Célérité d'une onde - retard

La célérité d'une onde est le rapport entre la distance d qu'elle parcoure et la durée Δt. La célérité d'une onde dépend de la température du milieu, de la densité du milieu et de la rigidité du milieu.

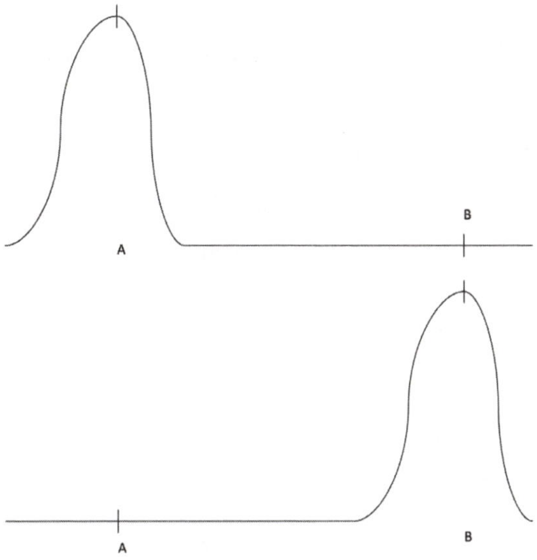

La perturbation arrive en B avec un retard, noté τ, par rapport au point A. on peut donc déterminer le retard à l'aide de la relation suivante : $\tau = \frac{AB}{v}$.

Avec AB en mètre (m), v la célérité de l'onde en $m.s^{-1}$ et le retard τ en seconde (s).

3 Les ondes mécaniques périodiques

A Ondes sinusoïdales

Une onde progressive sinusoïdale est la propagation d'une perturbation décrite par une fonction sinusoïdale du temps.

B Double périodicité

- La **période temporelle T** représente la plus petite durée au bout de laquelle un point du milieu se retrouve dans le même état vibratoire. Elle s'exprime en seconde.

La fréquence représente le nombre de période par seconde, soit :

$$f = \frac{1}{T}.$$

- f la fréquence en hertz (Hz)
- T la période en seconde (s)

- La **période spatiale** λ, appelé longueur d'onde, représente la plus petite distance séparant deux points du milieu dans le même état vibratoire. Elle s'exprime en mètre.

C Relation entre période, longueur d'onde et célérité

Dans le cas d'une onde progressive sinusoïdale, on a la relation suivante :

$$v = \frac{\lambda}{T} = \lambda \times f$$

- λ en mètre (m)
- T en seconde (s)
- f en hertz (Hz)
- v en $m.s^{-1}$

Exercices

Compétences attendues

- Décrire dans le cas d'une onde mécanique progressive, la propagation d'une perturbation mécanique d'un milieu dans l'espace et au cours du temps : houle, ondes sismiques, ondes sonores, etc.
- Expliquer à l'aide d'un modèle qualitatif la propagation d'une perturbation mécanique dans un milieu matériel.
- Exploiter la relation entre la durée de propagation, la distance parcourue par une perturbation et la célérité, notamment pour localiser une source d'onde.

Exercice 13.1

S'approprier, analyser, raisonner, réaliser

D'après Bac S, Amérique du nord, 2004

Onde à la surface de l'eau

Le gerris est un insecte que l'on peut observer sur les plans d'eau calmes de certaines rivières. Très léger cet insecte évolue sur la surface en ramant avec ses pattes.

Malgré sa discrétion, sa présence est souvent trahie par des ombres projetées sur le fond. Ces ombres (figure 1) sont la conséquence de la déformation de la surface de l'eau au contact de l'extrémité des six pattes de l'insecte (figure 2).

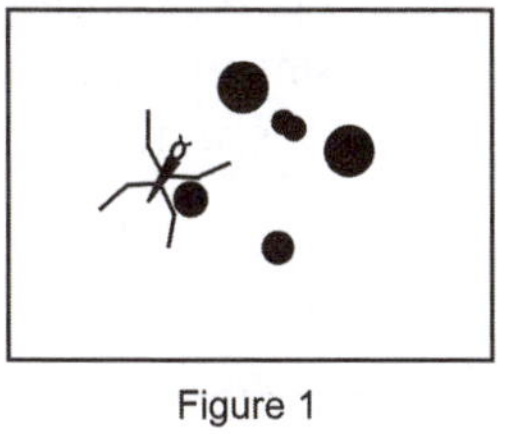

Figure 1

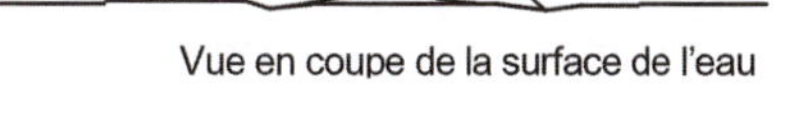

Figure 2

1. Quel dispositif utilisé en classe pour l'étude de la propagation des ondes à la surface de l'eau est également basé sur la projection d'ombres ?

Les déplacements de l'insecte génèrent des ondes à la surface de l'eau qui se propagent dans toutes les directions offertes par le milieu. Le schéma (figure 3) donne une vue en coupe de l'onde créée par une patte du gerris à la surface de l'eau à un instant t. O est le point source : point de surface où est créée l'onde.

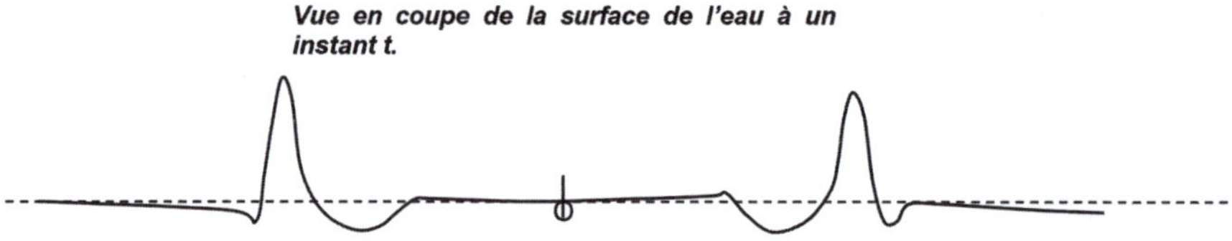

Figure 3

2. L'onde générée par le déplacement du gerris peut-elle être qualifiée de transversale ou de longitudinale ? Justifier la réponse.
3. Un brin d'herbe flotte à la surface de l'eau. Décrire son mouvement au passage de l'onde.
4. La surface de l'eau est photographiée à deux instants différents. Le document suivant est à l'échelle 1/100e (figure 4). Calculer la célérité de l'onde.

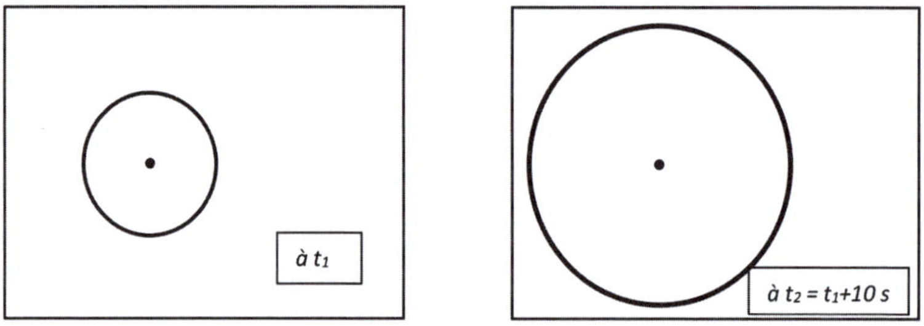

Figure 4

Un petit papillon tombé à l'eau est une proie facile pour le gerris. L'insecte prisonnier de la surface crée en se débattant des trains d'ondes sinusoïdales. La fréquence de battements des ailes du papillon est de 5 Hz ce qui génère des ondes de même fréquence à la surface de l'eau (figure 5).

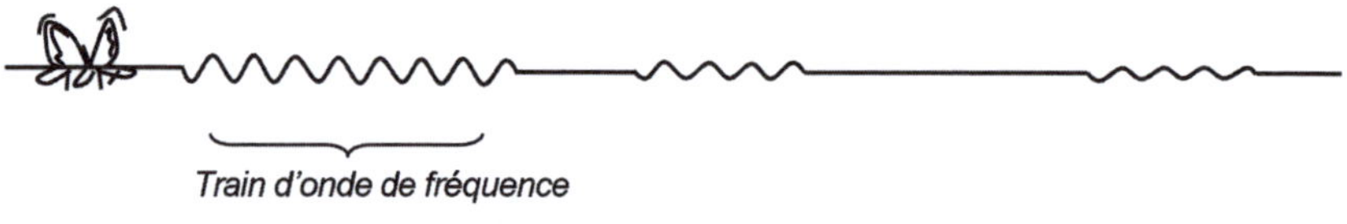

Figure 5

5. Déterminer la longueur d'onde de l'onde émise par le papillon en utilisant l'agrandissement à l'échelle 2 de la coupe de la surface de l'eau (figure 6).

Figure 6

6. Montrer que la célérité de cette onde est de 4,4 cm.s^{-1}.

La concurrence est rude sur le plan d'eau entre trois gerris.

Les extrémités de leurs pattes antérieures, situées près de leurs antennes (zone de détection), leur permettent de déterminer la direction et le sens de la propagation de l'onde émise par une proie.

7. Le papillon se débat à une distance $d_1 = 6$ cm du gerris n° 1.
   L'onde générée par le papillon a mis 1 s pour parvenir au gerris n° 2.
   Le gerris n° 3 détecte cette même onde avec un retard de 1,5 s sur le gerris n° 2.
   a. Déterminer la distance d_2 entre le papillon et le gerris n° 2.
   b. Déterminer la distance d_3 entre le papillon et le gerris n° 3.

Exercice 13.2

S'approprier, analyser, raisonner, réaliser, valider

D'après Bac S, Les ondes au service de la voiture, 2015

« Sans les mains ! C'est de cette manière que vous pourrez, peut-être très bientôt, conduire votre prochaine voiture... ». Cette phrase évoque ici la voiture autonome dont la commercialisation sera lancée aux alentours de 2020.

Cette voiture « se conduira seule », car elle aura une perception globale de son environnement grâce à la contribution de plusieurs capteurs : télémètre laser à balayage (LIDAR*), caméra, capteurs à infrarouge, radars, capteurs laser, capteurs à ultrasons, antenne GPS...

*LIDAR = Light Detection And Ranging

Un odomètre mesure la distance parcourue par la voiture.

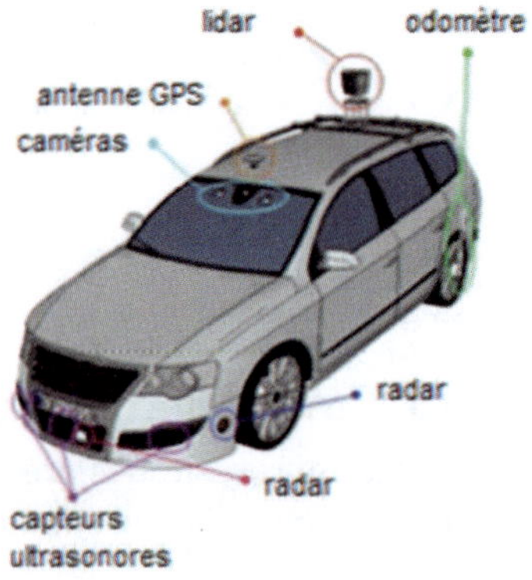

L'objectif de cet exercice est d'étudier quelques capteurs présents dans une voiture autonome.

▶ Principe de fonctionnement des capteurs

Les radars, capteurs ultrasonores et lasers sont tous constitués d'un émetteur qui génère une onde pouvant se réfléchir sur un obstacle et d'un capteur qui détecte l'onde réfléchie. Le capteur permet de mesurer la durée entre l'émission et la réception de l'onde après réflexion sur l'obstacle.

Le radar utilise des ondes radio. Le sonar utilise des ultrasons tandis que le laser d'un LIDAR émet des impulsions allant de l'ultra-violet à l'infrarouge.

Extrait. Notice de « radar de recul » (aide au stationnement)

- En marche arrière le « radar de recul » se met en fonction automatiquement.
- L'afficheur indique la distance de l'obstacle détecté pour des valeurs comprises entre 0,3 m et 2 m.
- L'afficheur dispose d'un buzzer intégré qui émet un signal sonore dont la fréquence évolue en fonction de la distance à l'obstacle.

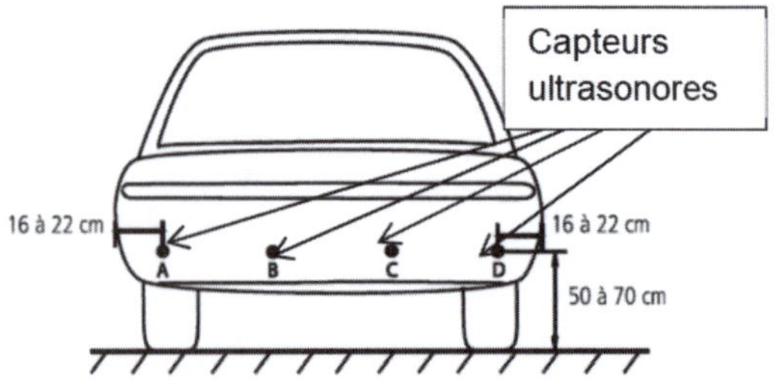

Extrait. Document d'un constructeur automobile

Système autonome de régulation de vitesse ACC

Le système ACC traite les informations d'un capteur radar afin d'adapter la vitesse de la voiture en fonction des véhicules qui la précèdent. Les caractéristiques du capteur radar d'un système ACC sont données ci-dessous.

Fonctionnalité	Détermine la distance, la vitesse et la direction d'objets mobiles roulant devant le véhicule
Fréquence d'émission	76 – 77 GHz
Portée minimale - portée maximale	1 m – 120 m
Activation du capteur	vitesse > 20 $km.h^{-1}$

Données

- célérité du son dans l'air à 20 °C : $v = 343\ m.s^{-1}$;
- célérité de la lumière dans le vide ou dans l'air : $c = 3{,}0 \times 108\ m.s^{-1}$.

1. Propriétés de quelques capteurs présents dans la voiture autonome

a. Compléter le tableau en fin d'exercice en précisant pour chaque capteur le type d'ondes utilisées.

b. À l'aide du tableau ci-dessous, déterminer le nom de la bande d'ondes radio utilisées par le capteur radar de l'ACC. Justifier votre réponse à l'aide d'un calcul.

Nom de bande d'ondes radio	Longueurs d'onde dans le vide
HF	10 m – 100 m
L	15 cm – 30 cm
W	2,7 mm – 4,0 mm

2. Plage de détection d'un obstacle pour le « radar de recul »

Ce « radar de recul » est composé de quatre capteurs ultrasonores identiques. Chacun de ces capteurs a une portée minimale $d_{min} = 0{,}30$ m d'après la notice. Cela signifie qu'un obstacle situé à une distance du capteur inférieure à dmin ne sera pas détecté.

Le capteur est constitué d'un matériau piézo-électrique utilisé à la fois pour fonctionner en mode émetteur ou en mode récepteur. Il ne peut fonctionner correctement en récepteur que lorsqu'il a fini de fonctionner en émetteur. Pour cette raison, le capteur génère des salves ultrasonores de durée $\Delta t_1 = 1{,}7$ ms avec une périodicité $\Delta t_2 = 12$ ms. La figure ci-dessous illustre ce fonctionnement.

Exercices

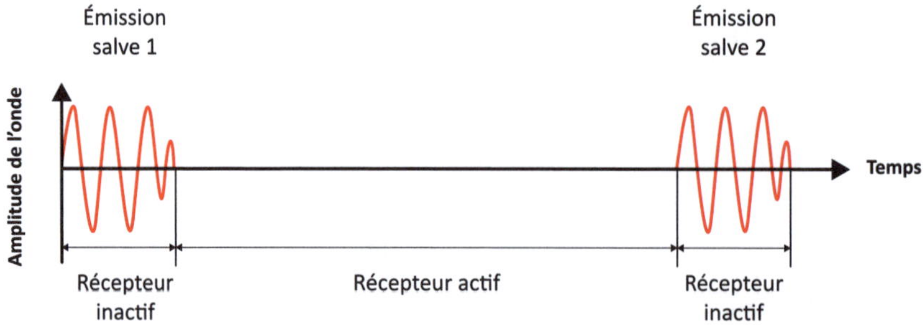

a. Légender la figure de l'annexe à rendre avec la copie en indiquant les durées Δt_1 et Δt_2.

b. Faire un schéma représentant un capteur détectant un obstacle et y faire apparaître sa portée minimale dmin et sa portée maximale dmax en précisant leurs valeurs.

c. Vérifier que pour la distance dmin entre le capteur et l'obstacle, la durée entre l'émission et la réception est égale à Δt_1.

d. Si la durée que met l'onde émise pour revenir au capteur est inférieure à Δt_1, pourquoi le capteur ne peut-il pas détecter l'obstacle de manière satisfaisante ? Justifier la réponse.

e. Quelle caractéristique du signal de l'émission doit-on alors modifier pour que le capteur puisse détecter un obstacle situé à une distance inférieure à dmin ? Justifier votre réponse.

f. Montrer que la valeur de la portée maximale de ce capteur est liée essentiellement à une des caractéristiques du signal émis.

3. Tableau à compléter

Capteur	Type d'onde utilisée par le capteur : mécanique / électromagnétique	Points forts	Points faibles
Radar	____________ ____________ ____________ ____________	• Longue portée, robustesse face aux conditions météorologiques, bonne performance de détection.	• Pollution électromagnétique, coût relativement élevé, encombrement, interférences électromagnétiques.

Capteurs à ultrasons	------------ ------------ ------------ ------------	• Réalisation simple, coût abordable traitement simple des données.	• Précision de détection sujette à la température, sensibilité aux conditions météorologiques.
Capteur laser (LIDAR)	------------ ------------ ------------ ------------	• Longue portée, grande précision, bonne résolution, coût accessible.	• Dérèglements fréquents, grande sensibilité aux conditions météorologiques, interférences.

Exercice 13.3

S'approprier, analyser, raisonner, réaliser

D'après Bac S, Afrique, Les ondes sismiques, 2003

Lors d'un séisme, la Terre est mise en mouvement par des ondes de différentes natures, qui occasionnent des secousses plus ou moins violentes et destructrices en surface.

On distingue:

- les ondes P, les plus rapides, se propageant dans les solides et les liquides.
- les ondes S, moins rapides, ne se propageant que dans les solides.

L'enregistrement de ces ondes par des sismographes à la surface de la Terre permet de déterminer l'épicentre du séisme (lieu de naissance de la perturbation).

Les schémas A et B modélisent la progression des ondes sismiques dans une couche terrestre.

1. Les ondes P, appelées aussi ondes de compression, sont des ondes longitudinales.
   Les ondes S, appelées aussi ondes de cisaillement, sont des ondes transversales.
   a. Définir une onde transversale.
   b. Indiquer le schéma correspondant à chaque type d'onde.

Exercices

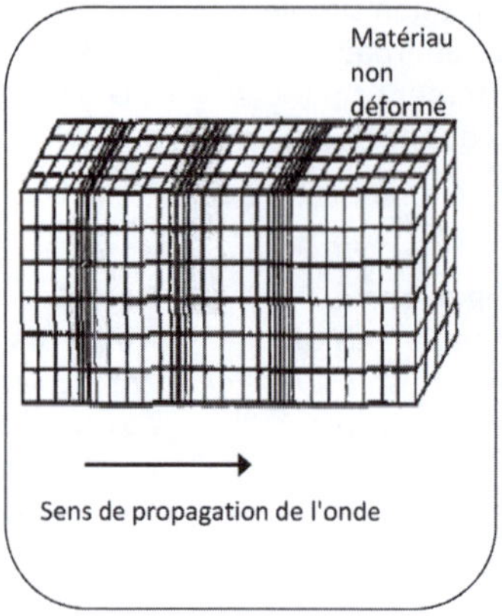

Schéma A

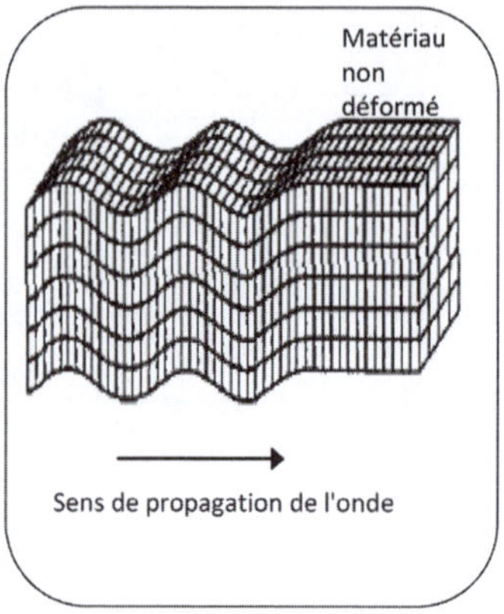

Schéma B

2. Un séisme s'est produit à San Francisco (Californie) en 1989.

Le document ci-dessous présente le sismogramme obtenu, lors de ce séisme à la station EUREKA.

Sismogramme : Station EUREKA

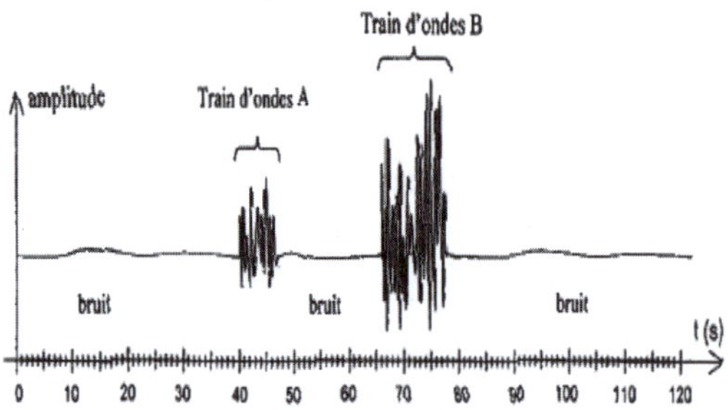

Le sismogramme a été enregistré à Eureka, station sismique située au nord de la Californie. L'origine du repère (t = 0 s) a été choisie à la date du début du séisme à San Francisco.

Le sismogramme présente deux trains d'ondes repérés par A et B.

a. À quel type d'onde (S ou P) correspond chaque train? Justifier votre réponse à l'aide du texte d'introduction.

b. Sachant que le début du séisme a été détecté à Eureka à 8 h 15 min 20 s TU (Temps Universel), déterminer l'heure TU (h ; min ; s) à laquelle le séisme s'est déclenché à l'épicentre.

c. Sachant que les ondes P se propagent à une célérité moyenne de 10 km.s^{-1}, calculer la distance séparant l'épicentre du séisme de la station Eureka.

d. Calculer la célérité moyenne des ondes S.

Compétences attendues

- Distinguer périodicité spatiale et périodicité temporelle. Justifier et exploiter la relation entre période, longueur d'onde et célérité. Déterminer les caractéristiques d'une onde mécanique périodique à partir de représentations spatiales ou temporelles.

Exercice 13.4

S'approprier, analyser, raisonner, réaliser

D'après Bac S, Nouvelle Calédonie, Propagation des ondes, 2005

Cet exercice est un questionnaire à réponses ouvertes courtes. A chaque question peuvent correspondre aucune, une ou plusieurs propositions exactes.

Pour chacune des questions, plusieurs réponses ou affirmations sont proposées.

Précisez par « vrai » ou « faux » à chaque proposition.

Donner une justification ou une explication.

Les parties 1, 2 et 3 sont indépendantes et peuvent être traitées séparément.

▶ **Première partie.** Ondes infrasonores

Les éléphants émettent des infrasons (dont la fréquence est inférieure à 20 Hz). Cela leur permet de communiquer sur de longues distances et de se rassembler. Un éléphant est sur le bord d'une étendue d'eau et désire indiquer à d'autres éléphants sa présence. Pour cela, il émet un infrason. Un autre éléphant, situé à une distance $L = 24{,}0$ km, reçoit l'onde au bout d'une durée $\Delta t = 70{,}6$ s.

La valeur de la célérité de l'infrason dans l'air v est :

1. $v = 34{,}0\ km.s^{-1}$
2. $v = 340\ km.s^{-1}$
3. $v = 340\ m.s^{-1}$

▶ **Deuxième partie.** Ondes à la surface de l'eau

Au laboratoire, on dispose d'une cuve à onde contenant de l'eau immobile à la surface de laquelle flotte un petit morceau de polystyrène. On laisse tomber une goutte d'eau au-dessus de la cuve, à l'écart du morceau de polystyrène. Une onde se propage à la surface de l'eau.

1. Ceci correspond :
   a. à une onde mécanique ;

Exercices

b. à une onde longitudinale ;

c. à une onde transversale.

2. L'onde atteint le morceau de polystyrène.

a. Celui-ci se déplace parallèlement à la direction de propagation de l'onde ;

b. Celui-ci se déplace perpendiculairement à la direction de propagation de l'onde ;

c. Celui-ci monte et descend verticalement ;

d. Celui-ci reste immobile.

▶ **Troisième partie.** Ondes le long d'une corde

1. L'extrémité gauche d'une corde est reliée à un vibreur effectuant des oscillations sinusoïdales entretenues à partir d'un instant de date $t_0 = 0$ s. Les graphiques 1 et 2 représentent l'état de la corde à une date donnée. Les élongations y et les abscisses x sont graduées en cm. On néglige tout amortissement dans la totalité des questions de cette partie 3.

Graphique 1

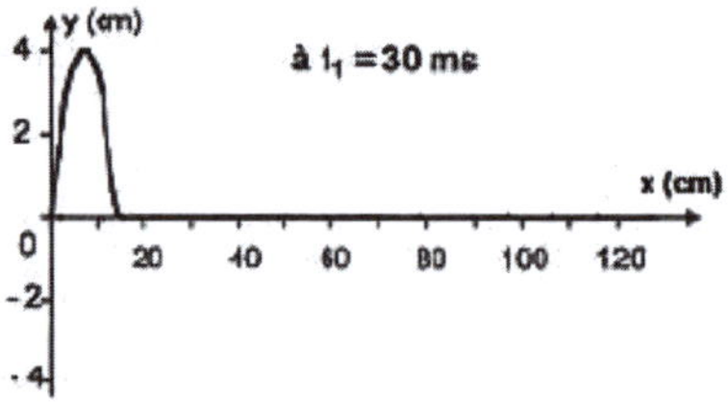

Graphique 2

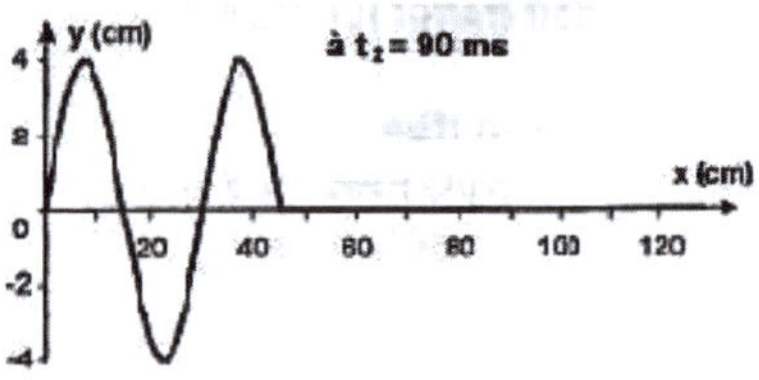

Le graphique 2 ci-dessus permet de déterminer la valeur numérique de la longueur d'onde λ.

1. On trouve :

a. $\lambda = 20$ cm

b. $\lambda = 30$ cm

c. $\lambda = 46$ cm

2. À partir des graphiques 1 et 2, déterminer la valeur de la période temporelle T :

a. $T = 30$ ms

b. $T = 60$ ms

c. $T = 18$ ms

3. La célérité de l'onde dans la corde est :

a. $v = 5{,}0\ m.s^{-1}$

b. $v = 10{,}0\ m.s^{-1}$

c. $v = 15{,}0\ m.s^{-1}$

Corrigé des exercices

Exercice 13.1

1. La cuve à ondes est utilisée pour étudier la propagation des ondes à la surface de l'eau.
2. L'onde générée est transversale car la direction de la perturbation est perpendiculaire à la direction de propagation de l'onde.
3. Le brin d'herbe subit le déplacement sans transport de matière. Après passage de l'onde, il reprend sa position initiale.
4. A $t = t_1$ on mesure $d_1 = 1$ cm soit à l'échelle $d_1 = 1 \times 100 = 100$ cm.
   A $t = t_2$ on mesure $d_2 = 2$ cm soit à l'échelle $d_2 = 2 \times 100 = 200$ cm.
   $\Delta t = t_2 - t_1 = t_1 + 10 - t_1 = 10$ s et $d = d_2 - d_1 = 100$ cm $= 1$ m.
   Donc $v = \dfrac{d}{\Delta t} = \dfrac{1{,}0}{10} = 1{,}0 \times 10^{-1}\,\text{m.s}^{-1} = 1{,}0\ \text{cm.s}^{-1}$.
5. Pour une meilleure précision, on mesure 3 longueurs d'onde. On a $3\lambda = 5{,}3$ cm sur le schéma. Or il y a un agrandissement de 2 donc on a :
   $\lambda = \dfrac{5{,}3}{3 \times 2} = 0{,}88\ \text{cm} = 8{,}8 \times 10^{-3}$ m.
6. $v = \lambda \times \upsilon = 0{,}88 \times 5 = 4{,}4\ \text{cm.s}^{-1}$.
7. a. $d_2 = v \times \Delta t = 4{,}4 \times 1 = 4{,}4$ cm.
   b. Le gerris 3 détecte l'onde avec un retard de 1,5 s sur le 2. Soit τ le retard :
   $\tau = \dfrac{d}{v} = \dfrac{d_3 - d_2}{v}$ donc $d_3\text{-}d_2 = \tau \times v + d_2 = 4{,}4 \times 1{,}5 + 4{,}4 = 11$ cm

Exercice 13.2

1. a. Radar : onde électromagnétique ;
   Capteurs à ultrasons : onde mécanique ;
   Capteur laser : onde électromagnétique.
   b. On a $v = 76 - 77$ Hz soit $\lambda = \dfrac{c}{\nu} = \dfrac{3{,}0 \times 10^8}{76 \times 10^9} = 3{,}9 \times 10^{-3}\ \text{m} = 3{,}9$ mm.
   On a $2{,}7 < \lambda < 4{,}0$ mm donc les ondes radio appartiennent à la bande W.

2. *a.*

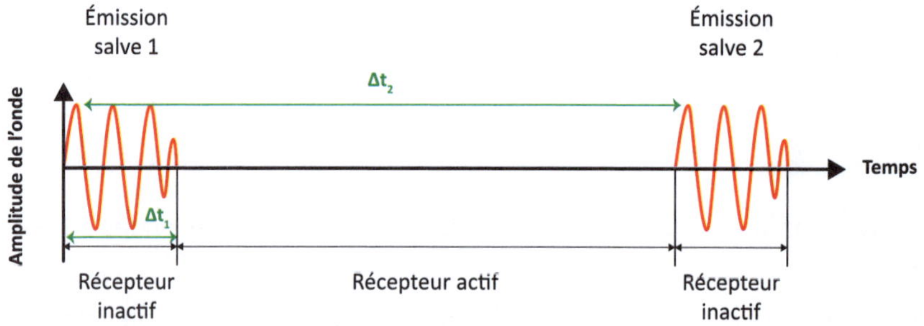

b.

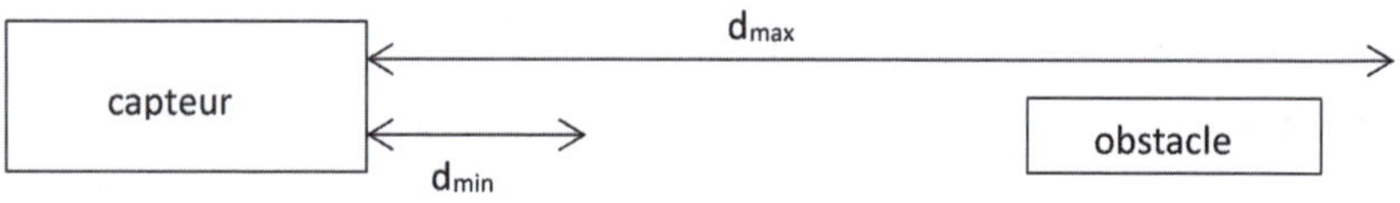

c. Pendant la durée Δt_1, l'onde parcourt un aller-retour soit $d = 2d_{min}$ d'où :

$$v = \frac{2d_{min}}{\Delta t_1} \text{ donc } \Delta t_1 = \frac{2d_{min}}{v} = \frac{2 \times 0{,}30}{343} = 1{,}7 \times 10^{-3}\,\text{s} = 1{,}7\text{ ms.}$$

d. Si $\Delta t < \Delta t_1$, le capteur ne peut pas fonctionner en récepteur car il n'a pas fini de fonctionner en mode émetteur.

e. Il faut alors réduire Δt_1.

f. $$v = \frac{2d_{max}}{\Delta t_2} \text{ donc } \Delta t_2 = \frac{2d_{max}}{v} = \frac{2 \times 2{,}0}{343} = 1{,}2 \times 10^{-2}\,\text{s} = 12\text{ ms.}$$

La portée maximale du capteur est donc liée à la durée entre 2 émissions de salves consécutives.

Exercice 13.3

1. *a.* Onde transversale : la perturbation de l'onde est perpendiculaire à la direction de propagation de l'onde.

b. Schéma A : onde P longitudinale.

Schéma B : onde S transversale.

2. *a.* Les ondes P sont plus rapides que ses ondes S. Donc le train d'ondes A détecté en premier correspond aux ondes P et le train d'ondes B détecté avec du retard correspond aux ondes S.

b. $t_2 = 8$ h 15 min 20 s

$t_2 - t_1 = 40\text{ s} = \Delta t$ donc $t_1 = t_2 - \Delta t = 8$ h 15 min 20 – 40 = 8 h 14 min 40 s.

c. $d = v \times \Delta t = 10 \times 40 = 4{,}0 \times 10^2$ km.

d. Les ondes S ont mis $\Delta t = 66$ s pour parcourir la distance d

soit $v = \dfrac{d}{\Delta t} = \dfrac{4{,}0 \times 10^2}{66} = 6{,}1 \text{ km.s}^{-1}$.

Exercice 13.4

Première partie.

$$v = \frac{L}{\Delta t} = \frac{24{,}0 \times 10^3}{70{,}6} = 340 \text{ m.s}^{-1}.$$

1. Faux
2. Faux
3. Vrai

Deuxième partie.

1. a. Vrai – L'onde est une onde mécanique car elle nécessite un milieu matériel pour se propager.
   b. Faux
   c. Vrai – La direction de la perturbation est perpendiculaire à la direction de propagation de l'onde.
2. a. Faux
   b. Vrai
   c. Vrai
   d. Faux

Troisième partie.

1. D'après le graphique $\lambda = 30$ cm.
   a. Faux
   b. Vrai
   c. Faux
2. $T = t_2 - t_1 = 90 - 30 = 60$ ms.
   a. Faux
   b. Vrai
   c. Faux

3. $v = \frac{\lambda}{T} = \frac{30 \times 10^{-2}}{60 \times 10^{-3}} = 5{,}0 \text{ m.s}^{-1}$.

a. Vrai

b. Faux

c. Faux

Chapitre 14

Images et couleurs

Cours

1 Lentille et formation d'image

A Définition et schéma

Une **lentille mince convergente** est un milieu transparent constitué de verre ou de matière plastique. Elle est plus épaisse au bord que sur les centres. On parle de la lentille mince convergente car on néglige l'épaisseur de la partie centrale que l'on réduit à un point.

Une lentille mince convergente est caractérisée par :

- un centre optique : O (partie centrale de la lentille)
- un axe optique : axe perpendiculaire à la lentille et passant par O
- un foyer image : F'
- un foyer objet : F symétrique de F' par rapport à O

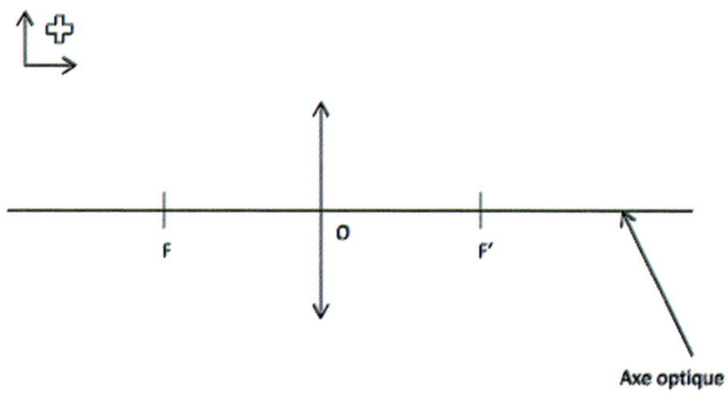

SCHEMATISATION D'UNE LENTILLE CONVERGENTE

Le symbole 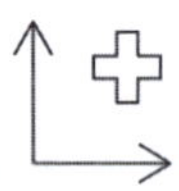 indique les deux sens positifs choisis par convention sur les axes horizontal et vertical. Dans toutes les constructions à venir, la lumière se propagera de la gauche vers la droite c'est-à-dire dans le sens positif horizontal. Le sens de propagation choisi impose le signe des grandeurs algébriques suivantes :

$$\overline{OF'} > 0 \text{ et } \overline{OF} < 0.$$

B Etude de rayons caractéristiques

Un rayon lumineux passant par le centre optique O n'est pas dévié.

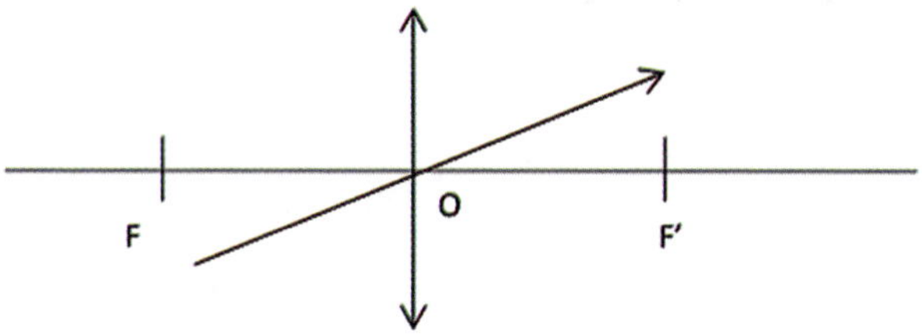

Tout rayon incident parallèle à l'axe optique émerge en passant par le foyer image F'.

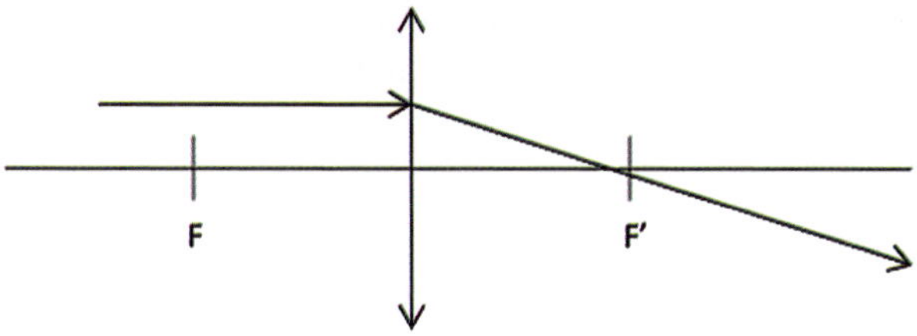

Tout rayon incident passant par le foyer objet F émerge parallèle à l'axe optique.

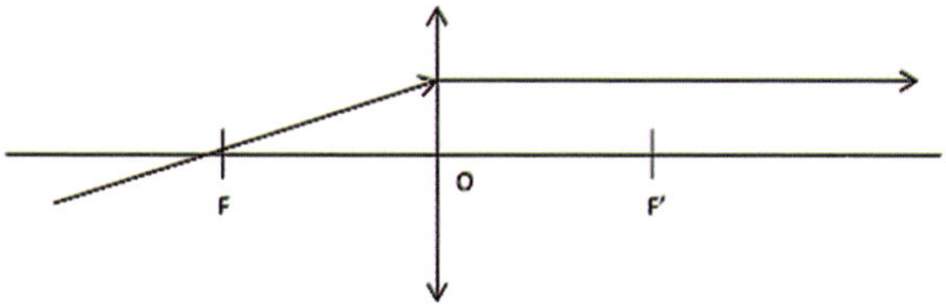

Remarque

Il est indispensable d'orienter les rayons lumineux dans le sens de propagation de la lumière avant et après la lentille.

C Construction de l'image d'un objet

Méthode

Afin de construire l'image A'B' d'un objet plan AB, il suffit de **construire 2 des 3 rayons caractéristiques** vu précédemment **à partir de B**. B' se trouvera à l'intersection des rayons émergents de la lentille ou à **l'intersection** des prolongements des rayons émergents de la lentille. A' se trouve sur l'axe optique, à la verticale de B'. Il est fortement conseillé de tracer les 3 rayons caractéristiques. Lorsque **l'image** est située :

- **après la lentille**, l'image est réelle ; on peut la former sur un écran ;
- **avant la lentille**, l'image est virtuelle ; on ne peut pas la former sur un écran.

Cas OA > OF

L'image A'B' obtenue est **réelle** car elle se situe derrière la lentille et **renversée** car elle n'est pas dans le même sens que l'objet.

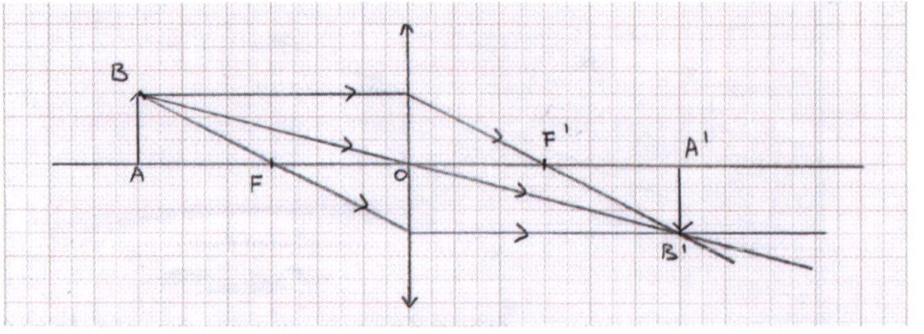

Dans l'œil humain, c'est cette situation qui se produit. L'image A'B' est renversée sur la rétine. C'est le cerveau qui remet l'image dans le bon sens.

Cas OA < OF

L'image est **virtuelle** car elle se situe avant la lentille et **droite** car elle est dans le même sens que l'objet. Il s'agit du cas de la loupe. L'image obtenue est plus grande que l'objet.

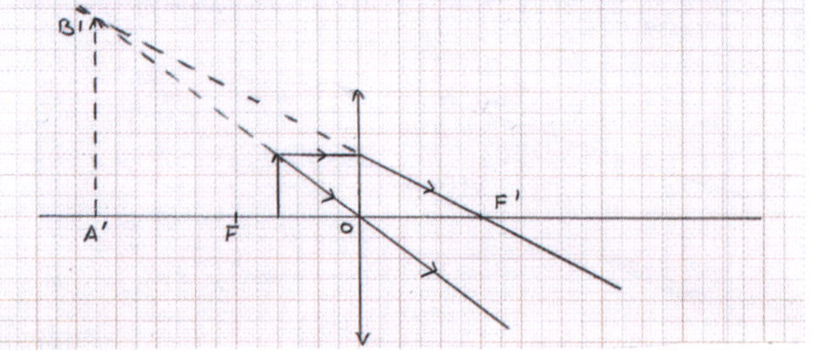

Cas OA = OF (cas particulier)

Les rayons émergents ne se couperont jamais. Ils sont parallèles. L'image se trouve rejeté à l'infini. Cela signifie que l'on peut mettre un écran à n'importe quelle endroit, nous verrons l'image A'B'.

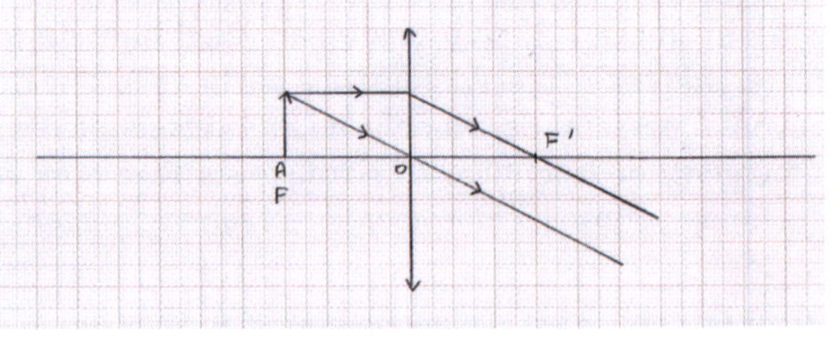

Cas OA est à l'infini

Observons une image lointaine, soit considérée à l'infini, on a :

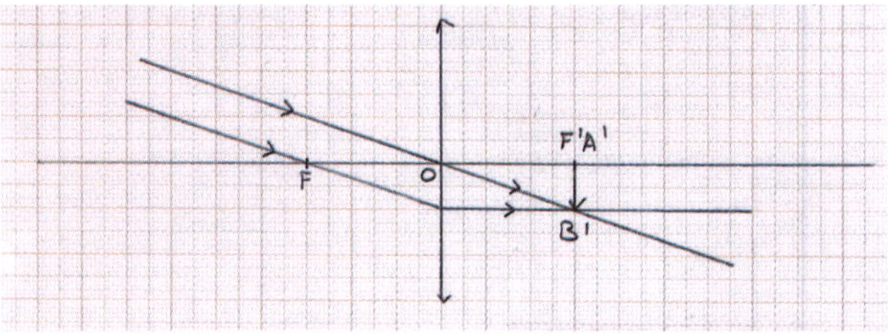

L'image est **réelle** et **renversée**. Elle se trouve dans le **plan focal image** de la lentille c'est-à-dire que A' est confondu avec F'.

Conseils

Quand cela est possible, il est fortement conseillé de tracer 3 rayons caractéristiques au lieu de 2.

Pour ne pas faire d'erreurs

- Prendre en considération qu'une grandeur algébrique est une grandeur qui peut être positive ou négative. Faire très attentions aux signes.
- Tenir compte de l'échelle du graphique si celle-ci est imposée.

Point vocabulaire

- Un **rayon incident** est un rayon qui arrive sur la lentille.
- Un **rayon émergent** est un rayon qui a traversé la lentille.
- L'image est observée par un observateur sous un angle α.

D Distance focale et vergence

La distance focale d'une lentille convergente se note f et s'exprime en mètre.

$$f' = \overline{OF} = -\overline{OF'}$$

Cependant on parle souvent de vergence pour une lentille, elle se note C et s'exprime en dioptrie δ.

$$C = \frac{1}{f'}$$

Remarque

Si C > 0 alors la lentille est convergente, et si C < 0 alors la lentille est divergente.

E La relation de conjugaison

Cette relation permet de déterminer la position $\overline{OA'}$ d'une image donnée par une lentille à partir de la position $\overline{OA}$ de l'objet.

$$\frac{1}{\overline{OA'}} - \frac{1}{\overline{OA}} = \frac{1}{\overline{OF'}}$$

Les distances étant exprimées dans la même unité.

F La relation de grandissement γ

Cette relation permet de déterminer la taille et le sens de l'image.

$$\gamma = \frac{\overline{OA'}}{\overline{OA}} = \frac{\overline{AB'}}{\overline{AB}}$$

Remarques

- $|\gamma| > 1$ l'image est plus grande que l'objet
- $|\gamma| = 1$ l'image est de même taille que l'objet
- $|\gamma| < 1$ l'image est plus petite que l'objet

- si $\gamma > 0$ l'image est droite
- si $\gamma < 0$ l'image est renversée

Conseils

- Dans les expressions précédentes, il faut prendre garde à exprimer toutes les grandeurs algébriques dans la même unité.
- Prendre soin de vérifier que les résultats numériques sont en accords avec les constructions graphiques. Si $\overline{OA'} > 0$ alors l'image est réelle et $\overline{OA'} < 0$ alors l'image est virtuelle.

Pour ne pas faire d'erreurs

- Le grandissement est une grandeur sans unité.
- Vérifier que le signe du grandissement correspond à la construction graphique.

2 Couleur des objets

Un objet lumineux est identifiable par son spectre. On parle de couleur spectrale. La couleur correspond à la sensation perçue par le cerveau lorsque l'oeil lui transmet le signal d'une lumière correspondant à un intervalle donné de longueur d'onde. En effet l'œil humain est un récepteur qui n'est sensible qu'à des radiations dont la longueur d'onde est comprise entre 400 nm et 800 nm. Les radiations dont la longueur d'onde est inférieure à 400 nm appartiennent aux ultraviolets (UV) et celles qui sont supérieur à 800 nm appartiennent aux infrarouges (IR).

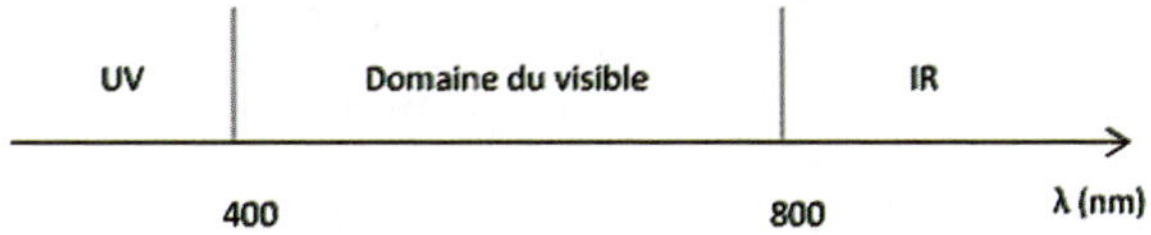

Une couleur spectrale perçue varie d'un individu à un autre.

La couleur perçue d'un objet dépend de plusieurs facteurs :

- des **radiations** qu'il absorbe/transmet/diffuse
- de **l'éclairage** (lumière blanche,...)
- de **l'observateur**

3 Synthèse additive, synthèse soustractive

A Synthèse additive

Quand on superpose plusieurs lumières colorées, le cerveau en perçoit une nouvelle. C'est la **synthèse additive** des couleurs. Le physicien Thomas Young établit que l'on obtient une infinité de couleurs en superposant 3 lumières colorées : ROUGE, VERT et BLEU (système RVB).

De plus, en superposant ces trois lumières de même intensité, on peut obtenir du BLANC.

- Le ROUGE, VERT et BLEU sont appelées les couleurs primaires de la synthèse additive.
- De plus on parle de couleur complémentaire : 2 couleurs sont dites complémentaires si leur synthèse additive donne du BLANC.

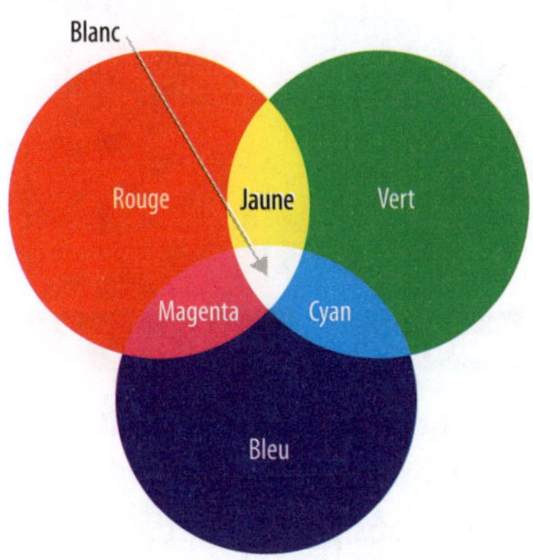

Couleur primaire	Couleur complémentaire
Rouge	cyan
vert	magenta
bleu	jaune

B Synthèse soustractive

En **synthèse soustractive**, il suffit des couleurs CYAN, MAGENTA et JAUNE pour recréer toutes les couleurs. Les filtres CYAN, MAGENTA et JAUNE transmettent deux des 3 couleurs.

- Les couleurs CYAN, MAGENTA et JAUNE sont les couleurs primaires de la synthèse soustractive.
- 2 couleurs sont dites complémentaires si leur synthèse soustractive donne du noir.

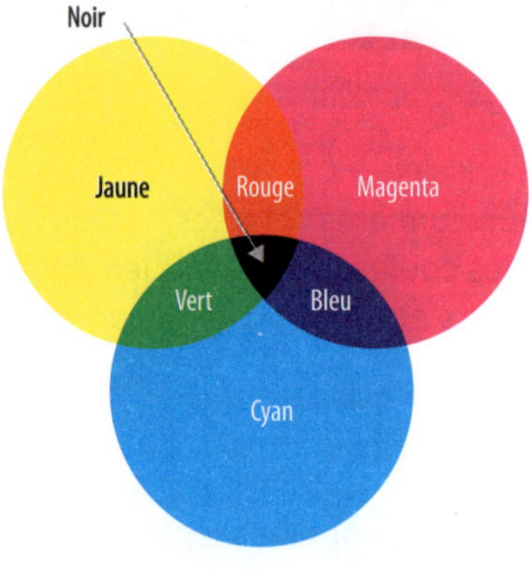

Couleur primaire	Couleur complémentaire
jaune	bleu
magenta	vert
cyan	rouge

4 Absorption, diffusion, transmission

Éclairée en lumière blanche, une pomme nous paraît verte. La pomme diffuse le vert et absorbe le bleu et le rouge.

Éclairée en lumière rouge, elle nous paraît noire.

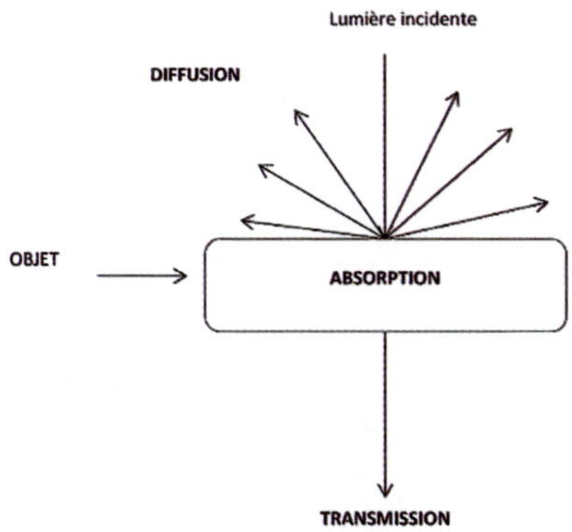

En effet, on interprète la couleur des objets à l'aide de 3 phénomènes différents :

- La **diffusion** : phénomène par lequel un objet éclairé renvoie dans toutes les directions une partie de la lumière incidente.
- La **transmission** : phénomène par lequel un objet transparent (ex : un filtre) est traversé par une partie de la lumière incidente.
- L'**absorption** : phénomène par lequel un objet éclairé absorbe une partie de la lumière incidente.

5 Vision des couleurs et trichromie.

Notre œil perçoit des objets grâce aux images qui se forment sur notre rétine. Il perçoit les couleurs grâces à **3 cônes** qui sont des cellules de la rétine sensibles aux longueurs d'onde faibles (bleu), moyennes (vert), et plus élevées (rouge). La vision utilise le principe de la trichromie. Les autres cellules photoréceptrices de notre rétine sont sensibles à la luminosité, ils permettent la vision nocturne.

Le daltonisme, mis en évidence par John Dalton, est un défaut qui affecte l'un des trois types de cône qui ne détecte par correctement la lumière. La forme la plus courante est celle qui empêche la distinction entre les couleurs rouge et vertes.

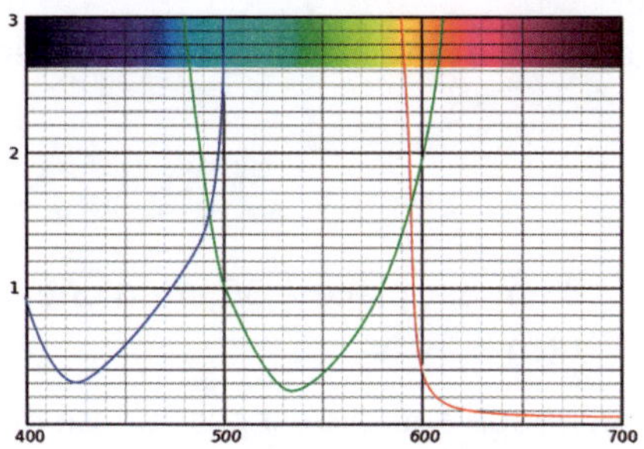

On peut distinguer sur cette figure le cône sensible au bleu, vert et rouge.

Exercice

Compétences attendues

- Exploiter les relations de conjugaison et de grandissement fournies pour déterminer la position et la taille de l'image d'un objet-plan réel. Déterminer les caractéristiques de l'image d'un objet plan réel formée par une lentille mince convergente.

Exercice 14.1

S'approprier, analyser, raisonner, réaliser

Une bougie AB de taille 3,0 cm se trouve à 12 cm d'une lentille convergente de distance focale 5,0 cm.

1. Faire une construction graphique à l'échelle 1/2 pour l'horizontal et la verticale.
2. Comment caractérise-t-on cette image ?
3. Déterminer graphiquement la position et la taille de l'image.

Exercice 14.2

S'approprier, analyser, raisonner, réaliser

Un trèfle AB de taille 1,5 cm se trouve à 6,0 cm d'une lentille convergente de distance focale 15 cm.

1. Faire une construction graphique à l'échelle 1 pour la verticale et ½ pour l'horizontal.
2. Comment caractérise-t-on cette image ?
3. Déterminer graphiquement la position et la taille de l'image.
4. Comment nomme-t-on cette lentille ? Quel est son intérêt ?

Exercice 14.3

S'approprier, analyser, raisonner, réaliser

Un objet AB de taille 2,0 cm est placé à 30 cm d'une lentille convergente de diamètre 6,0 cm et de vergence 10 δ.

1. Faire une construction graphique. Il n'est pas imposé de réaliser le schéma avec une échelle.

2. Exprimer puis calculer la position et la taille de l'image.
3. Déterminer le grandissement.

On décide à présent de positionner l'objet AB à 8,0 cm de la lentille

4. Déterminer par le calcul la position et la taille de l'image. Quelles remarques pouvez-vous faire.
5. L'observateur place son œil au centre de la lentille. Sous quel angle observe-t-il l'image ?

Exercice 14.4

S'approprier, analyser, raisonner, réaliser

Une lentille convergente, de centre optique O, donne d'un objet AB, de hauteur 5,0 cm et situé à 120,0 cm avant la lentille, une image A'B' située à 60 cm après la lentille. AB est perpendiculaire à l'axe optique de la lentille et A est situé sur cet axe.

1. Déterminer la distance focale de cette lentille ainsi que sa vergence par le calcul.
2. Calculer le grandissement et la taille de l'image A'B'.
3. Donner les caractéristiques de l'image.
4. On approche AB à 10 cm de la lentille.
   a. Donner les caractéristiques de l'image.
   b. Quel est le rôle de cette lentille ?
   c. Où placer l'œil d'un observateur ?

Exercice 14.5

S'approprier, analyser, raisonner, réaliser

Le but de l'expérience est de déterminer la valeur de la vergence d'une lentille convergente.

Un objet AB est placé devant une lentille convergente de centre optique O. Le point A est situé sur l'axe optique de la lentille. L'image A'B' se forme sur l'écran. On relève pour différentes positions de l'objet, la position de l'image sur l'écran.

On relève les mesures algébriques $\overline{OA}$ et $\overline{OA'}$ dans le tableau ci-dessous.

$\overline{OA}$ (m)	−0,18	−0,20	−0,24	−0,28	−0,36	−0,40	−0,44
$\overline{OA'}$ (m)	0,41	0,335	0,26	0,225	0,19	0,18	0,175

1. Lors de cette expérience, toutes les valeurs de $\overline{OA}$ sont elles envisageables ?
2. Donner les caractéristiques de l'image formée sur l'écran.
3. Tracer la courbe $\frac{1}{\overline{OA'}}$ en fonction de $\frac{1}{\overline{OA}}$
4. Quel type de courbe obtient-on ?
5. Déterminer l'ordonnée à l'origine.
6. En déduire la valeur de la distance focale puis celle de la vergence.

Exercice 14.6

S'approprier, analyser, raisonner, réaliser

La Loupe de l'inspecteur.

Un inspecteur utilise une loupe, qui n'est rien d'autre qu'une lentille convergente de centre O et de vergence $C = 5{,}0\ \delta$.

1. L'inspecteur observe une empreinte digitale de taille 1,0 mm placé à 10 cm de la loupe.
   a. Exprimer puis calculer la position de l'image.
   b. Exprimer puis calculer la taille de l'image vue à travers la loupe ?
   c. Est-elle réelle ou virtuelle ? Est-elle droite ou renversée ? Justifier.
2. L'inspecteur voudrait que l'image fasse 1,0 cm afin de voir mieux le détail qui l'intéresse.
   a. Quel doit être le grandissement ?
   b. À quelle distance de la lentille l'enquêteur doit-il placer l'empreinte ?
3. Maintenant, l'inspecteur observe l'empreinte à 30 cm de la loupe.
   a. Calculer la position de l'image.
   b. Que pouvez vous en conclure ? Le choix de l'inspecteur est-il judicieux ? Pourquoi ?

Compétences attendues

- Choisir le modèle de la synthèse additive ou celui de la synthèse soustractive selon la situation à interpréter. Interpréter la couleur perçue d'un objet à partir de celle de la lumière incidente ainsi que des phénomènes d'absorption, de diffusion et de transmission.

Exercice 14.7

S'approprier, analyser, raisonner

Éclairé en lumière blanche, un objet paraît magenta.

1. Préciser les lumières diffusées et absorbées par l'objet.
2. Comment paraît l'objet en lumière rouge ? verte ? et bleue ? Justifier.

Exercice 14.8

S'approprier, analyser, raisonner

Éclairé en lumière cyan, un objet paraît vert. Eclairé en lumière jaune, l'objet paraît jaune.

1. Préciser les lumières diffusées et absorbées par l'objet.
2. Comment paraît l'objet en lumière blanche ? Justifier.

Exercice 14.9

S'approprier, analyser, raisonner

Voici les drapeaux de 4 états :

Autriche	Mali

Italie	**Ethiopie**

1. Comment apparaît le drapeau éthiopien en lumière verte ?
2. Quels drapeaux pourrait-on confondre sous une lumière rouge ?
3. Quel éclairage permet de percevoir de manière identique les drapeaux éthiopiens et maliens ?

Exercice 14.10

S'approprier, analyser, raisonner

Pour les JO 2024, la ville de Paris souhaite faire un bandeau lumineux sur lequel il sera inscrit : PARIS 2024.

D'après le tableau ci-dessous, donner la couleur perçue par chaque chiffre et lettre en lumière blanche.

	P	A	R	I	S	2	0	2	4
Rouge	R	R	N	R	N	N	R	N	R
Vert	V	N	V	V	N	N	N	V	V
Bleu	N	N	B	B	N	B	B	N	N

- R signifie que la lettre diffuse le rouge.
- V signifie que la lettre diffuse le vert.
- B signifie que la lettre diffuse le bleu.
- N signifie que la lettre ne diffuse pas la couleur associée.

Exercice 14.11

S'approprier, analyser, raisonner

Sous les feux de la rampe...

Une famille de koalas constituée de trois individus différents placés toujours dans le même ordre est éclairée par des lumières de couleurs différentes : lumière verte pour la première photo ; rouge pour la deuxième photo et magenta pour la troisième photo.

Objectif : retrouver la couleur des koalas

1. Compléter le tableau suivant en indiquant la couleur de chaque koala sous les différents éclairages :

Lumières	Verte	Rouge	Magenta
Koala 1			
Koala 2			
Koala 3			

2. À l'aide des résultats du tableau, déterminer la couleur de chaque koala en lumière blanche.
3. De quelle couleur serait chaque koala éclairé en lumière :
   a. bleue
   b. cyan
   c. jaune

Compétences attendues

- Prévoir le résultat de la superposition de lumières colorées et l'effet d'un ou plusieurs filtres colorés sur une lumière incidente.

Exercice 14.12

S'approprier, analyser, raisonner

Quelle est la couleur vue par l'œil à travers chaque filtre ?

1. Une lumière blanche à travers un filtre cyan puis magenta.
2. Une lumière blanche à travers un filtre jaune puis cyan.
3. Une lumière blanche à travers un filtre magenta puis vert.
4. Une lumière blanche à travers un filtre magenta puis vert et enfin cyan.

Corrigé des exercices

Exercice 14.1

1. Construction graphique

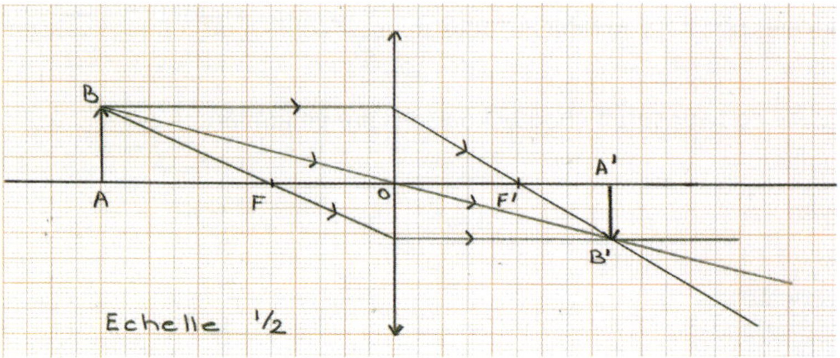

2. L'image est **réelle** car elle se trouve derrière la lentille et **renversée** car elle n'est pas dans le même sens que l'objet.

3. Graphiquement

$\overline{OA'} = 4,35 \times 2 = 8,7$ cm

$\overline{A'B'} = -1,1 \times 2 = -2,2$ cm

Exercice 14.2

1. Construction graphique

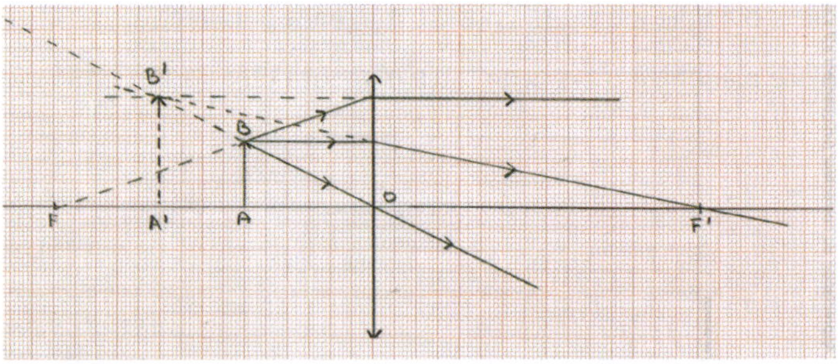

2. L'image est **virtuelle** car elle se trouve avant la lentille et **droite** car elle est dans le même sens que l'objet.

3. Graphiquement

$\overline{OA'} = -\ 5{,}0 \times 2 = -10$ cm

$\overline{A'B'} = 2{,}5$ cm car l'échelle vaut 1 pour la verticale

4. Il s'agit d'une **loupe**. L'intérêt est d'observer le trèfle plus grand.

Exercice 14.3

1. Construction graphique

Axe verticale à échelle 1 et axe verticale à échelle 1/3.

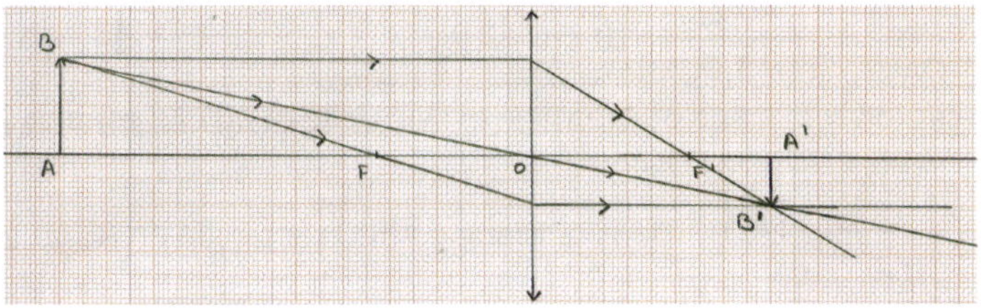

2. Expression et calcul de $\overline{OA'}$ et $\overline{A'B'}$

Déterminons $\overline{OF'}$: $\overline{OF'} = f' = \frac{1}{C} = \frac{1}{10} = 0{,}10$ m $= 10$ cm.

D'après la relation de conjugaison, on a :

$$\frac{1}{\overline{OA'}} - \frac{1}{\overline{OA}} = \frac{1}{\overline{OF'}}$$

$$\frac{1}{\overline{OA'}} = \frac{1}{\overline{OF'}} + \frac{1}{\overline{OA}} = \frac{\overline{OA}}{\overline{OF'}.\overline{OA}} + \frac{\overline{OF'}}{\overline{OF'}.\overline{OA}}$$

$$\overline{OA'} = \frac{\overline{OA}.\overline{OF'}}{\overline{OF'} + \overline{OA}}$$

$$\overline{OA'} = \frac{-30.10}{10-30} = 15 \text{ cm}$$

D'après le grandissement, on a :

$$\gamma = \frac{\overline{OA'}}{\overline{OA}} = \frac{\overline{AB'}}{\overline{AB}}$$

soit $\overline{A'B'} = \frac{\overline{OA'}.\overline{AB}}{\overline{OA}} = \frac{15.2{,}0}{-30} = -1{,}0$ cm

3. 3. D'après le grandissement, on a :

$$\gamma = \frac{\overline{OA'}}{\overline{OA}} = \frac{\overline{AB'}}{\overline{AB}} = \frac{15}{-30} = -\ 0{,}50$$

Corrigés

Remarques

Le grandissement est négatif donc l'image est renversée et $|\gamma|<1$ donc l'image est plus petite que l'objet. (Cohérent sur le graphique).

4. D'après la relation précédente, on a :

$$\overline{OA'}=\frac{\overline{OA}.\overline{OF'}}{\overline{OF'}+\overline{OA}}$$

$$\overline{OA'}=\frac{-8,0.10}{10-8,0}=-\ 40\text{ cm}$$

$$\overline{A'B'}=\frac{\overline{OA'}.\overline{AB}}{\overline{OA}}=\frac{-40.2,0}{-8,0}=10\text{ cm}$$

Dans ce cas, on remarque que l'image est virtuelle et qu'elle est plus grande que l'objet. C'est le cas de la LOUPE.

5. L'angle α est l'angle B'OA'. Dans le triangle A'B'O rectangle en A', on a :

$$\tan\alpha=\frac{\overline{A'B'}}{\overline{OA'}}=\frac{10}{40}=0,25\text{ soit }\alpha=14\ °$$

Exercice 14.4

1. D'après la relation de conjugaison, on a :

$$\frac{1}{\overline{OF'}}=\frac{1}{\overline{OA'}}-\frac{1}{\overline{OA}}=\frac{\overline{OA}}{\overline{OA'}.\overline{OA}}-\frac{\overline{OA'}}{\overline{OA'}.\overline{OA}}=\frac{\overline{OA}-\overline{OA'}}{\overline{OA'}.\overline{OA}}$$

soit $\overline{OF'}=\dfrac{\overline{OA}.\overline{OA'}}{\overline{OA}-\overline{OA'}}$

$$\overline{OF'}=\frac{-120.60}{-120-60}=40\text{ cm}$$

Donc on peut en déduire la vergence $C=\dfrac{1}{\overline{OF'}}=\dfrac{1}{f'}$

Attention f' doit être exprimée en mètre, soit :

$$C=\frac{1}{0,40}=\ 2,5\ \delta$$

2. $\gamma=\dfrac{\overline{OA'}}{\overline{OA}}=\dfrac{60}{-120}=-0,50$

Comme $\gamma=\dfrac{\overline{A'B'}}{\overline{AB}}$ alors on peut en déduire que $\overline{A'B'}=\gamma\times\overline{AB}=-0,50\times5,0=-\ 2,5$ cm.

3. L'image est **réelle** car $\overline{OA'}>0$, renversée car $\overline{A'B'}<0$ et 2 fois plus petite que l'objet car $|\gamma|<1$.

4. a. L'image est droite et virtuelle car A se situe entre O et F.

b. La lentille joue le rôle de LOUPE dans ce cas.

c. Il faut placer l'œil de l'observateur au centre de la lentille face à l'objet car l'image va se former du même coté que l'objet (image virtuelle).

Exercice 14.5

1. Toutes les valeurs de $\overline{OA}$ ne sont pas envisageables car si on positionne l'objet trop près de la lentille, l'image est rejetée à l'infini et par conséquence elle n'est pas observable sur un écran.

2. L'image est réelle et renversée.

3.

$\overline{OA}$ (m)	–0,18	–0,20	–0,24	–0,28	–0,36	–0,40	–0,44
$\overline{OA'}$ (m)	0,41	0,335	0,26	0,225	0,19	0,18	0,175
$\frac{1}{\overline{OA}}$ (m^{-1})	–5,6	–5	–4,2	–3,6	–2,8	–2,5	–2,3
$\frac{1}{\overline{OA'}}$ (m^{-1})	2,4	3	3,8	4,4	5,2	5,5	5,7

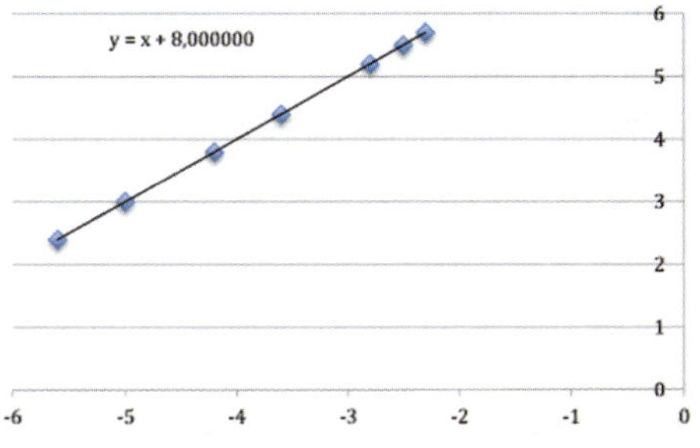

4. On obtient une droite (fonction affine) du type $y = ax + b$

5. Quand on prolonge la droite, elle coupe l'axe des ordonnées en 8,0 donc l'ordonnée à l'origine vaut $b = 8,0$.

6. On a tracé : $\frac{1}{\overline{OA'}}$ en fonction de $\frac{1}{\overline{OA}}$ or nous pouvons écrire d'après la relation de conjugaison que $\frac{1}{\overline{OA'}} = \frac{1}{\overline{OA}} + \frac{1}{\overline{OF'}}$

Corrigés

et sachant que $y = ax + b$

on en déduit que le coefficient directeur a vaut 1 et l'ordonnée à l'origine $b = \frac{1}{\overline{OF'}}$

or nous avons $b = 8,0$ d'où $\frac{1}{\overline{OF'}} = 8,0\ m^{-1}$ et donc $f' = \overline{OF'} = \frac{1}{8,0} = 0,125\ m$

Et la vergence $C = \frac{1}{\overline{OF'}} = 8,0\ \delta$

Exercice 14.6

1. a. Déterminons la distance focale :

$$\overline{OF'} = f' = \frac{1}{C} = \frac{1}{5,0} = 0,20\ m = 20\ cm$$

D'après la relation de conjugaison, on a :

$$\frac{1}{\overline{OA'}} = \frac{1}{\overline{OF'}} + \frac{1}{\overline{OA}} = \frac{\overline{OA}}{\overline{OF'}.\overline{OA}} + \frac{\overline{OF'}}{\overline{OF'}.\overline{OA}}$$

$$\overline{OA'} = \frac{\overline{OA}.\overline{OF'}}{\overline{OF'} + \overline{OA}}$$

$$\overline{OA'} = \frac{-10.20}{20 - 10} = -20\ cm$$

b. D'après le grandissement, on a :

$$\gamma = \frac{\overline{OA'}}{\overline{OA}} = \frac{\overline{AB'}}{\overline{AB}}$$

soit $\overline{A'B'} = \frac{\overline{OA'}.\overline{AB}}{\overline{OA}} = \frac{-20.0,10}{-10} = 0,20\ cm = 2,0\ mm$

c. $\overline{OA'}$ est négative donc l'image se situe avant la lentille, elle est virtuelle.

$\overline{A'B'}$ est positive donc l'image est droite.

2. a. on a $\gamma = \frac{\overline{OA'}}{\overline{OA}} = \frac{\overline{AB'}}{\overline{AB}} = \frac{1,0}{0,10} = 10$

b. on veut : $\gamma = \frac{\overline{OA'}}{\overline{OA}} = 10$ donc $\overline{OA'} = 10 \times \overline{OA}$, soit

$$\frac{1}{\overline{OA'}} - \frac{1}{\overline{OA}} = \frac{1}{\overline{OF'}}$$

$$\frac{1}{10.\overline{OA}} - \frac{1}{\overline{OA}} = \frac{1}{\overline{OF'}}$$

$$\frac{1}{10.\overline{OA}} - \frac{10}{10.\overline{OA}} = \frac{1}{\overline{OF'}}$$

$$-\frac{9}{10.\overline{OA}} = \frac{1}{\overline{OF'}}$$

$$\overline{OA} = -9\frac{\overline{OF'}}{10} = \frac{-9.20}{10}$$

Donc $\overline{OA} = -18$ cm

3. *a.* D'après la relation de conjugaison, on a :

$$\frac{1}{\overline{OA'}} = \frac{1}{\overline{OF'}} + \frac{1}{\overline{OA}} = \frac{\overline{OA}}{\overline{OF'}.\overline{OA}} + \frac{\overline{OF'}}{\overline{OF'}.\overline{OA}}$$

$$\overline{OA'} = \frac{\overline{OA}.\overline{OF'}}{\overline{OF'} + \overline{OA}}$$

$$\overline{OA'} = \frac{-30.20}{20-30} = 60 \text{ cm}$$

b. L'image est réelle car $\overline{OA'}$ est positive. Le choix n'est pas judicieux car l'inspecteur regarde à travers une loupe, donc le but est d'obtenir une image virtuelle, droite et plus grande. Ce n'est pas le cas ici.

Exercice 14.7

1. L'objet diffuse le rouge et le bleu car magenta = rouge + bleu et absorbe le vert.

2. En lumière rouge, l'objet paraît rouge car l'objet diffuse le rouge.
En lumière verte, l'objet paraît noir car l'objet absorbe le vert.
En lumière bleue, l'objet paraît bleu car l'objet diffuse le bleu.

Exercice 14.8

1. L'objet diffuse le vert et le rouge mais absorbe le bleu.

2. En lumière blanche, l'objet va paraître jaune car il diffuse rouge + vert.

Exercice 14.9

1.

VERT

VERT

NOIR

2. En lumière rouge, on pourrait confondre le drapeau italien avec le drapeau malien car ils vont paraître :

NOIR	ROUGE	ROUGE

3. Si on éclaire en bleu les drapeaux éthiopiens et maliens, ils seront identiques car les 2 drapeaux seront noirs.

Exercice 14.10

	P	A	R	I	S	2	0	2	4
Lumière blanche	Jaune	Rouge	Cyan	Blanc	Noir	Bleu	Magenta	vert	Jaune

Exercice 14.11

1.

Lumières	Verte	Rouge	Magenta
Koala 1	Vert	Rouge	Rouge
Koala 2	Vert	Noir	Noir
Koala 3	Noir	Rouge	Rouge

2. En lumière blanche, le koala 1 sera jaune, le koala 2 sera vert et le 3 sera rouge.

3. a. En lumière bleue, le koala 1 sera noir, le koala 2 sera noir et le 3 sera noir.
   b. En lumière cyan, le koala 1 sera vert, le koala 2 sera vert et le 3 sera noir.
   c. En lumière jaune, le koala 1 sera jaune, le koala 2 sera vert et le 3 sera rouge.

Exercice 14.12

1. Bleu
2. Vert
3. Aucune
4. Aucune

Chapitre 15

Sources de lumière colorée

Cours

1 Domaines des ondes électromagnétiques

A Les ondes électromagnétiques

Les ondes lumineuses appartiennent à la catégorie des ondes électromagnétiques. Quelque soit leur nature, ces ondes se propagent à la vitesse de la lumière dans le vide ou dans l'air à la vitesse de

$$c = 3{,}0.10^8\,m.s^{-1}$$

(On parle de célérité de la lumière).

Une lumière monochromatique est constituée d'une seule radiation et son spectre lumineux possède une seule raie colorée. Une lumière polychromatique est constituée de plusieurs radiations et son spectre lumineux possède plusieurs raies colorées.

Une radiation est caractérisée par sa longueur d'onde notée λ et exprimée en mètre. Elle représente la distance parcourue par l'onde pendant une période de vibration. La longueur d'onde λ, dans le vide et la fréquence ν sont liées par la relation :

$$\lambda = \frac{c}{\nu}$$

- λ s'exprime en mètre (m)
- c la célérité de la lumière dans le vide en $m.s^{-1}$
- ν la fréquence en hertz (Hz)

Pour ne pas faire d'erreurs

- En classe de seconde, l'étude des ondes concernée les ondes mécaniques et plus particulièrement les ondes sonores. De ce fait la fréquence était notée f. Dans ce chapitre, nous parlons d'onde électromagnétique, et ainsi elle est notée ν.
- Attention de ne pas confondre la lettre ν de la fréquence exprimée en Hertz avec une vitesse qui se note v.

B Domaine longueur d'onde et fréquence

Dans le vide ou dans l'air, les radiations du domaine du visible ont des longueurs d'onde comprises entre 400 nm et 800 nm. Ce domaine est encadré par le domaine des infrarouges (IR) pour $\lambda > 800$ nm et le domaine des ultraviolets (UV) pour $\lambda < 400$ nm.

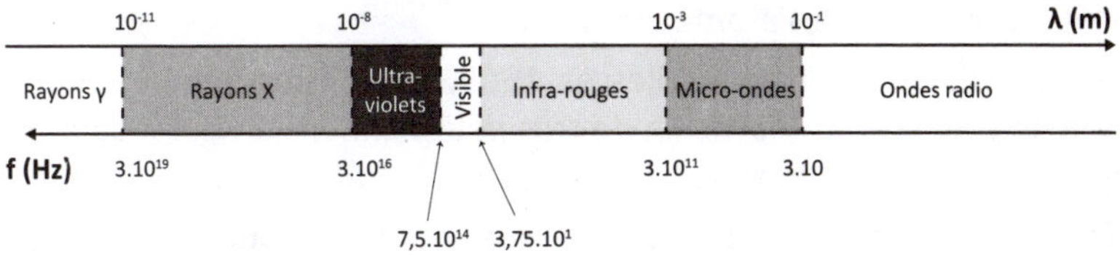

Cours

2 Interaction lumière-matière : émission et absorption

Afin d'émettre et diffuser de la lumière, la matière doit recevoir obligatoirement de l'énergie. De même, pour créer de l'énergie, la matière doit recevoir et absorber de la lumière. Il y a donc une interaction entre la lumière et la matière.

L'atome peut :

- Absorber de l'énergie, de ce fait on pourra observer une raie sombre dans le spectre d'absorption.
- Libérer ou émettre de l'énergie, de ce fait on pourra observer une raie de couleur dans le spectre d'émission.

On peut observer sur les spectres d'émission et d'absorption d'un élément chimique qu'à chaque raie de couleur correspond une raie noire. En effet, une espèce chimique absorbe ce dont elle est capable d'émettre.

3 Quantification des niveaux d'énergie de la matière. Énergie d'un photon

En classe seconde, il a été admis que les électrons d'un atome étaient sur des couches électroniques : couches (K), (L), (M). Ces couches existent même si elles ne sont pas occupées par des électrons.

Chaque couche correspond à un niveau d'énergie précis :

- E1 pour la couche (K)
- E2 pour la couche (L)
- E3 pour la couche (M)

Ces niveaux sont dits quantifiés car les valeurs correspondantes sont bien déterminées, sans pouvoir changer, pour un atome donné. Le diagramme de niveaux d'énergie d'un atome représente les niveaux d'énergie possibles de cet atome. L'état de plus basse énergie correspond à l'**état fondamental** : c'est l'**état stable de l'atome**. Les **autres**

états, d'énergie supérieure, sont qualifiés d'états excités. Il en existe une infinité. Dans l'état d'énergie nulle, l'atome est ionisé.

Depuis les travaux d'Einstein publiés en 1905, on considère que la lumière est constituée de corpuscules (particule de très petite dimension possédant ni masse, ni charge électrique), les **photons**.

L'énergie de la lumière est transportée par des photons. Chaque photon transporte un quantum ou des quanta d'énergie.

Un atome qui reçoit de l'énergie lumineuse voit son électron passer de sa couche (K) à une de ses couches (L), (M), (N). Le changement de couche n'a lieu que si un photon d'énergie exactement égale à la différence d'énergie, entre deux couches, notée ΔE, interagit avec l'atome. Le photon est alors absorbé, de même que la radiation correspondante.

A Absorption

Afin qu'un électron change de niveau d'énergie (passage à un niveau supérieur), il doit recevoir une certaine quantité d'énergie correspondant exactement à la différence entre deux niveaux d'énergies $\Delta E = E_{sup} - E_{inf}$, qui correspond à l'absorption :

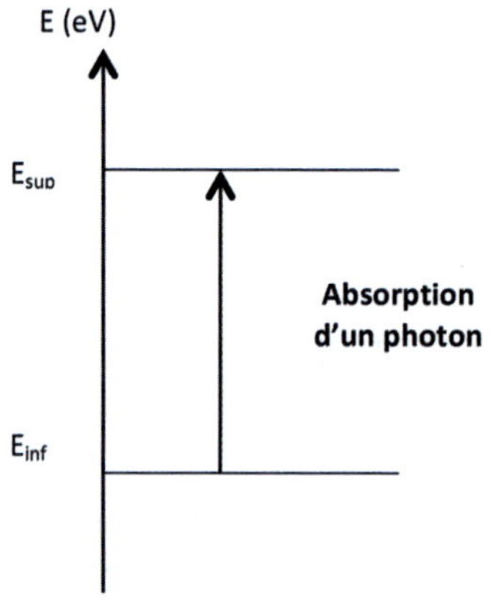

Dans le spectre d'absorption de l'atome, on pourra observer une raie sombre.

B Emission

En outre, si l'électron « retombe » sur un niveau d'énergie inférieur, c'est qu'il a libéré cette même quantité d'énergie $\Delta E = E_{sup} - E_{inf}$ par émission :

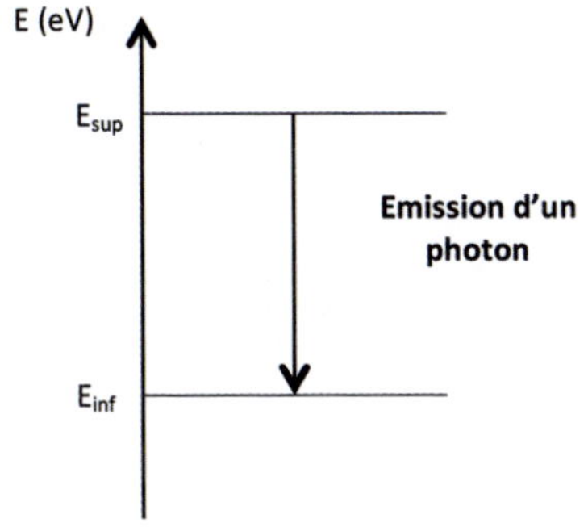

Dans le spectre d'émission de cet atome, on pourra observer une raie de couleur.

4 Relation ΔE = h ν dans les échanges d'énergie

L'énergie ΔE d'un photon de fréquence ν est exprimée par la relation :

$$\Delta E = h.\,\nu = \frac{h.c}{\lambda}$$

- E s'exprime en joule (J)
- h est la constante de Planck $h = 6{,}63 \times 10^{-34}$ J.s
- $c = 3{,}0.10^{8}$ m.s^{-1}
- ν la fréquence en hertz (Hz)

Cependant, un diagramme de niveaux d'énergies est exprimé en électronvolt, de ce fait il faut penser à convertir. On donne : $1\ \text{eV} = 1{,}602 \times 10^{-19}$ J

Pour ne pas faire d'erreurs

Penser à convertir λ en mètre et l'énergie à partir des diagrammes (eV) en joules.

Le calcul de l'énergie en joule peut s'effectuer par un calcul à part ou directement dans la formule de la longueur d'onde.

La valeur de ΔE est toujours positive, cependant, dans le cas de l'émission, cette énergie est perdue par l'atome alors que dans le cas de l'absorption, cette énergie est gagnée par l'atome.

ΔE doit être exactement égale à la différence d'énergie entre deux niveaux afin que la transition puisse être effectuée.

Exercices

Données

Pour l'ensemble des exercices

- $c = 3,00.10^{8}$ m.s^{-1}
- $h = 6,63.10^{-34}$ J.s
- 1 eV $= 1,60.10^{-19}$ J
- A noter que la valeur de la célérité est à connaître

Compétences attendues

- Utiliser une échelle de fréquence ou de longueurs d'onde pour identifier un domaine spectral. Citer l'ordre de grandeur des fréquences ou des longueurs d'onde des ondes électromagnétiques utilisées dans divers domaines d'application (imagerie médicale, optique visible, signaux wifi, micro-ondes, etc.).

Exercice 15.1

S'approprier, analyser

1. Dans quel domaine des ondes électromagnétiques se situe une radiation de longueur d'onde :
   a. $\lambda = 560$ nm
   b. $\lambda = 1080$ nm
   c. $\lambda = 340$ nm
2. Voici 2 spectres et un profil spectral :

α :

β :

γ :
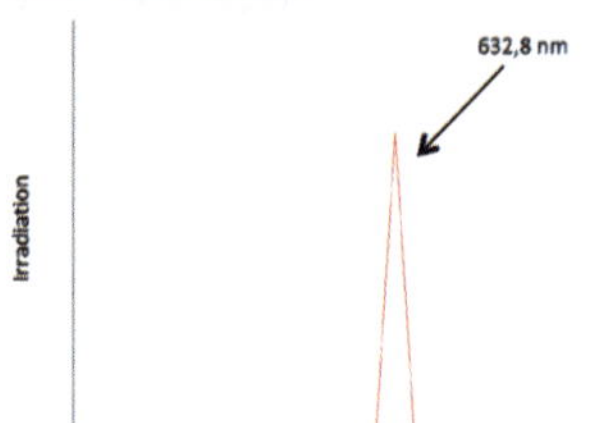

a. Préciser la nature de chaque spectre.

b. Préciser la nature de la lumière dans chaque cas. Justifier.

Exercice 15.2

S'approprier, analyser, raisonner

Donner l'ordre de grandeur des ondes utilisées dans :

1. Le domaine médical lors d'une radiographie.
2. Les ondes utilisées dans un micro-onde.
3. Les ondes wifi.

Exercice 15.3

S'approprier, analyser, raisonner, réaliser

Compléter le tableau ci-dessous :

nature	λ dans le vide	fréquence ν
	450 nm	
		$2{,}4.10^{15}$ Hz
	933 nm	
	0,325 µm	
		$4{,}6.10^{14}$Hz

Compétences attendues

- Utiliser l'expression donnant l'énergie d'un photon. Exploiter un diagramme de niveaux d'énergie en utilisant les relations $\lambda = c/\nu$ et $\Delta E = h.\nu$.

Exercice 15.4

S'approprier, analyser, raisonner, réaliser

D'après BAC S, Métropole, 2017

Pour obtenir un feu d'artifice qui produit son, lumière et fumée, on procède à l'éclatement d'une pièce pyrotechnique. Bien que produisant des effets différents, toutes ces pièces sont conçues selon le même principe. Un dispositif permet de projeter la pièce pyrotechnique vers le haut. Une fois que ce projectile a atteint la hauteur prévue par l'artificier, il éclate, créant l'effet « son et lumière » souhaité.

Exercices

Le but de cet exercice est d'étudier la couleur observée de la pièce pyrotechniques nommée « crackling R100 ».

Données

– Domaines de longueur d'onde de la lumière visible :

Couleur	Violet	Bleu	Vert	Jaune	Orange	Rouge
Domaine de longueurs d'ondes en nm	380 – 446	446 – 520	520 – 565	565 – 590	590 – 625	625 – 780

– La pièce pyrotechnique nommée « crackling R100 » est de couleur rouge intense.

Les feux d'artifice émettent de la lumière. Les phénomènes mis en jeu sont notamment l'incandescence et l'émission atomique. Il y a tout d'abord l'incandescence des particules d'oxyde métallique, formées lors de la combustion, qui va du « blanc rouge » (aux alentours de 1 000 °C) jusqu'au blanc éblouissant (vers 3 000 °C). Pour l'émission atomique, les électrons de l'atome sont excités thermiquement, ce qui leur permet de passer du niveau d'énergie fondamental à un niveau d'énergie supérieur ; au cours de leur retour vers le niveau d'énergie fondamental, l'énergie qu'ils avaient absorbée est émise sous forme de photons dont la longueur d'onde est caractéristique de l'atome.

D'après : http://www.ambafrance-cn.org/Feux-d-artifice-histoire-et-technologie

1. Le texte fait référence à deux processus d'émission de lumière. Citer chacun de ces processus et préciser, dans chaque cas, si le spectre de la lumière émise est un spectre de raies ou un spectre continu.

   Le « crackling R100 » est principalement composé de strontium. Les photons émis par le strontium sont responsables de la couleur perçue lors de l'éclatement du « crackling R100 ». Le tableau ci-dessous regroupe les énergies des photons émis par le strontium :

	Photon 1	Photon 2	Photon 3
Énergie des photons (eV)	1,753	1,802	1,825

2. Déterminer la couleur perçue lors de l'émission du photon 3.
3. Sans effectuer de calcul supplémentaire, montrer que l'émission de ces trois photons permet d'expliquer la couleur de la lumière émise par le « crackling R100 ».

Exercice 15.5

S'approprier, analyser, raisonner, réaliser

Un technicien doit remplir une fiche technique concernant une lampe à vapeur. Il trouve le diagramme suivant :

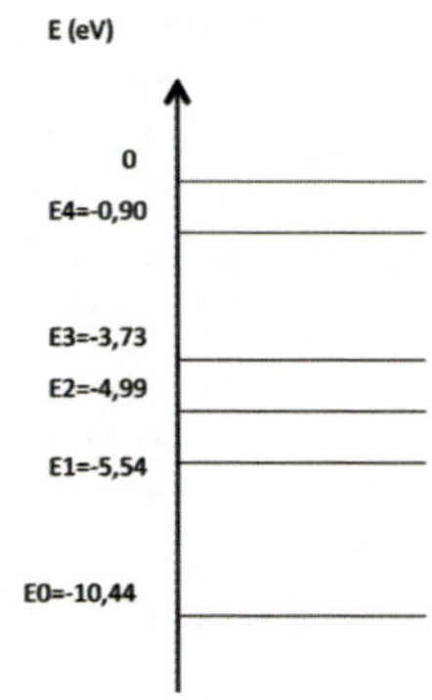

1. Que représente ce diagramme ?
2. a. Nommer E_0
   b. Que se passe-t-il dans E_0 ?
3. Nommer E_1, E_2, E_3 et E_4
4. Nommer $E_5 = 0$ eV

A présent le technicien doit faire fonctionner cette lampe à vapeur.

5. Il doit faire passer un électron du niveau E_0 au niveau E_1.
   a. Représenter cette transition sur le schéma à l'aide d'une flèche.
   b. Comment le technicien doit il s'y prendre ? A-t-il plusieurs possibilités ? Si oui lesquelles ?
   c. Que se passe-t-il lors de cette transition d'un point de vue corpusculaire ?
   d. Déterminer l'énergie puis la longueur d'onde correspondante à cette transition.

En essayant de faire passer l'électron au niveau E_1, l'électron passe directement au niveau E_3.

6. L'électron ne va pas rester dans ce niveau E_3. Il va passer au niveau E_1.
   a. Pourquoi ?
   b. Représenter cette transition sur le schéma à l'aide d'une flèche.
   c. Que se passe-t-il lors de cette transition d'un point de vue corpusculaire ?
   d. Déterminer l'énergie puis la longueur d'onde correspondante à cette transition.
7. Le technicien décide de tenter une expérience en envoyant un rayonnement de 439 nm sur cette lampe à vapeur.

   Que va-t-il se passer ? Soyez précis en effectuant les calculs nécessaires !

Exercices

Exercice 15.6

S'approprier, analyser, raisonner, réaliser

D'après BAC S, Inde, 2004

Lampe à vapeur de sodium

On utilise les lampes à vapeur de sodium pour éclairer des tunnels routiers. Ces lampes contiennent de la vapeur de sodium à très faible pression. Cette vapeur est excitée par un faisceau d'électrons qui traverse le tube. Les atomes de sodium absorbent l'énergie des électrons. L'énergie est restituée lors du retour à l'état fondamental sous forme de radiations lumineuses. Les lampes à vapeur de sodium émettent surtout de la lumière jaune.

Données

- $h = 6{,}63 \times 10^{-34}$ J.s
- $c = 3{,}00 \times 10^{8}$ m.s^{-1}
- $e = 1{,}60 \times 10^{-19}$ C

1. L'analyse du spectre d'émission d'une lampe à vapeur de sodium révèle la présence de raies de longueur d'onde λ bien définie.

Spectre d'émission d'une lampe à vapeurs de sodium

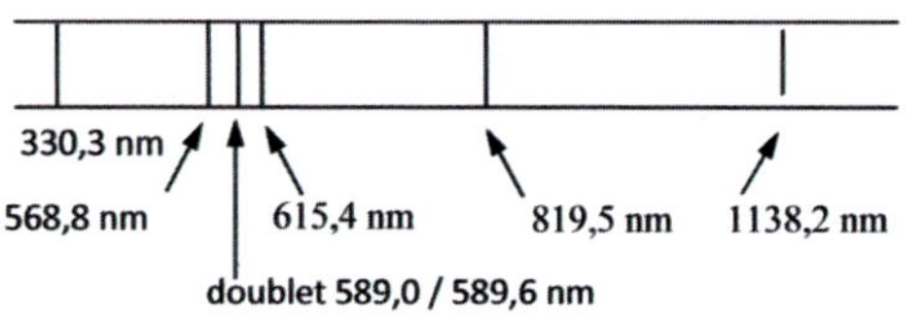

   a. Quelles sont les longueurs d'onde des raies appartenant au domaine du visible ? Au domaine des ultraviolets ? Au domaine de l'infrarouge ?

   b. S'agit-il d'une lumière polychromatique ou monochromatique ? Justifier votre réponse.

   c. Quelle est la valeur de la fréquence ν de la raie de longueur d'onde $\lambda = 589{,}0$ nm ?

   d. Parmi les données présentées en début de l'exercice, que représentent les grandeurs h et e ?

2. On donne en annexe à remettre avec la copie le diagramme simplifié des niveaux d'énergie de l'atome de sodium.

   a. Indiquer l'état fondamental et les états excités.

   b. En quoi ce diagramme permet-il de justifier la discontinuité du spectre d'émission d'une lampe à vapeur de sodium ?

   c. On considère la raie jaune du doublet du sodium de longueur d'onde $\lambda = 589{,}0$ nm.

   - Calculer l'énergie ΔE (en eV) qui correspond à l'émission de cette radiation.

- Sans justifier, indiquer par une flèche notée 1 sur le diagramme des niveaux d'énergie la transition correspondante.

3. L'atome de sodium, considéré maintenant à l'état E_1, reçoit une radiation lumineuse dont le quantum d'énergie $\Delta E'$ a pour valeur 1,09 eV.

   a. Cette radiation lumineuse peut-elle interagir avec l'atome de sodium à l'état E_1 ? Justifier.

   b. Représenter sur le diagramme la transition correspondante par une flèche notée 2.

   La raie associée à cette transition est-elle une raie d'émission ou une raie d'absorption ? Justifier votre réponse.

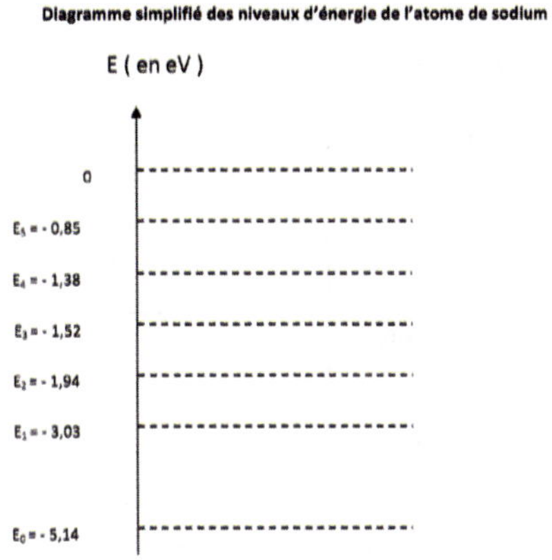

Exercice 15.7

S'approprier, analyser, raisonner, réaliser

D'après BAC S, métropole, 2004

Bizarre, bizarre...

Principe de fonctionnement d'un tube fluorescent

Le tube fluorescent étudié est constitué d'un cylindre de verre qui contient un gaz à basse pression. La paroi intérieure du cylindre est recouverte d'une poudre fluorescente. Lorsque le tube est mis sous tension, une décharge électrique se produit: des électrons circulent dans le gaz entre les deux électrodes. Les électrons bombardent les atomes gazeux et leur cèdent de l'énergie.

Le schéma simplifié du circuit est donné ci-dessous :

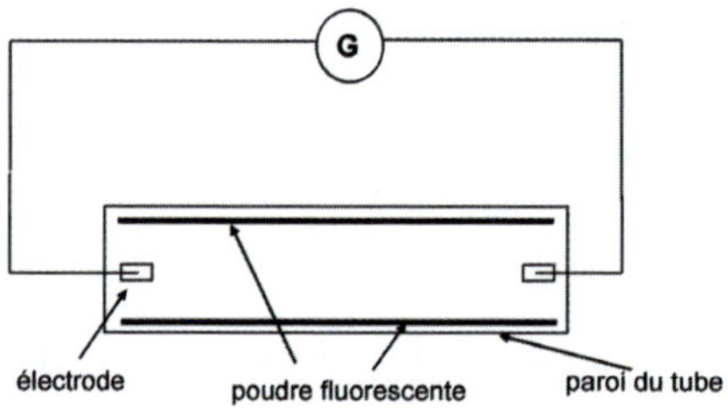

1. On donne en annexe les spectres, dans le visible, des lumières émises par deux tubes fluorescents et deux lampes (une lampe à vapeur de mercure et une lampe à vapeur de sodium) vendus dans le commerce.

   Quel est le gaz contenu dans les tubes 1 et 2 ? Justifier.

2. Étude du spectre du mercure.

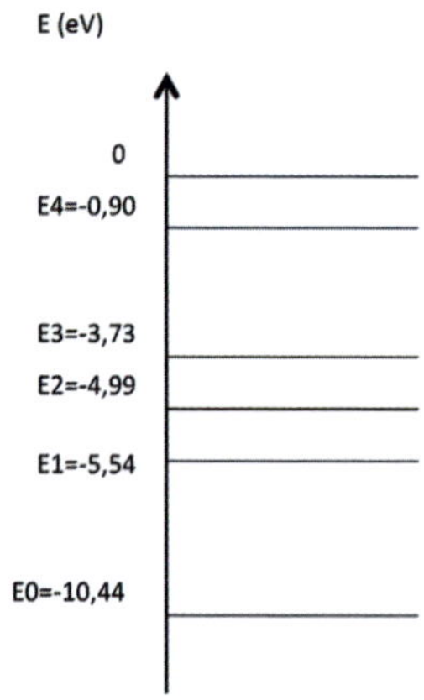

   Le diagramme ci-dessous représente quelques niveaux d'énergie de l'atome de mercure.

   a. Comment désigne-t-on le niveau le plus bas E_0 sur le diagramme énergétique ?

   b. Un électron cède une partie de son énergie à un atome de mercure. L'énergie de celui-ci passe du niveau E_0 au niveau E_1. Comment qualifie-t-on l'état dans lequel se trouve alors l'atome de mercure ?

   c. Retour vers E_0. Lors de la transition du niveau E_1 vers le niveau E_0, l'atome de mercure perd un quantum d'énergie.

   - Comment se manifeste cette perte d'énergie ?
   - Calculer la longueur d'onde $\lambda_{1\to0}$ correspondante dans le vide.
   - Après avoir rappelé les limites des longueurs d'onde dans le vide du spectre visible, dire dans quel domaine, ultra-violet (U.V.), visible ou infra-rouge (I.R.), se situe la radiation de longueur d'onde $\lambda_{1\to0}$

d. Des U.V. à la lumière visible.

- Pour que la poudre produise de la lumière visible, elle doit être soumise à un rayonnement dont la longueur d'onde est comprise entre 200 nm et 300 nm. Elle émet alors de la lumière dont le spectre est continu. La vapeur de mercure contenue dans le tube permet-elle à la poudre déposée sur les parois du tube d'émettre de la lumière visible ? Justifier.
- Un éclairage confortable pour la restitution des couleurs correspond à de la lumière dont le spectre est continu et se rapproche de celui de la lumière solaire.
- En comparant soit les spectres des figures 2 et 3, soit les spectres des figures 1 et 3, indiquer le rôle des poudres.
- En comparant les spectres des figures 1 et 2, montrer que la nature de la poudre a une influence sur la couleur de la lumière émise.

Ces représentations sont limitées aux rayonnements visibles

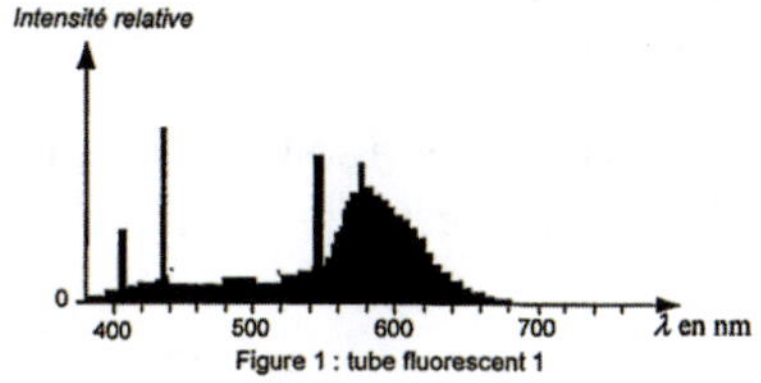

Figure 1 : tube fluorescent 1

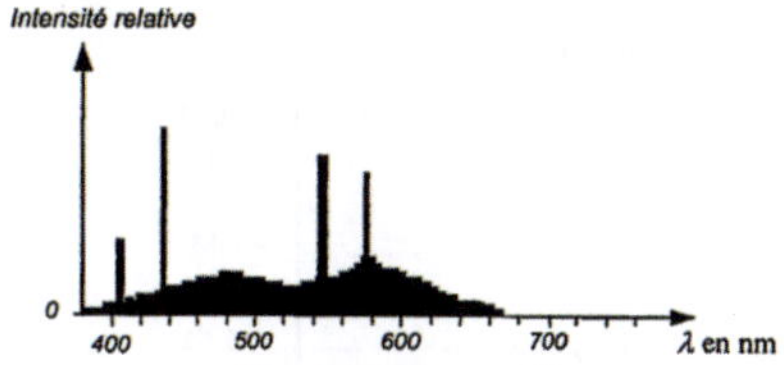

Figure 2 : tube fluorescent 2

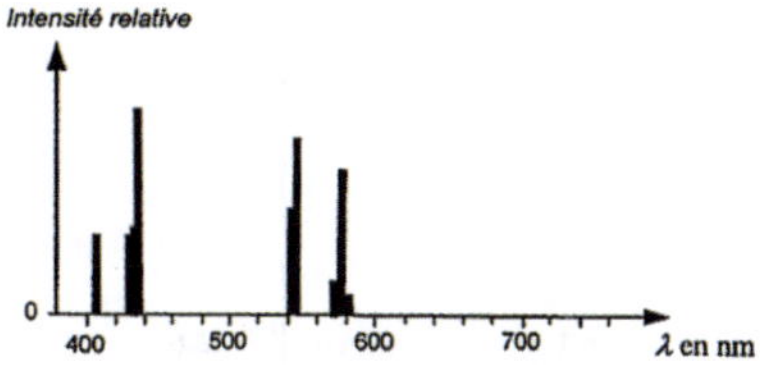

Figure 3 : lampe à vapeur de mercure

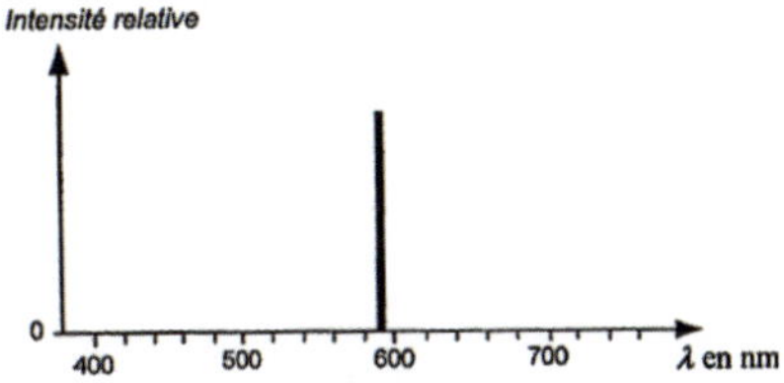

Figure 4 : lampe à vapeur de sodium

Exercice 15.8

S'approprier, analyser, raisonner, réaliser

D'après BAC S, Amérique du Sud, 2010

Le document fourni à la fin de l'exercice reproduit le diagramme énergétique de l'atome d'hydrogène.

1. Quelle est l'énergie du niveau fondamental ?
2. Quelle est l'énergie nécessaire pour ioniser l'atome d'hydrogène ?

On s'intéresse à la série de Balmer qui correspond à des transitions électroniques d'un niveau supérieur vers le niveau n = 2.

3. Représenter, sur le diagramme, les quatre premières transitions de la série de Balmer.
4. Calculer en nm la longueur d'onde associée à la transition électronique de l'atome d'hydrogène de n = 6 à n = 2.
5. On désire analyser une propriété d'une solution de chlorure nickel (II) à 411 nm. Une lampe à vapeur d'hydrogène est-elle utilisable comme source de lumière pour cette expérience ?

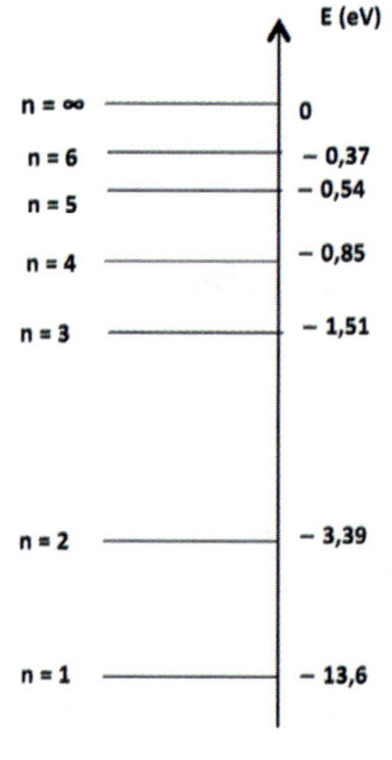

Exercice 15.9

S'approprier, analyser, raisonner, réaliser

D'après BAC S, Asie, 2012

L'analyse spectrale a permis dans la deuxième moitié du XIXe siècle de découvrir de nouveaux éléments chimiques. Deux savants Kirchhoff et Bunsen ont grandement participé à ces découvertes en réalisant à l›aide d›un spectromètre les spectres d›émission de nombreux éléments chimiques. Analysons le spectre de raies du césium. En 1861, Kirchhoff et Bunsen mettent en évidence un nouvel élément, le césium, grâce à son spectre de raies. Dans ce spectre, deux raies sont particulièrement lumineuses, les raies notées α et β de longueurs d'onde respectives $\lambda\alpha = 459$ nm et $\lambda\beta = 455$ nm.

1. A quel domaine appartiennent les deux raies citées ? Justifier.
2. La lumière analysée est-elle monochromatique ou polychromatique ? Justifier.
3. Quelle relation existe-t-il entre la fréquence ν d'une radiation et sa longueur d'onde λ dans le vide ? Indiquer les unités.
4. Quelle est la fréquence de la raie α ?
5. Donner l'expression littérale de E en fonction de la longueur d'onde λ de la radiation émise dans le vide, de la constante de Planck et de la célérité c de la lumière dans le vide.

On donne le diagramme simplifié des niveaux d'énergie de l'atome de césium.

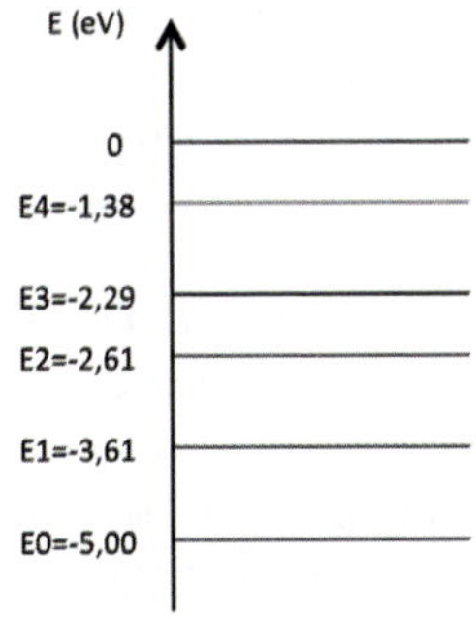

6. Préciser les niveaux correspondants à l'état fondamental et aux états excités.

On considère maintenant la raie α du spectre d'émission du césium.

7. Calculer l'énergie ΔE (en eV) qui correspond à cette émission.
8. Indiquer par une flèche la transition correspondante.

Exercices

L'atome de césium, dans l'état E_0, reçoit maintenant une radiation lumineuse dont le quantum d'énergie correspond à 2,39 eV.

9. Cette radiation peut-elle interagir avec l'atome dans l'état E_0 ? Justifier.

10. La raie associée à cette transition est-elle une raie d'absorption ou une raie d'émission ? Justifier.

Exercice 15.10

S'approprier, analyser, raisonner, réaliser

D'après BAC, Afrique, 2009

Autour d'un texte de brahic

Voici un extrait du livre d'André Brahic « Lumières d'étoiles » :

> La lumière blanche mélange toutes les couleurs de l'arc-en-ciel. Comme on passe continûment d'une couleur à une autre en changeant graduellement de nuance, on dit que la lumière blanche possède un spectre continu. C'est le cas de la lumière émise par un corps chaud qui contient toutes les couleurs à des doses différentes. Plus la température est forte, plus la couleur dominante se déplace du micro- onde vers les X.
>
> Mais les astronomes ont remarqué dès le XVIIIe siècle la présence de fines bandes noires dans la lumière solaire. Il manque des couleurs très précises et spécifiques, comme si elles ne nous étaient pas parvenues. Après quelques tâtonnements, ils ont compris que ces raies sombres trahissaient la présence d'éléments chimiques sur le trajet des rayons lumineux. Joseph von Fraunhofer fut le premier, en 1814, à observer ces disparitions de lumière et à les attribuer à un phénomène d'absorption par un gaz situé entre la source d'émission et l'observateur. [...]

Pour résoudre ce problème, il faut faire appel à la nature ondulatoire de l'électron et ranger l'onde de chaque électron autour du noyau comme des livres sur les étagères d'une bibliothèque. Chaque étage correspond à une énergie spécifique pour laquelle l'électron est stable. Un livre ne peut pas être entre deux étagères, sinon il tombe, de même les électrons peuvent avoir certaines énergies bien définies, mais ils ne peuvent pas se trouver dans un état intermédiaire. Pour passer d'un niveau à un autre plus élevé, un électron absorbe un photon lumineux qui lui apporte l'énergie supplémentaire dont il a besoin pour «grimper» sur une autre étagère. Inversement, quand il «redescend », il rend cette énergie sous forme d'un photon. Dans cette bibliothèque particulièrement riche, chaque atome est unique et caractéristique. On peut donc à distance reconnaître la présence d'un atome aux couleurs des photons qu'il émet ou absorbe lorsque ses électrons changent d' « étagère ».

1. D'après le texte : « Plus la température est forte, plus la couleur dominante se déplace du micro-onde vers les X ».
   a. Donner les valeurs limites des longueurs d'onde dans le vide du spectre visible en précisant les couleurs concernées.
   b. Quelle est la relation entre la longueur d'onde dans le vide d'une radiation monochromatique et sa fréquence ? On précisera les unités.
   c. On donne les fréquences des micro-ondes et des rayons X :
   $\nu_{\text{micro-ondes}} = 3{,}0.10^{14}\,\text{Hz}$
   $\nu_{\text{X}} = 3{,}0.10^{18}\,\text{Hz}$
   Calculer alors les longueurs d'onde correspondantes dans le vide.
   d. Indiquer en justifiant laquelle de ces deux radiations est la plus énergétique.
2. D'après le texte: « Joseph von Fraunhofer fut le premier, en 1814, à observer ces disparitions de lumière ».
   Voici un extrait du spectre qu'il a observé, où l'on peut observer des raies noires sur un fond coloré continu, nommées A, B, C, D, E, F_1, F_2, G, H et I.

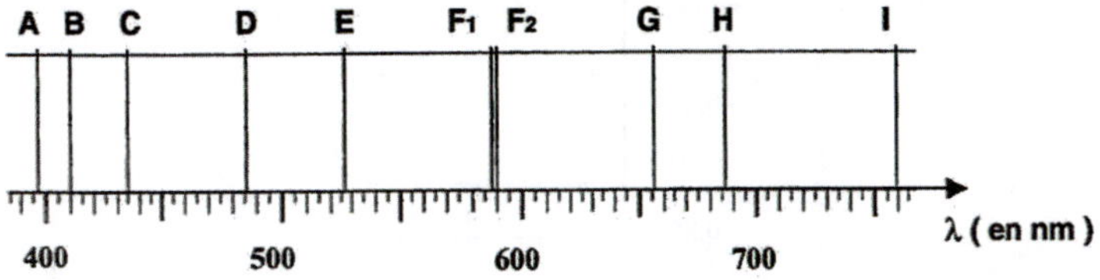

   a. Les raies observées ci-dessus sont-elles des raies d'émission ou d'absorption ?
   b. On donne des longueurs d'onde d'émission de quelques éléments.

Élément chimique	Longueur d'onde λ en nm de certaines raies caractéristiques					
Hydrogène H	410,1	434,0	486,1	656,3		
Hélium He	447,2	471,3	492,2	501,6	587,6	667,8
Sodium Na	589,0	589,6				

   Quels sont les éléments que l'on peut retrouver dans les couches superficielles du Soleil ? Justifier la réponse.
3. D'après le texte: « Chaque étage correspond à une énergie spécifique pour laquelle l'électron est stable. Un livre ne peut pas être entre deux étagères, sinon il tombe, de même les électrons peuvent avoir certaines énergies bien définies, mais ils ne peuvent pas se trouver dans un état intermédiaire. »

Quelle propriété de l'énergie d'un atome est évoquée dans cette partie du texte ?

4. On donne le diagramme de niveaux d'énergie de l'hydrogène.

On rappelle que l'état fondamental d'un atome correspond à l'état dans lequel il possède le moins d'énergie.

a. Quel est le niveau d'énergie de l'état fondamental de l'atome d'hydrogène ?
b. Calculer la variation d'énergie lorsque l'atome d'hydrogène passe de : $E_5 = -0{,}37$ eV à $E_1 = -3{,}39$eV.
c. Convertir en Joule la variation d'énergie calculée dans la question 4.2.
d. Sur le diagramme, représenter cette transition par une flèche.
e. Calculer la fréquence du photon correspondant à cette variation d'énergie.
f. Ce photon est-il libéré ou absorbé par l'atome d'hydrogène ?
g. Donner la lettre de la radiation du spectre de la figure n° 1 correspondant à cette transition en calculant la longueur d'onde de celle-ci.

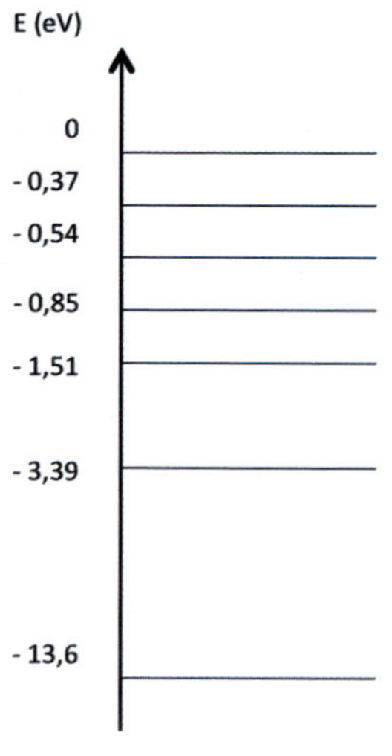

Corrigé des exercices

Exercice 15.1

1. a. domaine du visible car 560 nm appartient au domaine compris entre 400 nm et 800 nm.
   b. domaine des infrarouges (IR) car 1080 nm appartient au domaine supérieur à 800 nm.
   c. domaine des ultraviolets (UV) car 340 nm appartient au domaine inférieur à 400 nm.
2. a. les spectres α et γ sont des spectres d'émission de raies et le spectre β est un spectre continu.
   b. la lumière correspondant au spectre α est une lumière polychromatique car le spectre d'émission de raies contient plusieurs radiations lumineuses. La lumière correspondant au spectre β est une lumière polychromatique car le spectre est continu c'est-à-dire qu'il est constitué d'une infinité de radiations lumineuses. Enfin, la lumière correspondant au spectre γ est une lumière monochromatique car le spectre est constitué d'une seule radiation lumineuse (une seule raie à 632,8 nm).

Exercice 15.2

1. Lors d'une radiographie, il s'agit des rayon X soit une longueur d'onde de 10^{-11} m.
2. Les micro-ondes ont une longueur d'onde de 10^{-3} m.
3. Les ondes wifi ont une longueur d'onde de 10^{-1} m.

Exercice 15.3

En utilisant les expressions : $\nu = \frac{c}{\lambda}$ et $\lambda = \frac{c}{\nu}$
On obtient :

nature	λ dans le vide	fréquence ν
visible	**450 nm**	$6{,}7.10^{14}$ Hz
UV	125 nm	**$2{,}4.10^{15}$ Hz**

Corrigés

IR	**933 nm**	$3,2.10^{14}$ Hz
UV	**0,325** µm	$9,2.10^{14}$ Hz
visible	0,652 µm	**$4,6.10^{14}$ Hz**

Exercice 15.4

1. Pour le processus d'émission atomique, il s'agit d'un spectre de raies.
Pour le processus d'incandescence, il s'agit d'un spectre continu.

2. Pour le photon 3, E = 1,825 eV, on peut donc déterminer $\lambda = \frac{h.c}{E}$
Soit $\lambda = 6,63.10^{-34} \times \frac{3,00.10^{8}}{\left(1,825 \times 1,60.10^{-19}\right)} = 6,81.10^{-7}\,\text{m} = 681$ nm.
Cette longueur d'onde correspond à la couleur rouge (entre 625 et 780 nm) d'après le tableau des données.

3. Les deux autres photons émis ont une énergie légèrement plus faible que le photon. Or si E diminue alors λ augmente car E et λ sont inversement proportionnelles. Ainsi, sans calculs, on en déduit que la longueur d'onde des autres photons est également dans le domaine du rouge (en admettant que λ n'augmente pas suffisamment pour passer dans le domaine des infrarouges). Conclusion : tous les photons émis sont dans le domaine du rouge ce qui est cohérent avec la couleur **rouge intense** donnée dans les caractéristiques constructeur du « crackling R 100 ».

Exercice 15.5

1. Diagramme de niveaux d'énergie.
2. a. E_0 : Niveau fondamental de l'atome.
   b. L'atome se trouve dans un état stable.
3. E_1, E_2, E_3, E_4 sont les états excités de l'atome.
4. $E_5 = 0$ eV est l'état ionisé.
5. a. Flèche dirigé de E_0 vers E_1. Voir diagramme.
   b. Il doit apporter de l'énergie à l'atome soit sous forme de radiation lumineuse soit sous forme électrique. La valeur de cette énergie doit correspondre exactement à la différence d'énergie entre E_1 et E_0.
   c. Lors de cette transition, l'atome va absorber le photon et ainsi gagner de l'énergie.

d. $E = E_1 - E_0 = -5{,}54 - (-10{,}44) = 4{,}90$ eV.

Donc $\lambda = \frac{h.c}{E} = 6{,}63.10^{-34} \times \frac{3{,}00.10^8}{(4{,}90 \times 1{,}60.10^{-19})} = 2{,}54.10^{-7}\,\text{m} = 254\,\text{nm}$.

6. *a.* L'atome ne reste pas dans un état excité, il tend toujours à redevenir stable (niveau de plus basse énergie).

b. Flèche dirigé de E_3 vers E_1. Voir diagramme.

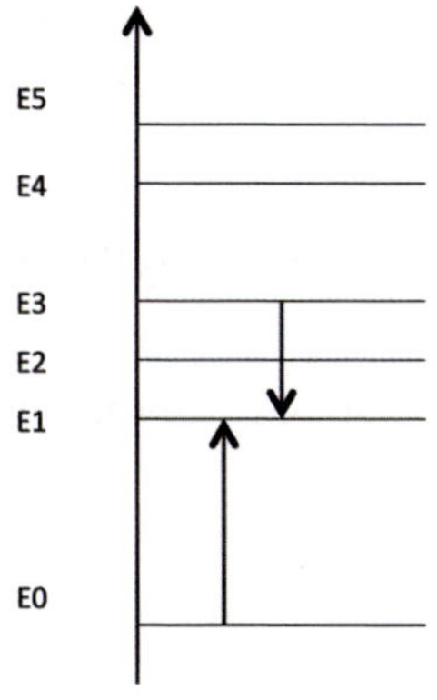

c. De l'énergie est perdue et il y a émission d'un photon.

d. $E = E_3 - E_1 = -3{,}73\text{-}(-5{,}54) = 1{,}81$ eV.

Donc $\lambda = \frac{h.c}{E} = 6{,}63.10^{-34} \times \frac{3{,}00.10^8}{(1{,}81 \times 1{,}60.10^{-19})} = 6{,}87.10^{-7}\,\text{m} = 687\,\text{nm}$.

7. $E = \frac{h.c}{\lambda} = 6{,}63.10^{-34} \times \frac{3{,}00.10^8}{(439.10^{-9})} = \frac{4{,}53.10^{-19}}{(1{,}60.10^{-19})} = 2{,}83$ eV.

Si un atome se trouve dans un état E_3, il peut en absorbant cette radiation de 439 nm passer dans E_4 car $E_4 - E_3 = 2{,}83$ eV. Donc ce rayonnement peut exciter l'atome.

Exercice 15.6

1. *a.* Domaine UV : 330,3 nm.

Domaine du visible: 568,8 nm, 589,0/589,6 nm et 615,4 nm.

Domaine IR : 819,5 nm et 1138,2 nm.

b. Il s'agit d'une lumière polychromatique car elle contient plusieurs radiations de longueurs d'onde différentes.

c. $\nu = \frac{c}{\lambda} = 3{,}00.10^8 / 589.10^{-9} = 5{,}09.10^{14}\,\text{Hz}$.

Corrigés

d. h est la constante de Planck et e la charge électrique élémentaire.

2. *a.* L'état fondamental correspond à E_0 et les états excités correspondent à E_1, E_2, E_3, E_4 et E_5.

b. Les niveaux d'énergie de l'atome sont quantifiés: ils ne peuvent prendre que des valeurs bien précises. L'énergie de l'atome étant quantifiée, les spectres d'émission ou d'absorption seront discontinus.

c. $\Delta E = \frac{h.c}{\lambda} = 6{,}63.10^{-34} \times \frac{3{,}00.10^{8}}{\left(589.10^{-9}\right)} = \frac{3{,}38.10^{-19}}{\left(1{,}60.10^{-19}\right)} = 2{,}11 \text{ eV}.$

Flèche de E_1 vers E_0. Voir diagramme.

3. *a.* Il faut que le niveau d'énergie ($E_1 + 1{,}09$) existe.

Soit $E_1 + 1{,}09 = -3{,}03 - 1{,}09 = -1{,}94$ eV.

Ce niveau d'énergie existe donc cette radiation peut interagir avec l'atome de sodium.

b. Flèche E_1 vers E_2. Voir diagramme. Cette raie est une raie d'absorption car elle correspond à une énergie absorbée par l'atome (L'atome gagne de l'énergie car il passe de E_1 à E_2).

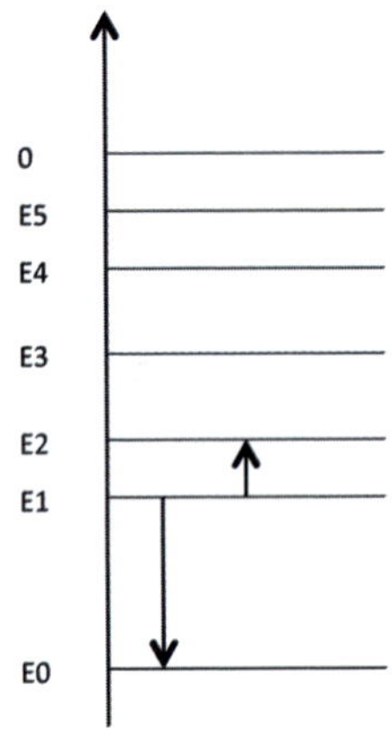

Exercice 15.7

1. Les tubes 1 et 2 contiennent du mercure. Les spectres contiennent les mêmes raies caractéristiques que celles du mercure et ne contiennent pas la raie du sodium.

2. *a.* Niveau fondamental.

b. États excités.

c. Cette perte d'énergie se manifeste par l'émission d'un photon car il libère de l'énergie. On observe une raie colorée sur le spectre d'émission du mercure.

On détermine $\lambda = \frac{h.c}{E}$

Avec $E = E_1 - E_0 = -5{,}54 - (-10{,}44) = 4{,}90$ eV.

Soit $\lambda = 6{,}63.10^{-34} \times \frac{3{,}00.10^{8}}{\left(4{,}90 \times 1{,}60.10^{-19}\right)} = 2{,}54.10^{-7}\,\text{m} = 254$ nm.

Le domaine visible se situe entre 400 nm et 800 nm. Comme $\lambda < 400$ nm, la radiation appartient au domaine des UV.

d. La poudre déposée sur les parois du tube permet d'émettre de la lumière visible car la longueur d'onde qui est de 254 nm est bien comprise entre 200 nm et 300 nm.

Les poudres permettent l'obtention d'une lumière dont le spectre est continu.

On constate d'après les figures 1 et 2 que l'intensité relative de l'ensemble des radiations est différente suivant la nature de la poudre. De ce fait, la lumière émise sera différente.

Exercice 15.8

1. Énergie correspondant au niveau de plus basse énergie soit –13,6 eV.
2. Pour ioniser l'atome, il doit atteindre le niveau d'énergie : E = 0 eV
   soit –13,6 + E = 0. Soit E = 13,6 eV, il faut donc lui apporter 13,6 eV.
3. Diagramme.

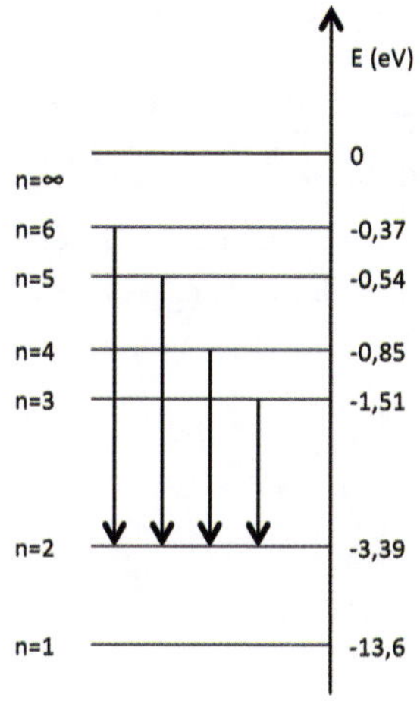

4. n = 6 à n = 2 ; on a E6 = −0,37 eV et E_2 = −3,39 eV.
Donc E = E6 − E_2 = −0,37 – (–3,39).
Donc E = −0,37 + 3,39 = 3,02 eV.

$$\text{Soit } \lambda = \frac{h.c}{E} = 6{,}63.10^{-34} \times \frac{3{,}00.10^{8}}{\left(3{,}02 \times 1{,}60.10^{-19}\right)} = 4{,}11.10^{-7}\,\text{m} = 411\ \text{nm}.$$

5. La lampe à vapeur d'hydrogène émet la radiation 411 nm (voir question précédente), de ce fait on peut l'utiliser pour mesurer l'absorbance d'une solution de chlorure de nickel (II).

Exercice 15.9

1. Elles appartiennent au domaine du visible car 459 nm et 455 nm est compris entre 400 nm et 800 nm.
2. La lumière est polychromatique car elle contient plusieurs radiations lumineuses.
3. On a $\lambda = \frac{c}{\nu}$ avec λ en m, ν en Hz et c en $m.s^{-1}$.
4. $\nu = \frac{c}{\lambda}$

   Donc $\nu = \frac{3.10^{8}}{459.10^{-9}} = 6{,}54.10^{14}\,\text{Hz}.$
5. $E = \frac{h.c}{\lambda}$
6. E_0 = –5,00 eV État Fondamental.
   E_1, E_2, E_3, E_4 États excités.
7. $$\Delta E = \frac{h.c}{\lambda} = 6{,}63.10^{-34} \times \frac{3{,}00.10^{8}}{\left(459.10^{-9}\right)} = \frac{4{,}33.10^{-19}}{\left(1{,}60.10^{-19}\right)} = 2{,}71\ \text{eV}.$$
8. Il s'agit de la transition de E_3 vers E_0 car la différence d'énergie entre ces deux niveaux vaut 2,71 eV. Flèche de E_3 vers E_0. ($E_3 - E_0$ = 2,71 eV).

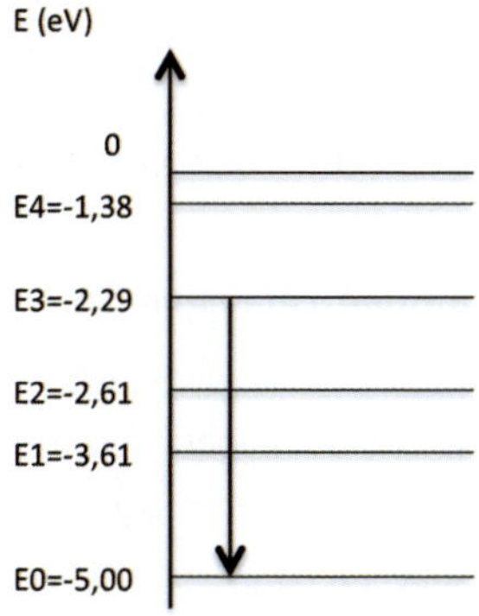

9. Il faut que le niveau d'énergie $E_0 + 2{,}39$ existe.
Soit $E_0 + 2{,}39 = -5{,}00 + 2{,}39 = -2{,}61$ eV le niveau d'énergie existe, c'est le niveau E_2. Cette radiation peut donc interagir.

10. On passe du niveau E_0 au niveau E_2, l'atome doit donc absorber le photon correspond à cette radiation afin de gagner de l'énergie. Cette transition correspond à une raie d'absorption car l'atome a absorbé de l'énergie.

Exercice 15.10

1. a. 400 nm (violet) et 800 nm (rouge).

b. $\lambda = \frac{c}{\nu}$ avec c en $m.s^{-1}$, λ en m et v en Hz.

c. Micro-onde : $\lambda = \frac{c}{\nu} = \frac{3.10^8}{3{,}0.10^{14}} = 1{,}0.10^{-6}\,m = 1000$ nm.

Rayons X: $\lambda = \frac{c}{\nu} = \frac{3.10^8}{3{,}0.10^{18}} = 1{,}0.10^{-10}\,m = 0{,}1$ nm.

d. On sait que $E = \frac{h.c}{\lambda}$ donc si λ diminue alors E augmente car E et λ sont inversement proportionnelles.

De ce fait, comme $\lambda X < \lambda_{micro\ ondes}$ alors $EX > E_{micro\ ondes}$

2. a. Des raies noires sur un spectre d'absorption correspondent à des raies d'absorption.

b. Relevons les longueurs d'ondes des différentes raies :

$\lambda A = 396$ nm, $\lambda B = 410$ nm, $\lambda C = 435$ nm, $\lambda D = 486$ nm, $\lambda E = 526$ nm, $\lambda F_1 = 589$ nm, $\lambda F_2 = 590$ nm $\lambda G = 656$ nm $\lambda H = 686$ nm $\lambda I = 760$ nm.

D'après le tableau de l'énoncé, on peut dire que les raies B, C, D et G correspondent à l'hydrogène et les raies F_1 et F_2 correspondent au sodium. Sachant que l'élément chimique absorbe ce dont il est capable d'émettre, on peut dire que les couches superficielles du Soleil contiennent les éléments hydrogène (H) et sodium (Na).

3. L'énergie d'un atome est quantifiée, cela signifie que les niveaux d'énergie peuvent prendre que des valeurs précises.

4. a. L'état fondamental correspond au niveau d'énergie le plus bas soit $E = -13,6$ eV.

   b. $\Delta E = E_5 - E_1 = -0,37 - (-3,39) = 3,02$ eV.

   c. $\Delta E = 3,02 \times 1,60.10^{-19} = 4,83.10^{-19}$ J

   d. Flèche de E_5 vers E_1

   e. $\Delta E = h.\nu$ soit $\nu = \dfrac{\Delta E}{h} = \dfrac{4,83.10^{-19}}{6,63.10^{-34}} = 7,29.10^{14}$ Hz.

   f. Ce photon est libéré par l'atome car l'énergie est libérée.

   g. $\lambda = \dfrac{c}{\nu} = \dfrac{3.10^{8}}{7,29.10^{14}} = 4,12.10^{-7}$ m $= 412$ nm.

   Cette longueur d'onde correspond à la raie B.

Table des matières

Imprimé en Italie par «La Tipografica Varese Srl» Varese